宁省教育科学规划重点研究基地标志性成果选题资助项目

ZHONG XIAO XUE SHENG MING JIAO YU KE
CHENG KAI FA DE LI LUN YU SHI JIAN

中小学生命教育课程开发的理论与实践

闫守轩◎著

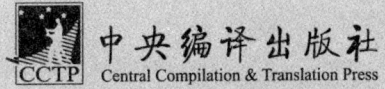

图书在版编目(CIP)数据

中小学生命教育课程开发的理论与实践 / 闫守轩著. —北京：中央编译出版社，2016.1
ISBN 978-7-5117-2799-2

Ⅰ.①中… Ⅱ.①闫… Ⅲ.①生命哲学－教学研究－中小学 Ⅳ.①G633.202

中国版本图书馆 CIP 数据核字(2015)第 262306 号

中小学生命教育课程开发的理论与实践

出 版 人：	刘明清
出版统筹：	董 巍
责任编辑：	曲建文
责任印制：	尹 珺
出版发行：	中央编译出版社
地 址：	北京西城区车公庄大街乙 5 号鸿儒大厦 B 座(100044)
电 话：	(010)52612345(总编室) (010)52612341(编辑室)
	(010)52612316(发行部) (010)52612317(网络销售)
	(010)52612346(馆配部) (010)55626985(读者服务部)
传 真：	(010)66515838
经 销：	全国新华书店
印 刷：	北京天正元印务有限公司
开 本：	710 毫米×1000 毫米 1/16
字 数：	257 千字
印 张：	18.5
版 次：	2016 年 1 月第 1 版第 1 次印刷
定 价：	56.00 元

网　　址：www.cctphome.com　　邮　　箱：cctp@cctphome.com
新浪微博：@中央编译出版社　　微　　信：中央编译出版社(ID: cctphome)
淘宝店铺：中央编译出版社直销店(http://shop108367160.taobao.com)　(010)52612349

本社常年法律顾问：北京嘉润律师事务所律师　李敬伟　问小牛
凡有印装质量问题,本社负责调换,电话：(010)66509618

目录 CONTENTS

第一章　引论 ·· 2
　　第一节　背景与缘起 ······································· 2
　　第二节　研究思路与方法 ··································· 7
　　第三节　已有研究与评论 ··································· 9
　　第四节　生命教育的内涵 ·································· 30
　　第五节　中外生命教育的产生与发展 ························ 34

第二章　中小学生命教育课程开发的理论基础 ·················· 42
　　第一节　哲学基础 ·· 42
　　第二节　社会学基础 ······································ 54
　　第三节　心理学基础 ······································ 60
　　第四节　自然人性论基础 ·································· 65
　　第五节　教育学基础 ······································ 76

第三章　中小学生命教育课程开发的实践基础 ·················· 84
　　第一节　小学生生命认知现状调查与分析 ···················· 84
　　第二节　中学生生命认知现状调查与分析 ···················· 97
　　第三节　中小学生命教育课程现状分析 ····················· 112

第四章　中小学生命教育课程开发模式与框架……………… 126
　　第一节　中小学生命教育课程开发模式……………………… 126
　　第二节　中小学生命教育课程开发框架……………………… 137

第五章　中小学生命教育课程的实施与评价……………………… 146
　　第一节　中小学生命教育课程的实施………………………… 147
　　第二节　中小学生命教育课程的评价………………………… 164

第六章　中小学生命教育课程文本………………………………… 174
　　第一节　认识生命……………………………………………… 174
　　第二节　敬畏生命……………………………………………… 202
　　第三节　珍爱生命……………………………………………… 225
　　第四节　发展生命……………………………………………… 247
　　第五节　超越生命……………………………………………… 265

附　　录……………………………………………………………… 278

参考文献……………………………………………………………… 279

后　　记……………………………………………………………… 290

生命来自无生命，有生命就必会孕育出新生命。

——埃德加·莫兰

教育具有鲜明的生命性，在一定意义上，教育是直面人的生命、通过人的生命，为了人的生命质量的提高而进行的社会活动，是以人为本的社会中最体现生命关怀的一种事业。

——叶澜

第一章 引论

当下中国，整体性、深层次社会转型与现代化在激发个体生存自觉的同时，物质与精神的失衡、社会变迁的急促与生存压力的沉重等，使生命个体处在前所未有的生命"歧路花园"的抉择之中。近年来，中小学生生命伤亡事故不断，精神迷失的悲剧不时上演，已成为一个日益严重的社会问题，在社会上引发了广泛关注和讨论。生命教育作为应对这一问题的一个重要途径和突破口，成为教育研究与实践的焦点，而中小学生命教育课程建设则是实施中小学生命教育的基础和关键。教育因生命而发生，生命是教育的原点，教育是生命的需要。教育有责任帮助和引导中小学生走出生命困境，成就美好人生。

第一节 背景与缘起

当代社会，人们生活水准大幅提升，物质条件日益丰富，但同时引发了诸如个人主义、金钱至上等价值观，消解着人们传统的价值标准和社会规范，致使生命存在的价值难觅，生活的意义变得相对虚无和无所适从。在如此社会背景下，中小学生极易产生生理、心理和道德发展的失衡，伤人伤己的事件不断发生。

一、风险社会背景下，生命教育备受关注

陶行知说："不运用社会的力量，便是无能的教育；不了解社会的

需求，便是盲目的教育。倘使我们认定社会就是一个伟大无比的学校，就会自然而然地去运用社会的力量，以应济社会的需求。"① 那么，当今社会是怎样的社会呢？

美国著名批判社会学家赖特·米尔斯说："焦虑和淡漠的处境，是我们时代的显著特征。"也有人说："19世纪的问题是上帝死了，20世纪的问题是人死了。"② 于是不禁要问：21世纪"谁"还"活着"？这些疑虑使当代人的精神世界处于深刻的危机之中，而人又不得不在这时代环境中存在，因为"人被镶嵌于整个世界的更大的整体中，并且只有在这个总的背景下才能被理解"③。"现在，影响每个人的历史是世界历史"④，一个人生活在自己的生活历程中，"而这个历程又存在于某个历史序列之中"⑤。

德国学者乌尔里希·贝克在《风险社会》一书中指出："当代人正生活在文明的火山口上，当代社会是一个风险社会，'存在性焦虑'是当代风险社会中个体生存状态的典型反映，它是一种植根于心灵深处的对于不确定性的恐惧。"⑥ 风险社会打破了生活中已有的经验、既成的惯例和稳定的有序性。生活在不确定、充满风险时代的青少年往往变得无所适从，犹如漂泊的浮萍，没有了根基，日常生活逐步变成一种身不由己的选择，心灵不安，内心恐惧，极易产生身体发展、心理发展和道德发展的不平衡。在这个快节奏的社会生活中，青少年生理和心理上出现的一些问题，得不到教师和家长的重视，意想不到的隐形伤害往往难以处理，很容易使一些学生内心空虚、脆弱和迷茫。

---

① 陶行知：《陶行知文集》，江苏教育出版社2008年版，第6页。
② [美] 埃利希·弗洛姆：《健全的社会》，欧阳廉译，中国文联出版公司1988年版，第370页。
③ [德] 米夏埃尔·兰德曼：《哲学人类学》，张乐天译，上海译文出版社1988年版，第52页。
④ [美] C. 赖特·米尔斯：《社会学的想象力》，陈强、陈永强译，三联书店2005年版，第2页。
⑤ [美] C. 赖特·米尔斯：《社会学的想象力》，陈强、陈永强译，三联书店2005年版，第4页。
⑥ 楚江亭：《风险社会视野中大学生自杀问题的省思》，《人文杂志》2010年第1期。

生命教育就是要让学生明白，人生不如意事十有八九，生活中充满了变化和挑战。在生活中，总会遇到各种失望和挫折，每个人对于处理的事件或境况都可能产生负面或正面的情绪，而这种情绪不是纯由事件本身诱发产生，很多是由当事人对事件的解释或看法引起的，要树立正面积极的态度，提高个人解难及抗逆能力。让教育回归生命的原点，通过认识生命、珍爱生命，提高学生的生存技能和生命质量，唤醒学生的生命意识，探寻生命的意义和价值，帮助学生拓展生存技能，提高挫折应对能力。

二、工具化教育理念下，生命教育任重道远

教育的本质应该是让受教育者能够更好地适应社会生活，获得身、心、灵的全面发展。然而，现代教育越来越偏重于知识的传授，将"知识获得"当作教育的首要追求，漠视学生的个体需求。教育是对人的成全，教育要以整体的、现实的、鲜活的生命为本。生命存在是实现人生价值和理想的前提条件，离开生命的教育便会丧失教育的本真，无法唤醒个体生命的不断成长。诚如荷尔德林所言："人，诗意地栖居在大地上。"个体生命的存在是自由的、本真的。因此，引导学生认知生命、珍惜生命、提升生命质量与价值的生命教育不仅要帮助学生整全认知生命、理解生命意义，更要理清教育的本源属性，摆脱工具理性、外控式教育理性的桎梏。

所谓"工具化教育理念和实践"是指教育活动的工具化，其典型的表现形式就是"应试教育"。教育活动及教育活动的参与者都沦为工具，学生在工具化的理念和实践中，被异化成"物"，异化为考试的"机器"，教育的价值取向指向了教育活动的外在功能，教育的主要目的指向受教育者某种认识和改造能力的提升。工具理性下的教育片面注重知识的传授，围绕"升学"和"就业"忙忙碌碌，学习成绩成为评价学生的唯一标准，忽视学生的全面发展，越来越缺乏人文关怀、价值关怀和意义关怀。在这种教育背景下，许多青少年学生的道德品质、文化素

质、人格人性等都出现了不同程度的问题,如暴力、犯罪、吸毒、乱交、自杀等等。

生命教育的主旨是珍爱生命,注重生命质量,凸显生命价值。这种人性的教育以提升教育者和受教育者的生命内在品质为宗旨,是教育目标的本质回归,生命不是工具和手段。从当下生命教育实践的推进来看,国家层面的政府依然缺乏实质性重视,在推动和发展动力上主要源于教师和学术机构的自发努力,未将生命教育纳入学校教育体系之中,游荡在正式课程之外,当所有人都在追求成绩、追求分数,生命教育就显得异常尴尬,其观念与实践在现行教育体系中显得格格不入,没有"合法身份"。可以说,工具化的教育理念和实践成为生命教育开展的重要阻碍和难以跨越的鸿沟之一。

三、青少年生命伤亡事故频发,生命教育刻不容缓

巴特勒在《生命之路》中说:世界上除了人,所有的动物都知道生命的真谛就是享受生命。作为高级动物的人,为什么就不懂得生命的真谛,不仅不享受生命,反而还天天制造戕害自己和他人生命的悲剧呢?

翻开报纸,打开电视,打开网络,我们几乎每天都可以看到青少年生命逝去的报道,或死于自然灾害,或死于人为的事故,或死于自杀和他杀——生命之花来不及绽放就黯然凋零,生命乐章来不及奏响就戛然而止,让人痛心疾首,扼腕叹息。

> 全国每年约有1.6万名中小学生非正常死亡,平均每天有44人死亡。而其中80%的非正常死亡是可以通过预防措施和应急处理得以避免的。
> ——《中国教育报》,2003年10月23日

2011年10月24日,安徽省两名小学女生服毒自杀,事后被及时抢救,数学老师催交补课费让他们觉得很丢脸,所以留下"怪数学老师"的遗言而自杀。

――《东方网》,2011年11月20日

2013年4月,在安徽六安,为了救落水同学,4名小学生手拉手进行营救,最后也被冲走。

――《新华网》,2013年5月12日

……

生命的损折、凋逝,惨重的代价一次次发出沉重的音响,叩问着社会、叩问着教育、叩问着我们。

青少年正处于一个半成熟、半幼稚的时期,日益丰富的现代物质生活与社会环境致使青少年的心理成熟明显提前,极易产生生理、心理和道德发展的不平衡。在青少年成长过程中,如果出现的错误问题和遇到的困惑得不到及时指导和疏通,他们就会难以应对无法预料且时有发生的隐形伤害,从而产生心理脆弱、思想困惑、行为失控等种种问题,甚至会造成自杀或他杀的生命悲剧。因此,在追责生命凋残、湮灭之时,我们不禁反思生命教育的缺席、不足。"突遇一点挫折、打击,青少年就选择终结生命作为一种解决方式,除了青少年心理脆弱外,还跟社会、学校、家庭对青少年缺乏生命教育有关。"[1]

如果我们相信,教育因生命而开始、存在与发展,生命是教育的起点,教育是生命的需要,那么就有理由相信,旨在认识生命、敬畏生命、珍爱生命、发展生命及超越生命的生命教育,是探寻教育与生命之契合点的必然选择。课程是实施生命教育的重要载体之一,然而,我国生命教育课程的开发在理论与实践上都处于起步阶段,有待进一步完善。因此,面向中小学生之生命教育课程的开发与实施有着必要性与迫切性。

---

[1] [美]欧·亨利:《最后的常春藤》,《欧·亨利短篇小说选》。译林出版社2010年版,第78页。

第二节　研究思路与方法

从整体上讲，梳理生命教育文献资料，厘清国内外中小学生命教育研究状况，探讨生命、生命教育以及生命教育课程开发的概念界说，为进一步深入研究打下基础；追溯生命课程开发的理论依据，尤其是发掘中国传统文化、生命哲学及存在主义哲学中的理论支点，试图探求一个较完善的生命教育理论体系；分析课程开发模式，不断丰富和完善中小学生命教育的课程开发理论，为构建科学、合理的生命教育课程框架体系提供理论借鉴；在生命教育课程开发的基础上，提出课程实施与评价的建议，使生命教育的课程开发、实施、评价相对完整，探寻积极有效的生命教育课程文本。

在上述研究思路指引下，研究过程中综合运用以下方法：文献研究法、文献计量法、问卷调查法及比较法。

一、文献法

（一）文献研究法

通过专著、期刊和网络等途径搜集和梳理分析各种有关生命教育文献资料，这些文献资料为研究提供了理论基础与支持。此外，查阅了现有生命教育的课程教材、读本及相关文件，这些资料的搜集、整理为本研究提供了实践借鉴与指导。

（二）文献计量法

在传统文献研究法的基础上，结合 CiteSpace 信息可视化软件进行文献计量可视化分析是本研究的重要方法之一。文献计量可视化技术是国际学术研究领域中兴起的一种新的研究方法。CiteSpace 是美国德雷赛尔大学（大连理工大学）陈超美教授研发的信息可视化软件，它通过对文献数据信息的可视化处理，呈现某一学科或研究领域的热点主题及其演进趋势。CiteSpace 软件的功能按钮主要有关键词（Keyword）、作者被引（Cited Author）、杂志被引（Cited Journal）、文献被引（Cited Reference）等，可以根据需要选择相应功能按钮进行可视化分析。我们运用 CiteSpace 软件绘制出生命教育研究的关键词共现知识图谱，并利用作者被引（Cited Author）、文献被引（Cited Reference）功能，以量化、动态的方式，可视化分析近年来我国生命教育研究状况，探寻生命教育研究的热点和趋势。

二、问卷调查法

（一）问卷来源

根据有关文献资料、中小学生的身心特点和生命教育相关维度，借鉴有关生命教育的调查问卷，从所使用的生命的定义以及生命的特点出发，制定出问题题目，对不足与问题进行修改，最终形成研究问卷。

（二）问卷内容组成

中小学生生命认知现状和课程需求调查问卷内容由四部分组成，第一部分是指导语，说明调查的目的，强调调查问卷仅作为学术研究，不作其他用途，打消被调查者的顾虑；第二部分是受测学生的基本情况，包括年龄、年级、性别；第三部分和第四部分是调查问卷的主要部分，请受测学生根据自己的真实想法和实际情况作答，以作为本研究主要问题的分析来源。

（三）问卷编制

问卷主体分为生命认知和生命教育课程需求两部分内容组成，生命认知现状的调查部分分别从认识生命、敬畏生命、珍爱生命、发展生命和超越生命五个维度设计问卷，每个维度又根据自然生命、精神生命和社会生命划分出三个维度，根据维度对应编制若干问题，主要采用封闭式单项选择的题目形式。每个问题给出所有可能选项,供受测者选择。生命教育课程需求调查部分由单项选择、多项选择的封闭式问题和一道开放式问题组成。

三、比较法

从生命教育内容、模块、维度划分等方面,比较已有的生命教育课程(教材),找出其不足和优势,为生命教育课程开发提供借鉴。

第三节 已有研究与评论

"生命教育"一词本是美国在20世纪60年代针对社会中危害生命的现象作为对策而提出的,如吸毒、自杀、他杀、性危机等,呼唤人们对生命的尊重和热爱,消解生命的威胁。国外针对"生命教育"这一研究领域也制定了相关的生命计划。国内以"生命"为取向的教育研究及其实践,已经成为我国教育研究的一个新领域。我国香港、台湾地区的生命教育课程体系相对成熟。因此,厘清国内外生命教育的理论研究和实践现状可以为中小学生命教育课程开发提供理论和实践支撑。

一、文献统计与分析

分别从书籍文本、博硕士论文及期刊论文三个层面对相关文献进行搜集检索。对于书籍文本,通过多种途径搜集;博硕论文通过CNKI中国优秀博硕学位论文全文数据库以关键词进行精确检索整理;期刊论文从《教育研究》、《中国教育学刊》等37种教育学CSSCI来源教育学期刊及《教育评论》、《教育理论与实践》等14种教育学CSSCI扩展版来源期刊检索得到。

(一) 生命教育相关书籍

表1.1 生命教育相关书籍文本一览表

图书名称	作者	出版单位	出版年份
生命教育论丛书	何福田	台北：心理出版社	2001
生命教育之理论与实践	林治平	台北：心理出版社	2004
生命教育—学理与体验	钮则诚	台北：扬智文化事业公司	2004
生命教育理念解读	刘济良	北京：中国社会科学出版社	2004
生命教育实践探索	刘志军	北京：中国社会科学出版社	2004
生命教育视域拓展	王北生	北京：中国社会科学出版社	2004
生命与教育	冯建军	北京：教育科学出版社	2004
生命教育：与孩子一同迎向人生挑战	（美）华特士著 林莺译	四川：四川大学出版社	2006
生命教育：视域交融的自觉与实践	吴靖国	台北：五南图书出版社	2006
小学生命教育课程	郗杰英	北京：中国青年出版社	2006
上海市中小学生生命教育研究	吴增强 高国希	上海：上海教育出版社	2006
中小学生命教育论	毕义星	天津：天津教育出版社	2006
生命教育概论	王禄旺	台北：华兴文化事业公司	2007
生命化教育	冯建军	北京：教育科学出版社	2007
生命教育演讲录	郑晓江	江西：江西人民出版社	2008
生命教育论纲	王晓虹	北京：知识产权出版社	2009
生命教育	肖川	北京：人民出版社	2009
生命教育引论	何仁富	北京：中国广播电视出版社	2010
小学生命教育主题活动设计	张拥军	北京：中国轻工业出版社	2013

从表1.1可以看出，2000年以后，关于生命教育的研究论著出版较多，这也从一定程度上表明我国对生命教育的相关研究开展较晚。同时，占据相当比例是台湾地区的论著，说明台湾地区生命教育的研究成果与实践较为丰富。

(二) 生命教育相关博硕士学位论文

表1.2 生命教育相关博硕论文检索情况一览表

检索项	检索词	检索时间	检索范围	检索结果
关键词	生命教育	2000—2013	CNKI优秀博硕论文	647
关键词	生命教育校本课程	2000—2013	CNKI优秀博硕论文	2
关键词	生命教育课程开发	2000—2013	CNKI优秀博硕论文	2
关键词	中小学生命教育课程	2000—2013	CNKI优秀博硕论文	0
关键词	中小学生命教育课程开发	2000—2013	CNKI优秀博硕论文	0

从表1.2中可以看出，国内博硕士学位论文中对于生命教育的研究较多，并且论文数量在整体上呈现出递增趋势，这也说明我国生命教育相关研究与实践渐趋成熟。然而，以"生命教育校本课程"进行精确题名检索仅有2篇，分别是2009年四川师范大学刘欢的《生命教育校本课程开发的叙事研究》与2013年海南师范大学许振光的《小学生命教育校本课程开发的研究》，用"生命教育课程开发"进行检索也仅找到两篇论文，分别是关于初中生与大学生的生命教育课程开发及实施方面的研究。可见国内对于生命教育课程方面的研究较为匮乏。

(三) 生命教育相关期刊论文

在中文社会科学引文索引库中进行检索，选择教育学CSSCI来源期刊及扩展版CSSCI来源期刊为检索对象，共获得74条引文索引信息，如表1.3所示：

表1.3 生命教育相关期刊来源文献检索情况一览表

检索项	检索词	检索时间	检索范围	匹配	检索结果
关键词	生命教育	2000—2013	37种教育学CSSCI来源期刊	非精确	54
关键词	生命教育	2000—2013	14种教育学扩展版CSSCI来源期刊	非精确	20

相比专著、研究报告等其他学术文献，期刊论文一般对某一学术领域热点主题的把脉较为敏锐、全面与权威，尤其是CSSCI来源期刊。以生命教育为关键词检索2000—2013年刊载的37种教育学CSSCI来源期刊及14种扩展版CSSCI来源期刊，分别获得文献54篇、20篇。通过数据处理[①]并导入CiteSpace软件，绘制生命教育研究的关键词共现知识图谱及作者共被引知识图谱，基于关键词、文献及作者共现被引的频次、中心性及突现率，导出相关引文历史（Citation History）折线图，结合二次文献内容分析，进行生命教育研究的可视化分析。

关键词作为学术论文的重要组成部分和精髓，关键词共现能够敏锐直接地反映出某一领域的研究热点与前沿。CiteSpace软件的词频跳变算法为关键词共现的可视化分析提供了可能，"该算法主要通过考察词频的时间分布，将那些频次变化率高、频次增长速度快的'突现词'（Burst term）从大量的题录的常用词中检测出来，用词频的变动趋势，而不仅仅是词频的高低，来分析科学的前沿领域和发展趋势"[②]。在CiteSpace v.3.7.R7软件平台中正确导入处理后的文献数据，选择的时间跨度为2000—2013年，时间分区（Year Per Slice）设定为1年，共分为14个时间区；术语类型（Term Type）设定为突现词（Burst Terms）；节点类型（Node Types）选择关键词（Keyword）。运行CiteSpace v.3.7.R7，得到生命教育研究的关键词共现知识图谱如图1—1所示，图中共有关键词节点152个，关键词的关联通过节点连线显示，共有连线212条。通过图1—1中各个关键词节点的浏览，我们可以看到生命教育研究的大致范畴，在软件平台中点击各个关键词节点，可以找到具体所在文献并通过二次文献法进行阅读分析。

---

① CiteSpace软件目前仅支持美国科学情报研究所数据库的文本格式，CSSCI中文数据必须先通过大连理工大学WISE实验室刘胜博博士编写的Java转换程序CSSCIREC（2013.1.16）进行处理，才能正常导入。

② 侯剑华：《工商管理学科前沿和热点演进的可视化分析》（博士学位论文），大连理工大学，2009年。

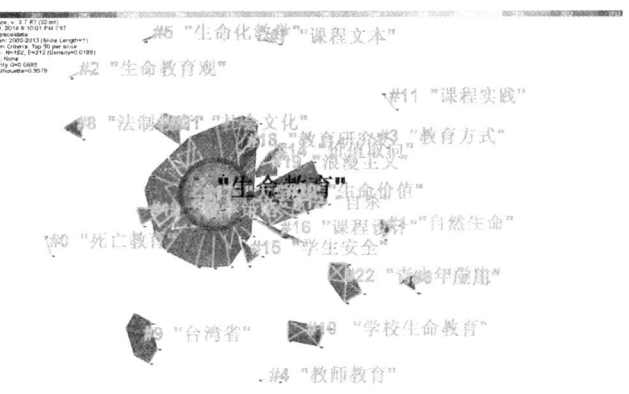

图 1.1 CSSCI 教育学期刊 2000－2013 刊载文献
生命教育研究关键词共现知识图谱

通过关键词"生命教育"引文历史的查询可以看到 CSSCI 教育学期刊 2000－2013 刊载文献中生命教育研究的数量变化趋势如图 1.2，在 2002 年之前期刊上没有出现以生命教育为关键词的论文，这一点和国内书籍文献研究成果总体上相符合。在 2002 年共有 4 篇论文，分别是张振成的《生命教育的本质与实施》、郑崇珍的《生命教育的目标与策略》、钱永镇的《校园推动生命教育的具体做法》及许世平的《生命教育及层次分析》。随后 2003 年 3 篇、2004 年 9 篇、2005 年 6 篇、2006 年 7 篇、2007 年 5 篇、2008 年 3 篇、2009 年 7 篇、2010 年 6 篇、2011 年 8 篇，2012 年 10 篇达最高值，最近发表的分别是 2013 年刘颖洁的《生命意义教育论——当代大学生心理健康教育之要》与王健的《高校生命教育课程建设的台湾经验与借鉴》，可见有关生命教育研究的期刊论文渐趋丰富，通过具体文献的分析研读以把脉近年来生命教育研究状况。

再次运用 CiteSpace 软件，操作同上，仅将节点类型（Node Types）选择作者共被引（Cited Author），运行获得作者共被引知识图谱，如图 1.3。

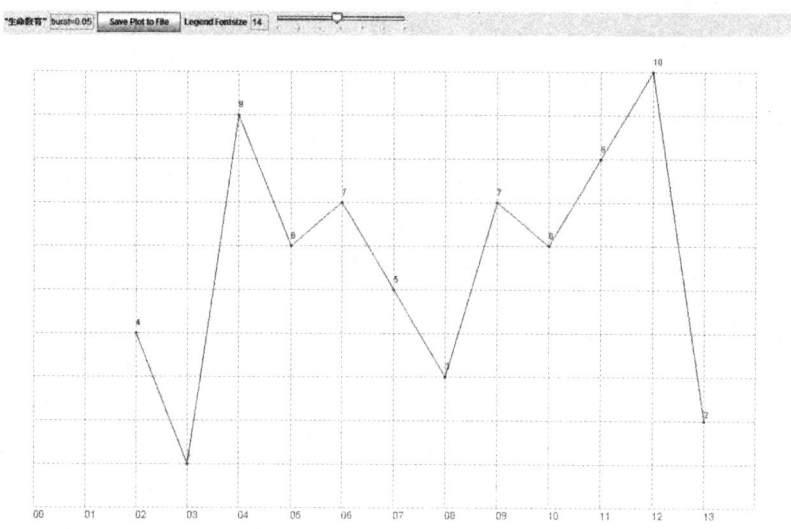

图 1.2　关键词生命教育引文历史折线图

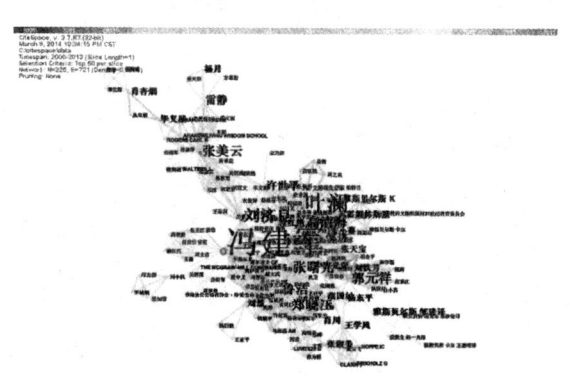

图 1.3　CSSCI 教育学期刊 2000－2013 刊载文献
生命教育研究作者共被引知识图谱

图 1.3 中作者姓名按照被引次数多少来显示大小，即在来源文献中作者被引用频次（Frequency）越多其显示的字体越大，中心性（Centrality）代表该作者在整个知识图谱或者说该研究领域中的影响力，所以一个作者的研究观点的认可度是由被引频次及中心性共同决定的。通过软件后台运行可以导出作者被引的详细情况，如被引作者姓名、频

次、中心性，如表 1.4 所示。

表 1.4 被引作者详细情况一览表

姓名	频次	中心性	姓名	频次	中心性
冯建军	11	0.32	雷静	3	0.04
叶澜	7	0.14	杨月	2	0.00
刘济良	5	0.39	纪洁芳	2	0.00
郑晓江	4	0.16	王学风	2	0.03
鲁洁	4	0.09	李政涛	2	0.09
郭元祥	4	0.08	肖杏烟	2	0.04
高清海	4	0.10	程红艳	2	0.04
张曙光	4	0.20	刘慧	2	0.03
张美云	4	0.30	燕国材	2	0.06
邹进	4	0.01	肖川	2	0.02
徐世平	3	0.08	毕义星	2	0.01

国内关于生命教育研究开展较晚，但近年来生命教育研究领域涌现出一些学者，他们的努力与尝试在不断丰富、拓展着该领域的研究成果与实践经验。所以，我们通过对冯建军、叶澜、刘济良、郑晓江、王学风、肖川、毕义星等学者关于生命教育相关研究论著的研读分析，为生命教育研究累积了丰富的文献基础。

二、国内生命教育研究

20 世纪 90 年代，国内教育研究领域开始关注生命教育。在大陆地区，叶澜教授从"生命"及其与教育的内在关系，主张"从更高的层次——生命的层次，用动态生成的观念，重新全面地认识课堂教学，构建新的课堂教学观,让课堂焕发出生命的活力"①。台湾、香港地区生命教育近年来不断地被内地引入并扩展,关注生命、尊重生命成为国内学者日渐注重的教育理论研究思路。

（一）大陆的生命教育研究

1. 生命教育的内涵

我国的生命教育研究和实践还处于起始阶段,研究者对生命教育的内涵存在着不同的观点。国内现有文献对生命教育内涵的界定,大致可以分为两类。

一类是从教育内容角度来界定生命教育内涵。简言之,生命教育就是有关生命的教育。如认为："生命教育就是认识生命、敬畏生命、尊重生命、热爱生命。具体来说,生命教育包括人与自己的教育、人与人的教育、人与环境的教育、人与自然的教育、人与宇宙的教育。"② 还有认为生命教育应从三个层次来理解,即"生命教育包括生存意识教育、生存能力教育和生命价值升华教育"③。这些都是从生命教育内容的角度探讨生命教育的内涵。

另一类是从价值追求的角度来规定生命教育的内涵。郑晓江是国内对于生命教育研究较早的学者,其在专著《生命教育演讲录》及其他学术论著中对生命教育界定为："生命教育,对于受教育者来说,就是从认识人的自然生命开始,进一步认识社会生命,使得他们处理好个体与他人、与社会的关系；应让受教育者在精神生活不断丰富、文化素养逐渐提升、道德品质渐趋完善的生活过程中,去追求高尚的精神生命；换言之,生命教育就是要帮助受教育者认识生命意义与生命价值,对于生与死的关系能够正确看待,进而树立正确的生命观。"④ 张美云认为：

---

① 叶澜：《让课堂焕发出生命活力——论中小学教学改革的深化》,《教育研究》1997 年第 9 期。
② 文雪：《生命教育论》,《山东教育科研》2002 年第 9 期。
③ 许世平：《生命教育及层次分析》,《中国教育学刊》2002 年 4 期。
④ 郑晓江：《生命教育的概念、内容和原则》,《中国德育》2007 年第 3 期。

"生命教育是教育的一种价值追求,其内涵基本上由'生命'决定,所以,应该从生命的特征(亲在性、有限性、意义性和更新性)以及生命存在的领域(自然领域、社会领域和精神领域)来探讨生命教育的内涵。"①

从整体上看,生命教育的内涵倾向于两个方面:一是侧重于"种生命"即自然生命,生命教育帮助学生认识生命,珍爱生命,唤醒生命意识,掌握生存技能,热爱生命、敬畏生命;二是偏重于"类生命"即精神生命和社会生命,强调生命教育要"站在精神和社会的立场上,强调提升生命的意义,促进生命的成长,实现自我的生命价值,培养正确的生命观"②。

2. 生命教育的目标

有研究者将生命教育的目标定位于:"珍爱生命,让学生学会体悟人生,真正捍卫生命的尊严;欣赏生命,最大程度地激发生命潜能;敬畏生命,提升生命质量,确保实现生命的价值。"③关于生命教育的具体目标,有的研究者提出:"探索生命本质,探讨生死议题,探寻人生价值,追寻生涯的发展,培养生活智慧,以健全的人格和丰富的生命内涵,活出舒坦、丰盈的人生。"④

综上,帮助学生认识生命,提高生存技能,尊重生命、敬畏生命、发展生命,提升生命质量、促进生命成长的教育目的,几乎所有研究者都认可这一点。这一总的教育目标又可以分为具体目标。

(1)强调认知与技能。了解和认识自然生命的形成和发展过程,掌握生命安全技能和方法,知道生命的发展特点,保持自然的生态平衡,明白在社会上的人际交往关系的重要性,掌握与他人相处的重要性和基本原则,理解人的生命意义和价值。

---

① 张美云:《生命教育》(博士学位论文),华中师范大学,2003年。
② 郑晓江:《关于"生命教育"中几个问题的思考》,《福建论坛》2005年第9期。
③ 肖川:《生命教育的三个层次》,《福建论坛》2006年第3期。
④ 余林梁:《开展生命教育,提高大学生的人文素质》,《中山大学学报论丛》2003年第3期。

(2) 强调情感、态度、价值观。让学生尊重和热爱自我生命的同时，能以"同理心"去关注和敬畏自然及他人的生命，不断对生命进行自我体验和省思，珍惜生命的存在，培养热爱生命的情感，真正体悟生命的意义和价值，培养正确的生命价值观和生死观。

(3) 强调行为表现。保护自我生命安全，面对危险能够具有基本的自救和互救能力，提高生存技能；积极乐观向上，热爱生活，直面挫折，养成良好的生活习惯；正确处理与他人、社会的关系，关心、爱护他人，富有爱心和责任感，在社会中实现自我的生命价值。

3. 生命教育的内容

生命教育中"生命"的内涵，包括自我、他人以及大自然界中的其他物种。总结研究者的研究成果可以看出生命教育的内容涉及以下几个方面。

(1) 人己关系的教育

生命教育受到社会各界的关注，最先是由于学生的生命安全得不到保障，残害自己生命的现象不断出现，由此，生命教育的内容就离不开要教育学生正确地自我评价，提升自我的生存技能，能够有效控制自我的情绪，能够形成良好的生活方式，正确规划生活和职业生涯，形成正确的生命观和价值观，最终实现自我的生命价值。

(2) 人人关系的教育

学生作为社会的一员，教育学生要关心、尊重、爱护他人，学会与他人交往，拥有和谐的交友圈子，积极面对并合理解决冲突，遵守社会公德、社会规范，做一名有爱心、有责任感的社会公民。

(3) 人物关系的教育

人物关系即人与自然的关系，让学生尊重自然界生物的多样性，理解每个生物都有其存在的权利，不能滥杀滥捕，深刻理解在经济高速发展的同时，与大自然和谐共处变得至关重要。

4. 生命教育的实施

学者们一致认为，生命教育的实施是个系统工程，需要社会、学校、家庭等各个方面的合力。冯建军提出学校推进生命教育的几个途径："转变观念；通过有形课程实施生命教育；通过无形的课程实施生命教育；形成学校、家庭和社会的教育合力。"[1] 从四个方面论述了实施生命教育的具体策略，并指出中国传统教育忽视人的生命存在的观念，需要积极转变方能促进生命教育的有效实施，通过相关生命教育知识的学科渗透或学生日常活动的组织来开展生命教育，并合理协调学校、家庭和社会的力量以取得最大教育效果。同时他也提出了我国生命教育实施在一定程度上存在困境。[2] 生命教育的提出最初旨在解决社会问题，但实际上应转向人的全面发展，虽然实践中的生命教育宣扬注重人的生命个体的发展，但仍需进一步落实，如其在《生命教育与生命统整》中指出生命教育应跳出工具层面而直面人的生命个体层面；生命教育的实施以学科渗透还是单独设置上存在争论，但随着国内生命教育逐渐生根发芽，单独的生命教育课程获得了更多的认同；即便认同单独课程设置，生命教育以具体课程的形式实施仍存在是以知识为逻辑组织还是以活动为组织的两难选择。

综合来看，我国生命教育实施有以下几个方面：

（1）开设独立的生命教育课程

综合生命教育天人物我的相关内容，遵循学生的年龄特征和身心发展特点，设置专门的、独立的生命教育课程作为校本课程，安排专门的教师，每学期给予固定的课时。

（2）学科渗透

将生命教育的基本内容融入各门学科课程中，通过其他课程的教学活动来开展生命教育，在各科教学中，通过强调与生命相关的知识内容，如在语文教学中，培养学生对生命的热爱；在自然科学中，体会生命的神奇和奥妙；在社会科学中，感受人与人之间相互关心、相互信任的情感等，从不同的视角来看待生命绽放的光彩，让学生明白生命教育

---

[1] 冯建军：《生命教育的内涵与实施》，《思想·理论·教育》2006 年第 11 期。
[2] 冯建军：《生命教育实践的困境与选择》，《中国教育学刊》2010 年第 1 期。

不仅仅存在于课本和课堂教学中，在日常生活的各方面都应有所体会，真正提升生存技能和生命质量，树立正确的生命价值观。

（3）专题活动

学校开展多种类型的生命教育活动，充分利用青春期教育、安全教育等专题教育形式。还有很多研究者认为，生命教育不同于其他的学科教育，更多是一种综合性的教育活动，强调交往活动和体验，让学生在活动中认知、体验、感受，探索，感悟生命的意义，在实施生命教育中挖掘学校、社会、家庭等教育资源，形成生命教育的合力。

（二）香港和台湾的生命教育研究

1. 香港生命教育研究

香港生命教育的理论和实践研究是非常成熟和有效的，香港生命教育研究涉及的主要内容如下：

（1）生命教育的目标：提倡认识生命、敬畏生命，培养珍惜生命的情感和态度，关注自身生命的同时，关心他人的生命，探索生命的价值和意义；提升自我的生存技能和生命质量，最终实现自我的生命价值。

（2）生命教育的实施途径：课堂教学作为生命教育实施的主要渠道，设置了显性课程如生命教育课、公民教育课和宗教伦理课等；通过学科渗透的方式，强调各个年级的各科教学中的知识点与生命及人生价值的关系，使生命教育达到润物细无声的效果；课外实践活动的开展，也为生命教育的实施提供了新的方式，强调学生自身体验和感受的重要性。

（3）生命教育的组织保障：政府层面的行政推动；宗教团体的积极参与；众多社会福利团体和民间组织的支持。

可以看出，香港的生命教育价值取向多元化，拥有"全纳性"的生命教育受众范围以及多样性的生命教育实施渠道，这些也成为香港生命教育的特点。

2. 台湾生命教育研究

与大陆、香港相比，台湾的生命教育研究更为全面和系统。有理论研究者的参与，有强有力的行政推动，还有广大学校的积极实践、教学一线教师的实践探索，还有宗教慈善社团的支持，生命教育成为全方位的自上而下的教育行动。

第一，在生命教育开展动因方面，积极的行政推动是其生命教育推进的一大特色。20世纪末，生命教育被正式引入台湾，"教育厅"就以晓明女中为"总推动学校"，设立"生命教育推广中心"，把2001年确定为"生命教育年"，生命教育从民间的自发发展到当局担当起相应的责任，行政政策的支持成为台湾生命教育迅速发展和不断成熟的保障。

第二，对于生命教育内涵与内容，由于视角不同，观点各有不同。孙效智教授认为[①]："人生与宗教的省思，生命实践的省思及伦理反省，人格统整与情绪教育是生命教育应该注重的三大领域；而且深化人生观，内化价值观，整合知情意行，及尊重多元智能，是生命教育实施的四个重要环节；这些内容又具体细化为人生哲学、心理学、宗教哲学、基本伦理、生死学、应用伦理六个子内容部分"，并且提出每个人都可以根据自己的理解来定义生命教育的内涵。钮则诚认为[②]："生命系统、生命礼仪、养生技艺、生命伦理、临终关怀、悲伤辅导、死亡教育、殡葬管理是生命教育的八种主题目，这些主题相应涉及三大知识领域，分别是自然科学、社会科学和人文学。"黄德祥认为，生命教育应该从"人与自己、人与他人、人与自然环境、人与社会及人与宇宙"[③] 五个角度进行理解。虽然对生命教育内涵的理解有些许不同，但所揭示的教育本质是相同的，通过唤醒生命意识，正确认识生命，进而使学生珍爱、敬畏生命，热爱生活，促进生命成长，实现生命的价值和意义。

第三，在生命教育实施研究方面。将生命教育融入了课程体系，按有关部门的规划，生命教育在高中阶段从2005年起为选修课程，在生

[①] 孙效智：《生命教育的内涵与实施》，《哲学杂志》2001年第35期。
[②] 钮则诚：《生命教育——学理与体验》，扬智文化事业公司2004年版，第129页。
[③] 黄德祥：《小学生命教育的内涵与实施》，载林思伶主编：《生命教育的理论与实务》，寰宇出版公司2000年版，第241—253页。

命教育概论、哲学与人生、宗教与人生、生死关怀、道德思考与抉择、性爱与婚姻伦理、生命与科技伦理、人格统整与灵性发展八门课程中选择开设一到两门；在具体的实施方式中，使用体验式的教学法更符合生命教育的要求和目标。"体验活动的设计"也是台湾颇具特色的生命教育实施方式。

第四，在生命教育的支持资源方面，除了行政支持外，还有社会力量的支持以及学术和网络的支持，建立了完整的生命教育支持体系。

三、国外生命教育研究

与其他国家相比，美国生命教育起步较早，发展也较为成熟，其他各国也针对本国社会和教育的具体实际情况开展和推动生命教育的发展。厘清美国、英国、澳大利亚等国家的生命教育开展情况，对生命教育的提出背景、目的、内容、实施途径、政策保障等方面进行分析和比较，对中小学生命教育课程开发有着重要的启示意义。

（一）生命教育的提出

美国和澳大利亚是最早提倡生命教育的国家。随着经济全球化、文化多元化时代的来临，美国作为世界强国，经济迅速发展的同时，人们的精神生活略显迷失，青少年吸毒、自杀、他杀等生命事件不断发生。1968年美国学者杰·唐纳·华特士（Waters J. Donald）针对青少年生命意识的缺失，首次明确提出了生命教育（Life education）思想，在美国加州创建阿南达学校（Ananda Schools），从此，生命教育得到了许多学者的关注，更得到了美国教育当局的重视。

澳大利亚的经济在20世纪50至70年代进入了高速发展时期，"赌"和"毒"成为较突出的社会问题，每个州几乎都设有赌场，各地还设有很多吸毒室，人们沉迷于赌博。政府并没有明确提出禁止赌博的规定，这对青少年的身心发展造成了严重的负面影响。另一方面，中等教育阶段存在的问题也不断暴露出来，教育不能满足学生的就业和生活的需求，由此也引发了中学生的退学率居高不下，公立学校与私立学校的教育质量也存在着很大的差异，学生在择校与升学方面的竞争也非常激烈，学生承受着很重的学习压力与学业负担。在这种社会和教育背景下，牧师 Ted Noffs 针对青少年吸毒等社会问题，提出了实施生命教育的主张，并在新南威尔士州（New South Wales）建立了生命教育中心。

（二）生命教育目标

各个国家对于生命教育的目标定位是不同的。美国华特士生命教育理念的核心目标就是生活本身，认为生活就是一种学习，生命就是一种体验。从总体上看，美国生命教育的目标定位于：第一，促进学生全面、均衡发展。生命教育就是透过生活让学生的身体、心灵、精神等各个层面全面而均衡地发展。第二，引导学生认识到生命的独特性，重视生命的存在和意义。第三，让每个学生学会学习，学会创造，体现学习的个性，最终成为会学习、会探索的创造型人才。第四，引导学生学会生活，学会尊重、关爱他人，不断发展个性，提高自我的生命意识，实现生命的价值。

在英国，生命教育受到了国家和政府的支持和重视。研究者认为，生命教育应是一种全人教育，培养积极乐观的公民。除了培养积极的公民，生命教育更加强调的是学生个人的幸福和健康，学生应该了解自我，做一个自尊、自信、自立、有责任感的人，在确保自身生命安全的同时保证他人的生命安全，要使学生认识到人与人之间的发展是有差异的，最大程度发挥自我的能力，使学生得到全面发展，实现全人发展的目标。

（三）生命教育内容

国外的生命教育内容是多元化的。如英国学者认为生命教育应该关注人的生活，广泛涉及学生日常生活的方方面面；日本针对日本青少年的脆弱心理和自杀事件不断增多的现象，提出了"余裕教育"作为生命教育的重要内容，以"热爱生命，选择坚强"作为口号，希望青少年能珍爱生命，直面挫折，战胜困难，找到生命的意义和生活的美好；美国的生命教育内容基本上包括死亡教育、品格教育、挫折教育和生计教育四种，下面就以美国生命教育内容为例，简要介绍如下。

1. 死亡教育：通过澄清死亡的必然性，帮助学生正确了解死亡，正视他人与自己的死亡事件，自然生命的有限性更能体现生命的珍贵性，树立正确的生死观，培养珍惜生命、热爱生命之情，完善自我的生命价值观。

2. 品格教育：作为生命教育的重要组成部分，受到美国政府、教育机构和民间组织和个人的重视和支持，确立了信任、尊重、责任、公平、关心、公民的职责与权利等六种价值观，每个人都应该关心自我和他人的生命，重视培养学生的道德品质。

3. 挫折教育：使学生正确认识挫折、直面挫折，提高学生承受挫折的能力，使学生认识到，在生活中、在人生道路上，不是一帆风顺的，会遇到意想不到的困难和挫折，要有战胜它们的勇气，不能因为承受一些压力和困难就轻易消极度日、残害生命，要积极面对生活，拥有乐观的生命态度，做一个拥有正能量的人，能够在欣赏生命、珍惜生命的同时，提升生命的意义和质量。

4. 生计教育：以学校为基础的生计教育目的是为了促进了教育与生产劳动相结合，将学生所学的知识能够与在未来的就业中相结合，让学生掌握与职业相关的技能，认识和了解各种各样的职业所需要的知识和职业道德，找到所学知识与职业的契合点，最终实现自我的生命价值。

（四）生命教育实施

生命教育内容的丰富多样，与之相对应的生命教育实施途径也是多样的，包括专门的生命教育课程、学科渗透、形式多样的实践活动等。

1. 设置专门的生命教育课程

美国正式的死亡教育课程，通过知识讲解、阅读欣赏等方法，在专门的课堂教学中进行生命教育；品格教育是通过专门品格教育课程的讲授进行的；以学校为基础模式的生计教育也为学生设置了专门的生计教育课程，对青少年传授职业相关的知识和技能，包括职业道德和相关法律规范的讲解。

英国的生命教育是以主辅搭配的生命教育课程来实施的，以公民教育课程为主，以个人社会和健康教育课程为辅。从2003年开始，公民教育成为中等学校的必修课程和正式课程，这也在某种程度上改变了英国传统上占主导地位的单纯的生命教育学科渗透方式。

2. 学科渗透式

英国生命教育实施的主要方式是学科渗透式。《柯瑞克报告书》（*Crick Report*）明确指出"生命教育采取渗透型实施模式"，强调将生命教育的主要内容和理念融入到其他课程中进行学习。通过各学科的不同性质和目的融入生命教育的内容，从不同的视角来看待生命、认识生命，让学生在不知不觉中体会生命的意义和精髓，并化为具体的行动，使生命教育成为日常生活中的一部分。生命教育旨在学生通过学习从知识、技能、理解力等各个层面体验民主参与，熟悉个人在社会中的责任、义务和权利，了解个人、学校及社会之间的关系，乃至探讨全球问题和国际事宜，报告书还明确指出生命教育的开展应该针对这些目标设置相应的课程形式。生命教育旨在探索生命本质，探讨生死议题，探寻人生价值，追寻生涯的发展，培养生活智慧，以健全人格和丰富生命内涵。具体而言，生命教育的目标在于强调学生的认知与技能的提升，掌握人际关系、人与社会关系的处理原则，理解自身生命存在的意义和价值；同时注重情感、态度、价值观的养成，并能合理兼顾自己、他人、自然及社会的关系。

3. 实践活动

在美国的死亡教育中，为了让学生对死亡有直观的体验和感受，在生命教育实施中，首先让学生参与社会实践活动，如"参观医院、病房、殡仪馆、育婴室等与生死相关的场所，照顾病人"[①]。通过对这些

---

① 牛楠楠：《美国中小学的死亡教育及其启示》，《基础教育》2009年第1期。

场所的参观以及参与死亡相关活动,让学生体验对生命的敬畏感,消除对生命的恐惧,正确认识死亡和接近死亡,达到死亡教育的目的;其次,学校校园环境的建设和珍爱生命、敬畏生命氛围的营造也成为生命教育的重要途径;再次,将生命教育贴近学生的日常学习和生活,不仅仅是理论知识和理念的传授,更重视理论和实践的统一。

四、生命教育课程开发研究

目前,生命教育课程主要是以地方性和校本性课程的形式存在。将生命教育课程定位于地方课程和校本课程。独立设置的生命教育课程,是实施生命教育的有效方式。因此,对有关地方性和校本课程开发的研究做出分析,并从中得到一些启示,可以为生命教育课程开发和实施提供坚实基础。

(一)地方课程相关研究

从文献来看,现有研究主要涉及地方课程的涵义、价值理念、开发模式、存在问题等方面。

1. 地方课程的涵义

地方课程又称地方本位课程,服务于地方,立足于地方,归属于地方,是指地方各级教育主管部门以国家课程标准为基础,根据我国课程的相关政策,在一定教育思想和课程观念指导下,充分利用地方课程资源而开发、设计、实施的课程。

2. 地方课程开发的价值理念

地方课程的开发,主要以"地方的政治、经济、文化的现状和发展需要,自然条件、社会环境以及生态情况为出发点"[①]。以学生发展为本,地方课程在满足学生生命发展的多样性以及促进地方经济、社会发展上具有其独特价值。

---

① 成尚荣:《地方课程管理和地方课程开发》,《教育研究》2004 年第 3 期。

3. 地方课程开发的模式

我国地方课程开发的模式主要是"补充模式、审定模式、招标模式以及再开发模式"①，这些模式尚有不成熟之处，需要进行改进和完善。在地方课程开发的原则基础上，有学者指出，地方课程开发应遵循"学生利益优先、独立性与协调性、地域性与本土性、选择性与灵活性、简约性与通俗性、时代性与先进性"②的原则。

4. 地方课程开发中存在的问题

地方课程开发在取得积极成果的同时，也出现了一些不足。有研究者从"课程价值取向的唯地方化、主体的单极化、形态的学科化、资源的文本化、方式的课堂化、目标的片面化、评价的单一化、开发的泛化、设置的表面化"方面指出了地方课程开发中出现的问题。③

（二）校本课程开发相关研究

近年来，校本课程开发思想得到广泛认可，它在形成一所学校办学特色、促进教师专业发展和学生的个性发展方面意义重大。在我国的课程改革中，从学生的个性化发展的需求出发，中小学校实质性地掌握着合理而充分的课程权限，鼓励学校进行校本课程开发，教师可以因地制宜、因材施教、创造性地实施课程。

1. 校本课程开发的涵义

我国学者对校本课程开发的概念进行了广泛研究。关于校本课程开发的定义，国内学者从不同的角度阐述了各自的看法，如崔允漷认为："校本课程开发指的是学校根据本校的教育哲学，通过与外部力量的合作，采用选择、改编、新编教学材料或设计学习活动的方式，并在校内实施以及建立内部评价机制的各种专业活动。"④ 徐玉珍认为："校本课程开发是在学校现场发生并展开的，以国家及地方制定的课程纲要的基

---

① 罗生全：《我国地方课程开发的模式及其改进》，《课程·教材·教法》2007年第9期。
② 徐冰鸥：《关于地方课程及其开发原则的思考》，《教学与管理》2006年第3期。
③ 曹石珠：《地方课程开发实施值得关注的几种倾向》，《中国教育学刊》2005年第3期。
④ 崔允漷：《校本课程开发：理论与实践》，教育科学出版社2000年版，第89页。

本精神为指导，依据学校自身的性质、特点、条件及可利用和开发的资源，由学校成员自愿、自主、独立或与校外团体或者个人合作开展的旨在满足本校所有学生学习需求的一切形式的课程开发活动，是一个持续和动态的课程改进的过程。"①

尽管学者们对其定义见仁见智，但已达成一个共识，在校本课程开发实施过程中，要重视结合本校特点，从实际教学需要出发，以教师为主体，以促进学生发展为宗旨的课程开发。校本课程开发应该是一个系统性、综合性的概念，"是学校为了达到教育目的或解决学校教育问题，以学校为主体，学校成员为主导，进行的课程开发过程"②。我们从校本课程开发的功能、要素、实施途径的角度，认为校本课程开发是指以学校作为开发主体，满足学生的发展需要和兴趣，结合学校的特色，利用当地的课程资源，自主开发和实施课程的过程。

2. 校本课程开发的核心理念

校本课程开发的本质性、标志性特征是学生的差异性、独特性，校本课程开发内在的规定性是学校及教师是校本课程开发的主体，也是校本课程开发所必须坚持的理念，校本课程开发必须作为基础教育课程体系中的重要组成部分才能具有强大的生命力。校本课程作为三大课程形式之一，具有重要地位和作用。中小学生命教育校本课程开发的理念，归结起来可以从三个角度进行说明。

以人为本的教育理念。中小学生的社会性源于对自然的热爱、对生活的认识、感悟与体验。学生是活泼的个体，他们最终都要走向社会、回归自然生命，我们的课程只有回归学生的具体学习生活、反映人类生命真谛、引导学生认识生命、感悟人生并使生活与生命成为学校教育的主要组成部分，如此才能培养出适应社会生活、个性鲜明、人格完善的人，才可能实现生命教育课程的价值。生命教育校本课程开发的深度及内容要符合学生的年龄特点和思维发展规律，同时体现课程改革中课程

---

① 徐玉珍：《校本课程开发：概念解读》，《课程·教材·教法》2001年第4期。
② 崔允漷：《从选修课和活动课走向校本课程》，《教育发展研究》2002年第2期。

结构的综合性、均衡性、选择性与现代性。

三个"着眼于"。着眼于全体学生身心的和谐发展,为学生的终身幸福奠定基础;着眼于学生个性的健康发展,为学生具有较强的生存能力和较高的生命质量奠定基础;着眼于增强学生在自然和社会中的实践体验,为营造健康和谐的生命环境奠定基础。[①]

坚持实践性原则。生命教育以辅助学生成才为目的,而不是以传授知识为目的。生命教育所有的教学要求必须通过学生自己的认同、领悟、实践才能真正实现,所以实践是生命教育最基本的教学形式,生命教育的课堂是为学生提供一个交流实践心得的平台,使学生通过交流获取新的实践力量、勇气与方向。鼓励丰富多彩的实践教学方式,让学生勇于实践、勇于改变、超越自我。

3. 校本课程开发的目标

生命教育课程总体上来说担负着培养学生认识生命、珍惜生命、敬畏生命、发展生命及超越生命的责任。生命教育校本课程开发的总目标也是如此,有学者指出,生命教育课程开发与实施的宗旨是努力达成学校实施生命教育的三级目标:第一层目标是通过学校生活培养学生珍惜生命、热爱生命的意识;第二层目标是寻求更进一层次的发展,包括自我发展、学业发展、人际关系的发展、兴趣的发展、情感的发展等等;第三层目标就是自我实现,让理想与现实吻合,发扬生命的光辉。[②] 因此,每一所学校都要根据学生特点和实际校情,来确定生命教育校本课程的总目标,但是可以肯定的是生命教育的总目标是着重帮助和引导学生了解自身的成长基本过程与发育特点;掌握安全常识和生存技能,养成良好的生活习惯;初步树立正确的生命意识,学会与他人交往的技能,完善人格、快乐成长。总之,生命教育就是"为了人的生命的成长与发育,为了生命的生存、享受与发展,

---

[①] 吴增强:《上海市中小学生生命教育研究》,上海教育出版社2006年版,第12页。
[②] 郑崇珍:《生命教育的目标与策略》,《上海教育科研》2002年第10期。

为了生命提升人的生命质量"①。

第四节　生命教育的内涵

一、生命的解读

生命科学在当代自然科学的版图上，是最为耀眼和最富挑战性的亮区。至今，学术界对生命的本质还没有公认的观点，但较为明晰的生命概念还是值得我们追求的。

现代生物学认为，生命是生物体所表现的自身繁殖、生长发育、新陈代谢、遗传变异以及对刺激产生反应等的复合现象。遗传学认为，生命是"通过基因复制、突变和自然选择而进化的系统"②。物理学将生命视为"一种非平衡热力学系统"。

许多学者也从社会科学角度对生命进行了解读。文学家冰心在《谈生命》中，也对生命这一内涵丰富的概念作了美丽而深刻的解释："生命像东流的一江春水，他从生命最高处发源，冰雪是他的前身……"从哲学的角度看，"生命是生物的生长、发育、繁殖、代谢、应激等所表现出来的生存意识"。高海清先生认为，生命应该划分为两种类别，分别是"种生命"和"类生命"。所谓"种生命"是人与其他生命体共同的，"是由自然给予，具有自在性质，非人所能自主"③，而"类生命"是"由人创生的自为生命，是人所特有的"，是区别人与其他生命存在的根本标志。

生命是个很直观而又神圣的词，它的存在表现出悖论性，一方面人们对于其好像很清楚，常常挂在嘴边，貌似对于生命很熟悉而且知道是

---

① 燕国材：《值得倡导与实践的生命教育》，《基础教育》2003年第8期。
② 《简明不列颠百科全书》，中国大百科全书出版社1986年版，第165页。
③ 高清海：《"人"的双重生命观：种生命与类生命》，《江海学刊》2001年第1期。

怎么回事，但同时另一方面生命对于人们来说又很模糊，许多人对于其不知道是怎么回事。正如学者张曙光所说："生命本身意味着人的感觉、享受、激情以及酸甜苦辣、悲喜爱恨、束缚舒展、自在自由。生命的能动中有受动、衰败中有新生、释放中有实现，一切都在矛盾中、在张力中展开。这就是生命之生，同时也是生命之命。"生命存在既是客观的又是主观的，既有肉体的欲望又有精神的超越，既是有限的又是无限的，这是我们达成的共识。

对于生命的存在形态，不同学者有着不同的见解，上述分别从生命科学、自然科学、社会科学、生命哲学等不同角度解读了生命，本书中的生命是借鉴高清海先生对于生命的界定，是指"种生命"和"类生命"的两大类别的生命观。同时沿用张曙光先生在《生存哲学——走向本真的存在》一书中对于生命的存在形态的界定[①]：一是自然生理性的肉体生命；二是关联而又超越自然生理性的精神生命；三是关联人的肉体和精神而又具有某种客观普遍性的社会生命。自然生命是人的生命存在的物质载体和本能性的存在方式，是最基本的生命尺度；人在满足自己的自然生命的基础上，还要追求超越于自然生命的精神生命；人生活在世上，社会生命特有的存在价值和智慧是人之所以为人的基础和依据。

二、生命教育相关概念

（一）生死教育与死亡教育

在阐释什么是死亡教育之前，我们有必要先搞清楚"死亡"一词的涵义。终其一生，人们都在试图弄清楚什么是死亡。尽管仍然不很明了，因为生者无法切实感知死亡，而逝者又不可能从那未知之境给予我们任何反馈。我们对死亡的理解通常涉及以下五个概念[②]：universality

---

① 张曙光：《生存哲学——走向本真的存在》，云南人民出版社2001年版，第197页。
② 唐庆：《死亡教育漫谈》，《外国中小学教育》2004年第12期。

（死亡的普遍性，即人都有一死）、irreversibility（死亡的不可逆性，即一旦死亡就无法复生）、nonfunctionality（躯体功能失效性，即身体器官停止一切生命活动）、causality（死亡诱发性，即因为什么而导致死亡）和 noncorporeal continuation（非实体状态的延续，即躯体死亡后以另一种形式继续存在，也就是生者与死者的情感联系等）。从传统的"心脏死"（即呼吸与心跳停止）观到现代临床医学死亡新概念——"脑死亡"（即全脑功能的永久丧失）的确立，我们可以看出人类对死亡尊严即生命质量的日渐关注，其实关注死亡就是关注生命。

生死教育和死亡教育名义上不同，从本质上看是一致的。生死教育主要是"探讨死亡的本质以及各种濒死、丧恸之主题现象，让我们反思自己与他人、社会、自然乃至宇宙的关系"[①]，在面对死亡的时候能够不再恐惧，省察生命的意义，从而珍惜生命，热爱生活，活出生命的精彩和价值。而死亡教育最初源于美国，"表面上为'谈死'，在实质上要通过正确认识死亡来帮助学生应对生活中的不幸事件的发生，能够树立正确的生死观"[②]；在本质上，生死教育和死亡教育都是以生和死作为研究对象，重视生命的存在，认识生命的意义，实现生命的价值，但生命教育主张的是发展着的生命观，并不仅仅以死亡作为研究对象。

我国学者张淑美综合国内外专家学者的意见将死亡教育定义为，探讨死亡的本质以及各种濒死主题与现象，促使人们深切省思自己与他人、社会、自然乃至宇宙的关系，从而能够认识生命的终极意义与价值，面对死亡、克服对死亡的恐惧与焦虑、超越死亡、省思生命，使人们能体会谦卑与珍爱，展现人性光辉，活出生命意义的教育。

（二）安全教育

自我保护能力是青少年快乐健康成长的必备能力。重视培养学生的自我保护能力及良好的应急心态，对其进行安全知识和技能的教育，包

---

① 张淑美：《生命教育研究、论述与实践—生死教育的取向》，高雄复文图书出版社 2005 年版，第 115 页。
② 牛楠楠：《美国中小学的死亡教育及其启示》，《基础教育》2009 年第 1 期。

括交通安全、法律法规、校园安全等内容。安全教育是生命教育的重要内容之一，但并不等同于生命教育，前者注重学生自然生命的安全和生存能力的培养，后者还包括学生对于精神生命和社会生命的重视，在生命安全的基础上，寻找生命意义，实现生命价值，活出精彩的人生。

（三）生命化教育

生命化教育的概念相对生命教育的概念来说，比较宽泛，是一种教育理念。在教育本质的视野中，唤醒人们对生命的重视，将学生作为"人"这一生命个体进行教育，体现一种人文关怀的价值理念。它的基本观点是以生命作为教育的起点和出发点，通过生命的成长历程，为了探寻生命的意义和价值，即教育应该遵循生命的本性、发展生命、为了生命。

生命化教育相对生命教育虽仅有一字之差，但是表达的生命与教育的理解范畴有所不同。生命化教育比生命教育的意义境遇较为宽泛，前者是把对教育的理解与界定付诸生命的视野中，强调生命作为教育的基石、出发点，教育过程中依循生命、遵从生命之道，并且为生命充分、自由、个性的发展提供必要的条件。简单地说，生命化教育是以生命为教育的基点，尊重生命之完整、灵动的特性，并且在生命存在意义中享受生命的美好与幸福。生命化教育是直面生命、在生命中、为了生命的。在起点上，直面人的生命；在过程中，通过人的生命，遵循生命的本性；结果上，润泽灵魂，探索生命的意义和价值，提高生命的质量。直面生命是前提，循于生命是保证，完善生命是目的。教育只有三者协调一致，才能实现其生命的本质，才是完整的生命化教育的内涵。[①]

三、生命教育的内涵

美国学者杰·唐纳·华特士于1968年首次提出生命教育的思想，并在实践中不断发展。冯建军在《论生命教育的要义》一文中深刻地

---

① 冯建军：《生命化教育》，教育科学出版社2007年版，第21页。

阐释了生命教育："生命教育主要是教人认识生命、保护生命、珍爱生命、欣赏生命、探索生命的意义，实现生命价值的活动。生命教育在消极层面上是使人不自残生命，也不残害他人和其他动物；在积极层面上是尊重自己的生命，也尊重他人的生命，并将自己的生命与他人、天地间建立美好的共存共荣的关系。"①生命教育，在我们的基础教育教学实践中大致通过两个基准点运行着：其一是生存教育，包括生命意识教育和生存能力的教育，让个体在社会中能够生存，保护最基本的生命体态；其二则是生命价值的教育，生命价值的教育让个体能够知晓自己生命存在的意义，与自己、他人、社会存在怎样的关系，如何维系才能算作有价值、有意义等。目前，生命教育在我国学者的研究中存在一些差异，但就生命教育最初的基本意义观念来说，这些是一致的。

如前所述，"中小学生命教育课程开发"中的"生命"一词包含"种生命"和"类生命"。"种生命"也就是包括除了人类以外的所有生命存在，而人类所独有的是"类生命"，它包括精神生命和社会生命，这也是人与其他生物的本质区别所在。"生命教育"是指通过有目的、有计划的教育活动，对学生进行出生、发展、死亡的自然生命的教育，让学生认识和了解生命的意义、树立正确的生命价值观的精神生命的教育，帮助学生正确处理与他人、社会的关系的社会生命的教育。

第五节 中外生命教育的产生与发展

生命教育从20世纪60年代在西方国家兴起，至80年代逐渐被推广，在90年代走进我国台湾地区，从此大规模、有系统的生命教

---

① 冯建军：《论生命教育的要义》，《教育研究与实验》2006年第5期。

育融进了华人土地,并体现着本土化气息。当时代的脚步迈进 21 世纪,特别是最近几年来,我国大陆地区越来越多省市的中小学乃至大学,都在积极而富有成效地开展着生命教育研究及实践。从整体上来说,中外生命教育的兴起与发展各有不同,每个国家或者地区开展生命教育的形式和内容也大不一样。在美国,1968 年最早提出生命教育的杰·唐纳·华特士(J. Donald Walters)在加州北部内华达山脚下的丘陵地带,正式创建了"阿南达村"学校,以实践其生命教育思想;在日本,最早在 1964 年由学者谷口雅春出版了《生命教育实相》一书,首先提出生命教育的重要性。在此,我们选取几个代表性的国家或地区,并结合我国的实际情况进行概述,以管窥近年来国内外生命教育的兴起与发展。

一、国外生命教育的兴起与发展

生命教育提出最初的出发点在于应对一系列如吸毒、暴力、性犯罪等戕害生命的社会性问题,为的是保全生命并拥有一个健康的生命。

美国的生命教育起初是以死亡教育的形式出现的,美国的死亡教育名为谈"死",实则通过死亡教育让孩子树立正确的生死观念,以正确的态度对待生命、追求生命的价值和意义,死亡教育是教育的一种形式。到 1976 年美国有 1500 所中小学开设了生命教育课程,到 20 世纪 90 年代美国中小学的生命教育基本普及。目前美国的生命教育大致分为品格教育、迎接生命挑战的教育、情绪教育三部分。

日本于 1989 年修改的新《教学大纲》中针对青少年的自杀、欺侮、杀人、破坏环境、浪费等现象日益严重的现实,明确提出以尊重人的精神和对生命的敬畏之观念来定位道德教育的目标。近年日本流行的"余裕教育"也是生命教育的重要内容之一。"余裕教育"的口号就是"热爱生命,选择坚强",是针对现在日本青少年的脆弱心理和青少年自杀事件而提出的,目的是通过"余裕教育"使青少年认识到生命的美好和重要,使他们能面对并很好地承受挫折,更加热爱生命，珍惜生命。

英国的中小学也非常重视生命教育，很多学校都成立了生命教育中心，这是一个具有特色的毒品预防宣传机构，目的在于引起孩子对生命的热爱。中心设有专业人员，开设生命教育和训练课程，在专业人员的引导下，让学生学到个体关于"自己"的知识，例如探索身体有哪些功能，情绪如何影响到自我的决定等。这些课程有高度的互动性，鼓励学生提问，同时，生命教育中心也鼓励家长和其他社区成员参与。还有些中小学为青少年开设了有关死亡的课程，进行死亡教育时，邀请殡葬行业从业人员和医生护士走进课堂，与学生共同讨论人死时会面临什么情况，并且让学生轮流通过角色替换的方式，模拟一旦遇到亲人因车祸身亡等情形的应对方式，体验一下突然成为孤儿的感觉。

澳大利亚中小学也设立了生命教育中心，其课程是根据专家学者的最新研究制定的，目的在于协助学生发展社会技能，发展学生的决策能力、沟通能力以及向毒品说"不"。澳大利亚的经济在20世纪50至70年代进入了高速发展的时期，"赌"和"毒"成为较突出的社会问题，对青少年的身心发展造成了极为不利的影响。同时教育问题日益凸显，公立学校与私立学校差距明显，引发升学、就业等各方面社会问题。特德·诺夫斯（Rev. Ted Noffs）牧师针对当时严峻的社会问题提出了开展生命教育的主张，第一个"生命教育中心"于1979年在新南威尔士州（New South Wales）建成。生命教育中心的基本宗旨是防止药物滥用，暴力与艾滋病。

德国实施了"死的准备教育"，出版了专业教材，引导人们以坦然、明智的态度面对死神的挑战。特别值得一提的是德国的"善良教育"，即重视对学生善良品质的培养，并将其列为德育生命教育的有机组成部分。德国"善良教育"的主要内容有"爱护动物"（让学生学会尊重生命）、"同情弱者"（鼓励学生帮助盲人、老人过马路，为有残疾的排忧解难）、"宽容待人"以及"唾弃暴力"。

二、国内生命教育的兴起与发展

在中华大地上出现的生命教育,主要针对社会上尤其是青少年阶段的一些危害生命的行为,如吸毒、自残、自杀、冷漠、生命无意义感、生活盲目化、无法与身边人沟通以及与社会格格不入等现象。

1997年,台湾提出"生命教育"的概念与愿景,同年,台湾教育行政部门委托实施伦理教育多年有成的台中市晓明女中设计生命教育课程,并推动办理研习、训练师资等,于1998年在全台湾地区各国中(相当于大陆的初中)实施,高中则于第二学期实施。这一年还制定了"台湾省国民中学推展生命教育实施计划"。2001年,台湾教育行政部门成立"生命教育推动委员会",宣布该年为"生命教育年"。这项生命教育计划落实4年,以高中及国中学生为优先对象,逐年推广到小学及大学。此外,台湾教育行政部门在40所国中及10所高中设置生命教育中心。2007年7月又公布了"'教育部'推动生命教育中程计划",并组织"生命教育委员会",由台湾各级学校推动生命教育。20世纪末期,香港地区从宗教的视角提出生命教育,并创办《宗教与人生——优质生命教育的追寻》系列电视节目。这都为生命教育在我国的兴起与发展奠定了重要基础。

20世纪90年代,国内教育研究领域逐渐开始关注生命教育。在大陆地区,叶澜教授从"生命"及其与教育的内在关系,主张"从更高的层次——生命的层次,用动态生成的观念,重新全面地认识课堂教学,构建新的课堂教学观,让课堂焕发出生命的活力"[①]。从此学校教育课堂中的生命关怀思想被提上教育研究理论日程之中。生命教育在我大陆地区整体上兴起与发展较为缓慢,但是近年来随着我国教育研究者在生命教育研究领域的拓展,我国的生命教育方兴未艾,展现出蓬勃的发展趋势。

---

① 叶澜:《让课堂焕发出生命活力——论中小学教学改革的深化》,《教育研究》1997年第9期。

在辽宁、上海、湖北以及黑龙江等省市中小学乃至大学的生命教育实践活动都有了实质性地发展与突破。辽宁省2004年11月22日颁布了《辽宁省中小学生命教育专项工作方案》,该方案目标是:遵循未成年人身心成长规律,建立健全全省未成年人生命教育关怀与指导的工作网络和工作机制,进一步促进学生全面发展;引导学生认识自己生命的独特性、生命的可贵和人与自然的关系,感受生命的喜悦,体验生命的意义,树立正确的人生观和价值观,使学生正确认识生死悲欢,珍爱生命,乐观向上,积极参加社会实践活动;教师能够将生命教育融入各科课程,并通过教育教学研究,主动探讨生命教育的方式、方法与策略,与学生建立"民主、和谐、合作"的师生关系;学校要构建以生命关怀为核心的教育理念,使生命教育成为学校文化的重要组成部分,建设关怀生命的校园环境和校园文化。

2005年6月,上海市结合中小学实际,制定并颁布了《上海市中小学生命教育指导纲要》。明确提出生命教育应着眼于全体学生的身心和谐发展,为学生的终身幸福奠定基础;着眼于学生个性的健康发展,为提升学生的生存能力和生命质量奠定基础;着眼于增强学生在自然和社会中的实践体验,为营造健康和谐的生命环境奠定基础。引导学生热爱生命,建立生命与自我、生命与自然、生命与社会的和谐关系,学会关心自我、关心他人、关心自然、关心社会,提高生命质量,理解生命的意义和价值。上海市中小学实施生命教育的目标是:整体规划小学、初中和高中生命教育的内容序列,形成学校、家庭与社会优势互补、资源共享的生命教育实施体系。通过多种教育形式,对中小学生进行生命与健康、生命与安全、生命与成长、生命与价值和生命与关怀的教育,使学生学习并掌握必要的生存技能,认识、感悟生命的意义和价值,培养学生尊重生命、爱惜生命的态度,学会欣赏和热爱自己的生命,进而学会对他人生命的尊重、关怀和欣赏,树立积极的人生观。

除辽宁、上海,湖北的生命教育开展的也不逊色。湖北省部分地区不但组织专家编写了自己的《生命教育》教材,而且关于生命教育的多项课题立项，与此同时还组建了"全国中小学生命教育实验教学网"，通过"政策法规"、"实验园地"、"前沿研究"等栏目对课题的研究进展进行全方位的跟踪宣传报道。

此外，全国各地都有进行生命教育方面的校本课程和实验研究，一些社会团体也在积极地推动生命教育的实施。如中国宋庆龄基金会组织全国性的生命教育演讲和培训活动，甘霖智慧培训机构创办"中华生命教育网"，都有力地推动了生命教育在国内的发展。

哲学不能代替人塑造生命,但它能鼓励人去寻找自我。

——费迪南·费尔曼

人之特殊就"特"在,人虽来自于物,却能超越于一切物之上,人是生命存在,却又超越了生命的局限。人就是这样一种仿佛来自两个世界、生活在两个天地,既近于禽兽而又类于天使,身上充满了"二律背反"式矛盾,既"是其所是"而同时又"是其所不是"的那种存在。

——高清海

第二章 中小学生命教育课程开发的理论基础

第一节 哲学基础

一、生命哲学

（一）中国传统文化中的生命哲学思想

"中国文化之开端，哲学观念之呈现，着眼点在生命，故中国文化所关心的是'生命'。"[①] 从总体上说，几千年的中华文明积淀了许多关于"生命"的哲学思想。中国传统文化是一种"生"的哲学，发自春秋战国，经两汉、魏晋、唐、宋、明、清，乃至今天。其间除了作为主流思想儒学（如从孔孟儒学到宋明时期的理学）不断的发展外，还有道家文化（老庄思想及其延伸）以非主流思想的持续激荡，更有两汉魏晋时期传入、逐渐中国化的印度佛学（禅宗）也在盛唐时期达至鼎盛，风靡一时。中国传统哲学文化视野下，对于生命、人性的认知，还有人与自然关系的思考，无不体现着"生"之文化精髓。牟宗三先生曾说，生命，历来是中国文化及哲学的立足点与着眼点。中国的传统哲学被认为是关照人的生命、生存的现世哲学，但不可否认的是，不同的学派和思

---

① 牟宗三：《中西哲学会通十四讲》，台湾学生书局1996年版，第18页。

想家，对于生命的认识和主张不尽相同。

1. 儒家的生命哲学思想

儒家思想文化一直是主流的官方文化，儒家创发和追求人文主义范式和理想，源远流长，持续不断，作为显学长期扮演着意识形态和伦理道德教化的角色，因而它在决定中国古典文化的整体取向和精神价值层面，无疑占有格外突出的地位。儒家思想文化，毫无疑问，孔子是开山鼻祖。"天何言哉？四时行焉，百物生焉，天何言哉！"① 天地间万物生生不息的豪迈气势中，生命是最为可贵的东西，也即"天地之性，人为贵"。关于生命、自然的思考，导引了孔子的人伦思想，其圣哲智慧之音更是在大自然的熏陶浸润之后而熠熠生辉，可以说孔夫子对人伦之道的追问是最多的，也是对中华文明几千年来影响最深的。孔子的鬼神观也能反映出儒家的重生思想，他强调重人事轻鬼神之事，对鬼神采取一种"存而不论"的态度，集中精力研究人事，而"不语怪、力、乱、神"②。在孔子看来，人应当"务民之义，敬鬼神而远之"③。儒家不谈死后，不论鬼神，目的就在于强调生的价值。在亲人去世的时候，既不能因长期守丧而久违人事，更不能因过度悲伤而有损身心，伤心情感应有所节制。儒家思想还认为，人的价值不在于死后，而在于生前，在人有限的现世生活中应该创造出无限的生命价值，只有这样，在死后，生命才能因无悔的生前而感到生命不朽。

珍惜生命是儒家思想的一贯主张，面对大量的杀戮、频繁的战争、无数生灵涂炭，孟子提出了"仁者无敌"、以仁来统一天下的主张，强烈谴责那些喜欢战争、穷兵黩武的人。孟子提出的"仁政"，基于对穷兵黩武的主战者的抨击，体现了对于生灵的珍惜。孟子的反战呼吁及其对"善战者"罪行的抨击、指责，也体现了孟子对人类生命的珍惜和关爱。从对于孝道的理解中，也能体现出儒家思想对于生命的尊重和珍爱

---

① 《论语·阳货》
② 《论语·述而》
③ 《论语·雍也》

之情。身体发肤，来自父母，必须对身体做到最起码的爱护，爱护自己的身体、生命，是最基本的孝道，也是孝的开始。尤其是年轻人，不能轻易作践自己的身体，生命是父母的延续，也是祖先的延续，在父母老的时候，年迈多病的时候，努力回报父母的养育之恩，孝敬他们，就像小时候，他们抚育我们那样，使他们的老年生命过的有价值。因此，为了尽孝，也要尊生惜命。

综合来看，尊重生命、敬畏生命是儒家学说的基本思想。儒家文化就是围绕人而展开的，儒学即人学。儒家思想在儒家学说中占统治地位，强调天地之间最大的德行就是万物之生生不息，认为天生万物，以生为意，人与天地万物是一体的，"天地之性，人为贵"，人在天地之间是最为珍贵的，当然人要做到珍惜自己的生命，尊重自己和他人的生命，保全生命的价值，要给以足够重视。儒家生命文化的基本路径是从人的自然生命超越性中提升人之社会生命和精神生命的超越性，用儒家所特有的"旧用伦理"和"实用理性"让人在日常生活中达到"内圣外王"之理想境地，最终完满人之自身生命。

2. 道家的生命哲学思想

道家思想是中国经典文化谱系中存在的重要一脉，其理念直接而独特，涵涉着从个体生命到人类生存于其间的自然环境及天地间生命物类相处关系等方面，是一缕悲天悯物的生命哲学。

老子开"自然人性"论之先河："专气致柔，能婴儿乎？"[1] "我独泊兮，其未兆；如婴儿之未孩。"[2] "为天下溪；常德不离，复归于婴儿。"[3] "含德之厚，比于赤子。"[4] 老子用"婴儿""赤子"来形象阐释德的最高境界状态，可谓极妙。"老子之所以特别青睐婴儿，是因为婴儿具有纯真自然的天性，没有利害得失的计较打算，最符合道德的理

---

[1] 《老子》十章。
[2] 《老子》二十章。
[3] 《老子》二十八章。
[4] 《老子》五十八章。

想。老子虽然没有直接指明人的先天本性，但却强调了人初生时的纯真自然，即'婴儿''赤子'的心态。这样，老子开启了道家'自然人性'论的先河。"① "道大，天大，地大，人亦大。域中有四大，而人居其一焉。"② 老子在人的基础上阐述绝远深奥的大道，阐述着从个体生命到与自然天地间生命万物之关系等诸多方面，这是中国文化视域中的生命哲学。"含德之厚，比于赤子"；"常德不离，复归于婴儿生命"。认为婴儿是生命的本初源地，是生命活动得以展开的永恒始点。人最初的生命就像刚出生的孩子一样，道德单纯、淳厚，后天的道德感下降，是因为受到社会上许多不好的影响。

另外，天人合一的思想和境界在道家思想中也得到了体现。重视"天地与我共生，万物与我为一"的生命境界，强调自然、人类、天地、宇宙的精神合一。强调的是"全生避害""安顿生命"。"道大、天大、地大、人亦大。域中有四大，而人居其一焉"，人和道、天、地构成了宇宙中四种伟大的存在，表明老子对人的生命价值的重视和肯定，呼吁人们要重视生命、珍爱和尊重生命，反对重物轻生，最终才能体验到生命的快乐。

3. 禅宗的生命哲学思想

在魏晋玄学风靡之际，佛学以其独特的方式悄悄地浸润着中国文化大地。佛学，于两汉之际传入中国，并于魏晋时期逐渐与老庄玄学相互融合，佛家"空"与道家的"无"本有相通之意，更有谈玄论虚是魏晋人士所爱之风尚，佛教中国化的历程迅速展开。隋唐时期，随着印度佛教经籍的大量引译，佛教逐渐受到人们的重视，发展至鼎盛。禅宗，其主张禅定，并以之概括佛教的全部修习方式，这一具备特色的佛教宗派在中华大地上产生了巨大影响，当然它也有着崎岖的演变历程。盛唐时期，禅宗五祖弘忍圆寂之后，其弟子神秀继承了初祖达摩以来关于众生心性即是佛性的基本思路，主张"拂尘看净，方便通经"，力主渐修；

---

① 屈小强：《自然与自我》，济南出版社2008年版，第8页。
② 《老子》二十五章。

在中唐"南北争雄"之末,"修心成佛"之北宗思想逐渐变为南宗慧能的"即心即佛,顿悟见性";中唐之后,南宗洪州禅提出"无修无念"的清新自然之禅风之韵,主要代表是马祖道一。在其影响下,追求"平常心是道"、"非心非佛"和随缘任运的禅化之风格,彻底消解了人佛之隔,把人从现世无法企及的彼岸神殿还原到了世俗红尘。在禅意盎然中,那么禅宗所呈现的生命观又是怎样的呢?

"佛教在其本源上就决定了它与自然的亲切关系,首先佛陀把生命视为平等现象,其哀怜悲悯遍及一切生命现象。《法华经》谓:'众生皆成佛道,若闻法者,无一不成佛。'其次,万物之间'圆融无碍',庄严的佛教把整个自然界都点化成生意盎然的统一有机体。其三,佛陀长期生活于丛林中,表现了亲近自然的品格,'天下名山僧占多',这一现实情况也正说明佛教与自然的关系。"① 这即是佛教的生命观、宇宙观和人与自然的关系的态度。

作为中国传统生命文化中的第三支力量,禅宗是七大宗派体系之一,是佛教的中国化和世俗化,最具中国特色,影响最为广阔和持久。禅宗宣扬"不立文字,教别外传,直指人心,见性成佛"②,凸显的是个体心灵顿悟自身的本性。遵循着佛教的"生死前定"、"因果报应"等基本教义,认为在人的一生中,整个生命历程就只是一种生命的轮回,所有人的生死都逃不了这种生命法则。禅宗思想的本质是把中国传统哲学中的思想融入了佛教,以道家消极出世的达观主义甚至于儒家积极入世的乐观主义取代来消解了佛教极端厌世的悲观主义。

禅宗,虽与佛教渊源颇深,但经无数高僧参禅修行后,其已然形成了自己独特的人性观。可以这样说,"性"是禅宗最为核心的范畴理论,其把"性"与"自然"之本质等同,如此高扬人性的自然与自由,摆脱

---

① 傅道彬:《歌者的乐园——中国文化的自然主义精神》,东北林业大学出版社1996年版,第94页。
② 曾晖:《生命的充分诞生——试析禅宗的人格境界和认知方式》,《海南师院学报》1996年第2期。

外在雕饰、弱化权威及逃离束缚成为禅宗最为向往的精神境界。在禅宗的学说中，现实世界里的一切包括人的个体生命都是依存于"心"，也就是"佛性"——具有一切现象的本体的意义。"心生，种种法生；心灭，种种法灭；一心不生，万法无咎。"[①] 把人们的日常生活来作为本体，顿悟成佛。将人的生命从有限变成无限，成为永恒。禅宗的生命哲学思想，引导人们要超越现实的矛盾，还心灵以自由；以平和之心去体验生命、顿悟人生；运用禅的智慧去提升生命境界，找到和谐、自由、幸福的安身立命之道。[②] 强调放下一切外在的束缚，主张人要用心体验生命，提升生命境界，养成善待一切生命的慈悲情怀。

中国传统文化中蕴涵的生命哲学思想，"强调在关注肉体生命的基础上，更加注重人的精神生命，注重生命的超越性，强调人在道德、精神等方面的升华"[③]。开展中小学生命教育课程开发实践，要充分借鉴传统文化中的生命思想精华，真正做到尊重学生生命，注重学生的生命体验，凸显生命的本性与价值，实现学生生命的健康和谐发展。

（二）西方生命哲学思想

诞生于18世纪末19世纪初的生命哲学，也是生命哲学的萌芽时期，其思想基本是感性的。卡尔·菲力普·莫里兹（Karl Philip Moritz）用警句的形式表达他的非系统的生命哲学思想，弗里德里希·施莱格尔（Friedrich Schlegel）将经验、信念、特别是感情同智力对立起来，有明显的反理性色彩。生命概念在很多学者的努力下，成为了哲学的中心，以尼采、叔本华、柏格森、狄尔泰等为代表，在西方非理性主义哲学流派思潮中，分支出一种生命哲学。这一哲学思想分支旨在从哲学反思的角度让人类认识生命、厘清生命的价值及意义，其主张把生命看作世界的真实的唯一实在，认为生命哲学的范围是"通过对自我意识

---

① 萧楚文：《中国哲学史纲要》，外文出版社2000年版，第282页。
② 刘济良：《生命教育论》，中国社会科学出版社2004年版，第20—23页。
③ 刘济良：《生命教育论》，中国社会科学出版社2004年版，第23页。

的新的解释，来获得更开阔的、能包罗生活实践的经验范围"①，有彰显生命主体之人本主义倾向。对于生命哲学来说，理论立足点或侧重点每个学者都有所不同，而同样有着理论分支。

生命哲学的早期代表人物之一，叔本华对于生命的存在意义秉持否定的态度，他的生命哲学思想显示出一定的消沉，并主张在较为消极的思想基调中废弃意志生命，认为只有生命意志被完全否定，如之才能达到完全的超脱和永恒的宁安。相对而言，尼采则不同，他肯定了生命是唯一存在，并把生命看作权力、意志等一切事物的往复，基于此尼采对于备受科技主导的现代文明深深厌恶，认为现代文明将人的生命带向平庸、颓废、羸弱乃至衰败，没有了那种永恒的回复与往返。

同样，狄尔泰指出现代社会中生命异化的源头是科技文明催动着人类生活方式及生命价值观念的转变，主张关注人类生命的体验与表达，理性、情感与意志的统一才是生命存在体的必然形式，进而遏制科技文明带给生命繁华背后的虚无。

在生命哲学思潮中，法国思想家柏格森的哲学思想极大地丰富了生命哲学，在生命哲学思潮中，是最具有代表性且影响最大的。他在本体论、认识论及方法论中恰切地嵌入了生命哲学思想，"绵延""直觉""自由意志""生命冲动"等是其生命哲学思想的核心概念。

在柏格森的生命哲学理论中，"'生命冲动'没有目标，没有目的，没有外在的指示灯，也没有内在的指导原则；它是纯粹的力，它唯一的内在性质就是流动，就是不确定地冲向任一方向和每一方向"②。"生命冲动"是宇宙万物出现之根本原因，并在生物进化的过程中起到积极的促进作用，这一宇宙本原解释理论是其生命哲学思想的重要部分。柏格森认为生命冲动不仅是世间万物产生的根源，而且是物种进化的根由。这一思想是与达尔文的进化论中的机械论是相对立的。生命冲动大致分为两种类型：生命冲动的自然运动即向上喷发，一切的生命形式都是这

---

① [德]费迪南·费尔曼著：《生命哲学》，李健鸣译，华夏出版社2000版，第21页。
② [英]柯林伍德：《自然的观念》，吴国盛译，北京大学出版社2006年版，第139页。

样形成的；生命冲动的自然运动的逆转即向下坠落，无生命的物质都是由于这种形式存在的。二者是相互对立和相互牵制的。

对于万物的生命状态与进化特征的描述，他用"绵延"一词来概括，绵延意味着意识流动的不可预测性而且还具有运动的连续性，所以人作为生命存在也是无限绵延的。因为人是存在于自己固有的时间和空间里，而并不是存在于简单的物理时空中，这种时间具有绵延的属性。这种绵延的属性，指的是时间性和真实性，意识流动的不可预测性而且还有运动的连续性。

基于冲动理论与绵延理论，柏格森阐述了直觉认识论，他认为直觉是生命个体对于自我的认知与把脉，这是一种个体内在的心理状态。所以柏格森的生命哲学从进化视角理论的生命冲动到生命状态的绵延说，再到个体直觉认识论，最终强调的是对于个体生命状态之自由意志的肯定。

柏格森认为，从本质上来说，生命是一种向上的力量，它会不断创新、不断克服物质阻力，而不仅仅是一种机械的、惰性的、物质的东西。因为，生命会不惜一切代价，抵抗物质的诱惑，获得向上的发展。

生命哲学思想难免存在着极端的思想，如过分强调人的主观性，但与此同时我们应该看到生命哲学中生命的本体论定位对于生命教育具有极大的支撑。生命哲学思想向人们证述，教育对象的主体性和主动性要求我们不能以静止的、机械的眼光来对待他们，只有充分尊重生命个体的个性及独特性，生命教育的实施才能顺利进行，生命教育的目标才能达成。生命哲学思想，通过合适的理解与借鉴可以指导生命教育、生命教育课程开发实践。生命哲学思想清晰地告诉人们，教育的对象是活生生的人，具有主体性和主动性，他们不是静止的、机械的，要尊重人的个性和独特性，促进人生命成长，个人生命价值的实现。

二、存在主义哲学

存在主义哲学注重人的存在，并以此作为自己的出发点，是西方社会中个人生存危机在意识形态上的反映。"存在主义也许对这些人具有最大的吸引力,这些是:那些在现代生活中除了毫无意义、荒谬可笑、残忍、恐怖外,别的什么也看不见的人;那些在工业技术社会所创立的制度下感觉压抑的人;那些感到默默无闻和失去自由的人。"[①] 存在主义"把鼓励个人的非理性意识活动当作最真实的存在,并作为其全部哲学的出发点"[②]。强调人的本质以及存在的意义,注重人的感情和主观意志以及人存在的独特性,而所谓的知识和理性仅仅是人存在的工具,人是自由的,是与人的责任感并进的。

一般认为,19世纪下半叶是存在主义的萌芽时期,丹麦哲学家克尔凯郭尔与德国尼采的哲学思想为存在主义哲学开辟了道路。

克尔凯郭尔哲学的中心思想是人如何实现自己的存在,即人如何成为他自己的问题。他认为,哲学研究的目的不是为了获得真理,而是知道人类的生活,所以哲学要研究人。克尔凯郭尔强调"主观性即真理",意思是对我为真的就是真理。在他看来,每个人都能内在地意识到自己的感情、情绪、心境、欲望、思想、决断、计划和目的。这种对一个人自己的存在的内在意识乃是人的本质。个人愿意为之奋斗、为之牺牲的信念就是真理。所以,个人的真理是自己选择的,而不是用理性的方法探索出来的。

尼采认为权利意志是万物的基原,是自然界和社会的决定力量。根据尼采的权利意志论,人不仅与世界万物是相对立的,而且人与人之间的关系也是对立的。人生的目的就是在于实现自我的权利意志,人与物、人与人的关系都要用新的价值标准来衡量。善和恶、真与伪、美与丑都要用权利意志能否实现、能否扩张来判断,尼采说:"唯有我才掌握着'真理'的准绳,我是唯一的仲裁者。"[③]

---

① [美] 理查德·D. 范科斯德等编著:《美国教育基础》,教育科学出版社1984年版,第61页。
② 谭鑫田等编著:《西方哲学词典》,山东人民出版社1992年版,第80页。
③ 刘放桐等编著:《现代西方哲学》,人民出版社1981年版,第91页。

作为存在主义哲学的两位先驱者,克尔凯郭尔主张抛弃理性,而尼采则认为人与上帝无关,"上帝死了"是其经典的话语。虽然二者切入的角度不一样,但他们最终的主张都落脚在人的主观性、反对理性主义和科学的客观性上。这些对于存在主义哲学的产生发展有着重大意义。随着时间的推移,深受克尔凯郭尔、尼采等早期存在主义者的熏染,以及客观世界发生的变化,再加上社会政治因素的介入,强调个人生存的存在主义在20世纪20年代的德国在正式意义上产生,也即存在主义哲学思潮。从任何角度解释,它的出现都不是偶然而是社会思潮前进的必然、哲学发展的必然。在德国存在主义哲学的主要代表人物是海德格尔与雅斯贝尔斯。

海德格尔是当代最重要的存在主义者之一,其在1927年出版的《存在与时间》被公认为存在主义思潮开始作为一种哲学流派的标志性著作。"海德格尔以存在作为自己哲学研究的出发点。他认为,从柏拉图以来,人们一直使用'存在'这个词,然而,存在的意义却没有人懂得,而他的研究就是重新提出并解决这个问题。"[1] 海德格尔认为存在乃是任何一个存在者具有任何内容的时候都必然已经具有的性质,没有存在就不可能有存在者。"然而,要解决问题,必须追溯到一种存在者,这种存在者必须在具有任何内容之前就已经明确它的存在。在海德格尔看来,只有个人才是这种存在物,所以,海德格尔对于存在的研究,在很大程度上乃是基于对个人存在的分析。"[2] 对于个人存在的分析,无疑就是对于个体所从事的事情、表达的思想感情、所作出的任何可见的行为表现等具体内容的研究,所以存在主义哲学是回归个体、回归生命的哲学。

雅斯贝尔斯作为德国另一位重要的存在主义代表人物,他更为直接地定义个人的存在是一切存在的出发点,如果没有个人的存在,其他一切事物就不可能成为真实的存在。再一次强调了哲学研究应该重视个人

---

[1] 陆有铨:《躁动的百年:20世纪的教育历程》,山东教育出版社1997年版,第110页。
[2] 陆有铨:《躁动的百年:20世纪的教育历程》,山东教育出版社1997年版,第110页。

存在的问题，以此为重要出发点的哲学研究是个人获得存在的途径，进一步明白个人存在的意义，最终达至实现个人存在。那么，如何阐明存在、实现存在以找到获得个人存在的途径，雅斯贝尔斯提出了"交往"概念。"阐明存在需要借助于交往。这种交往可以在三个方面进行，与每一个方面的交往都能体验到一种特定的存在形式。他所说的三种交往分别是：与世界的交往，与人的交往和与神的交往。个人与世界的交往就是认识和征服，个人体验到的是客观的存在，它需要自然科学；人与人的交往不能采用与世界交往的形式，人与人之间要用仁爱交往，体验到的是自我的存在，这需要哲学；只有在与神的交往中，才能真正实现自我的存在，个人与神交往需要的是信仰。"[①] 教育是人与人的交往，是一种最基本的实践活动，在这种实践活动中个人存在的实现是最为关键的环节。如何在教育理论与实践中让学生的个体生命的存在得以完满阐释和实现，是教育的重要任务之一。

萨特，法国存在主义哲代表人物之一，世界上享有盛名的思想家。法国在第二次世界大战开始不久就被德国占领，法国沦为德国占领区后，一些法国的知识分子感到失望、痛苦，心情沮丧，这些恰为存在主义赖以生存发展的土壤，由是，存在主义思潮在第二次世界大战期间由德国转向法国。萨特的一个重要哲学观点就是"存在先于本质"。

第一，强调"存在"的意义。

认为"存在"是"在人的主观感受中，人们还没有意识到思维和存在的对立的形式，就是这种同个人以及个人的感情、情感、情绪、体验紧密相连的东西"[②]。强调人的存在性，是独立的、富有个性和活力的、具体的人的存在。

第二，强调"存在先于本质"。

人就是人，人的本质是人对自己的认识，可是这种认识的前提必须是或者说首先应该是人自身的存在性。萨特认为："人除了自己认为的

---

① 陆有铨：《躁动的百年：20世纪的教育历程》，山东教育出版社1997年版，第111页。
② 徐崇温：《存在主义哲学》，中国社会科学出版社1986年版，第8页。

那样以外，什么都不是。"① 总之，人的存在取决于自我设计，是现在的自我创造了自己。萨特对于"存在先于本质"含义的详细解释是在《存在主义是一种人道主义》一文中，"这句话的意思就是说，首先人是存在、露面、出场，后来才说明自身。假如说人，在存在主义者看来是不可能给与定义的话，这是因为人之初，是空无所有；只在后来人要变成某种东西，于是人就按照自己的意志而造成他自身。所以说，世间并无人类本性，因为世间并无设定人类本性的上帝。人，不仅是他自己所设想的人，而且还只是他投入存在以后，自己所志愿变成的人"②。

第三，强调自由选择。

萨特认为人的自由是绝对的，因为人生活在一个孤立无援的世界上，那些所谓的上帝、科学、理性、道德等对于人都不相干，它们对人没有任何的控制和约束作用，正因如此人才有绝对的自由。同时，人的自由表现在两个方面，即选择和行动。只有通过自己选择的行动，人才能认识到自由，因为人的本质是由自己选择的所作所为来决定的。所以，在萨特看来，人的存在先于本质，决定本质，也就意味着人要独立地创造自我，而自由选择就是创造自我的重要途径，也是萨特哲学中的精义所在。首先，自由选择自己的存在方式，人的存在方式决定着人的发展方向，人是怎样存在着，取决于他选择的存在方式，如他所言："懦夫和英雄的存在就取决于他们自我的选择，懦夫自强自立，也有可能变成英雄，而英雄变得堕落，也有可能成为懦夫。"③ 其次，任何人的选择都是绝对自由的，是按照个人的意志做出的。

第四，强调要有死亡意识。

强调死亡只是一种偶然意识，并不是人存在的终极意义，更没有必

---

① ［法］萨特：《存在主义是一种人道主义》，周煦良、汤以宽译，上海译文出版社1988年版，第8页。
② 中国社会科学院哲学研究所西方哲学史组编：《存在主义哲学》，商务印书馆1963年版，第337页。
③ ［法］萨特：《存在主义是一种人道主义》，周煦良、汤以宽译，上海译文出版社1988年版，第20页。

要对死亡产生恐惧和害怕。对人来说,最重要的是恢复人的自由存在。

　　教育是人类一项重要而必需的实践活动,更应该依照、遵循个体存在。个体存在的内容简单地说就是人的生命、天性以及自然发展规律。人的天性是生命的自然造化,是自然的意志在生命中的最好体现,自然生命的发展和成熟不是规训的结果,而是自然成长的结果。"规训不是教育的一种必然,而是教育中的负面现象,是一种恶,它使个人失去自由和自主的精神气质,失去追求德性的理想。人在教育中被规训状态是现代性教育的一种危机,因为规训不仅使我们的自我实现面临着阻碍和困难,而且使得我们的公共生活面临着危机和风险。"[①] 自然成长,则很好地避免了"规训"的尴尬。由是,那些企图改变自然生命的生长轨迹的"规训"教育方式是尤为不可取的,因为涌动、生长之自然底色是生命成长的重要起点和依据,我们需要做的是顺从它,保护它,让它顺其本性自然地发展。教育需要遵循生命的发展规律,走向人的自然本性是教育实践活动的初始依据和终极起点。

　　存在主义哲学强调人的存在,强调人的价值,人是作为自我的主宰,是活生生的,拥有自由选择自我怎样存在的权利,人的独特性、自我创造性是人存在的宝贵财富,侧重对于死亡的思考,将死亡作为存在的一种状态等等这些观点,对于当今教育都有重要启示。在教育变得日益工具化、分数几乎成为了整个教育体系核心的背景下,存在主义的观点对于当今学校教育中,教师应该尊重学生的自身价值,将学生作为一个富有能动性和主体性的人来看待,是有重要意义的,可见,存在主义思想也为生命教育课程开发提供了宝贵的思想资源。

第二节　社会学基础

　　1838年法国哲学家、社会学家孔德第一个使用"社会学"这个概

[①] 金生鈜:《规训与教化》,教育科学出版社2004年版,第2页。

念,孔德的社会学概念是区别以往的思辨社会哲学和历史哲学中的实证社会学。在其社会学理论中,人是各种社会组织、机构或群体的成员,并非以个体生命而单独存在,社会学理论视野中人的思想行为不能完全受个体理性支配。人们不是作为个体,而是作为一个社会组织、群体或机构的成员存在,其方法论思想是整体性的,人存在于社会之中,其行为和思想都并非纯粹服从于个体理性,而是受到社会的塑造、限制乃至决定。那么现在我们处于怎样的一个社会中呢?

一、风险社会理论

风险(risk)是一种不确定性,这种不确定性既是一种客观事实,又是人们的一种认知体验。风险是社会发展到一定阶段所出现的一种现象,是现代性的后果,它预示着社会可能面临的危机状态和灾难性危险。风险本身并不是"危险"(danger)和"灾难"(disaster),而是一种危险和灾难的可能性。乌尔里希·贝克定义风险的第一层涵义时认为,风险是安全与毁灭之间的一种中间状态,"风险的概念因此刻画出了安全与毁灭之间的一种特有的、中间的状态,这种状态下对具有威胁性的风险的认识决定了思想和行为"[①]。风险指涉的是一种特殊的现实状态——"可能永不或尚未能够",风险是对现实的建构,既包括本体论意义上的体验,又涵盖认识论意义上的参与。

风险引起的危机既源自天灾,也源于人祸,既有显性,又具隐性,既笼罩局部,又波及全局,呈现出复杂多变、领域宽泛、积聚爆发式特征。"风险是一种连接现在与未来的方式。风险成为一种驱赶人的力量,其思维强迫人们活在未来,它不仅影响人们的日常生活,而且使生活在现在的人们不得不去考虑它的影响,甚至提前作出某种准备。"[②] 因此,风险具有不可感知性、不确定性、不可预见性、平均分布性、全球相

---

① [德]乌尔里希·贝克:《世界风险社会》,吴英姿等译,南京大学出版社2004年版,第175页。

② 楚江亭:《风险社会视野中大学生自杀问题的省思》,《人文杂志》2010年第1期。

关性。

当然,风险在蕴藏着危险的同时,也预示着机会和希望。风险是和人类的发展共同存在的。发展并非总是趋善的,合规律的发展并不一定导致合目的性的结果;发展并非是一个由简单到复杂、由低级到高级的线性过程,其间充满着各种各样的风险,并伴随着代价的付出。风险社会是一把双刃剑,被动逃避还是主动应对是摆在当代每个人面前的现实课题,同时,风险社会的到来又是不可选择或避免的。因为,风险社会,"已经超越了乐观主义和悲观主义之分。风险既是我们生活的动力机制,也是我们面临的新两难困境的中心难题……在机遇与风险之间,能否达到有效的平衡,就取决于我们自己了"[1]。风险社会理论向我们展现的是一幅整体性与多样性、确定性和不确定性辩证统一的发展景观。

文明的火山口是当代人生活的现实场域,乌尔里希·贝克在《风险社会》一书中描述当代社会人之生存状况,界定了风险社会的概念,认为"'存在性焦虑'(existentialanxiety)是当代风险社会中个体生存状态的典型反映,它是一种植根于心灵深处的对于不确定性的恐惧"[2]。

社会生活中已有的经验、既成的惯例和稳定的有序性被风险社会的到来一一打破;经验和传统也被很多不确定性取而代之,生命个体在做出选择和取舍时都会不同程度地受到陌生的、不确定的因素或情境干扰,丢失以往的那份熟悉感与安全感。在风险社会时代下,每个人都期盼生活的美好、生命的炫丽,但风险社会的境遇仿佛让这一切变得困难,人们陷于不确定性和风险性中变得无所适从,从而日常生活中个体体验更多的是身不由己,久而久之感觉内心恐惧且心灵不安。

在风险社会中,风险和机遇是并存的,未来的不确定性和不可知性,让人们焦虑、惶恐,同时也有意想不到的惊喜和机会,人们不能用传统的、一成不变的眼光看待自己和他人。这样变化了的风险环境,也

---

[1] [英]吉登斯:《第三条道路——社会主义的复兴》,郑戈译,北京大学出版社2000年版,第196页。

[2] 楚江亭:《风险社会视野中大学生自杀问题的省思》,《人文杂志》2010第1期。

必然会对每一个人产生影响。

　　风险在知识社会和信息社会中从潜在的可能性转为显现的现实性，由局部区域性转为世界全球性。贝克随后在其《世界风险社会》著作中指出核裂变的放射性污染、空气和水的毒化、森林的消失等工业化的"副作用"带给人类不可预料的可怕性后果，预测了全球性风险社会的到来。① 纵观全球，一系列危及人类生命、破坏生存环境、科技风险、经济危机以及政治战争风险接踵而来："9.11"事件、第二次阿富汗战争、2001年—2002年阿根廷经济危机、SARS、伊拉克战争、印度洋海啸、2007年—2009年环球金融危机、汶川大地震、"甲型 H1N1"流感、玉树大地震、日本大地震等等大事件的不断发生，使得人们更加深刻地意识到风险的无处不在和风险社会的到来。

　　在当今这个风险社会，有关生命、死亡等诸多问题愈加凸显。然而长期以来，我们避讳死亡，人们缺乏对死亡的正确认识，没有树立正确的生死观；生命意识缺失，虐待生命、游戏人生、漠视生命等一系列现象值得我们深思。在面对风险时，如何教给青少年正确对待死亡以及更好地发展生命乃至超越生命的方法或理念，这是我们教育的必然使命。由于中国传统文化的生死禁忌和功利主义教育观念的束缚，谈及生与死的生命教育是我国教育中最易受忽视的一个主题。可以说在当今社会前提下，中国的教育蒙蔽在特定的价值取向中，导致教育对学生生命价值的无视与对死亡教育的避而不谈，这正如内尔·诺丁斯所言："死亡问题在学校里也基本上不被重视，除非有悲剧事故发生了。"② 如果学校不对学生进行生命教育，就无法消除学生缺乏生命意识的现象，而生命意识的缺乏将会导致学生不能善待自己和他人的生命，不能意识到生命的神圣性、唯一性、崇高性和不可替代性。对死亡的过度恐惧也导致我

---

　　① ［德］乌尔里希·贝克：《世界风险社会》，吴英姿等译，南京大学出版社 2004 年版，第 35 页。
　　② ［美］内尔·诺丁斯：《学会关心——教育的另一种模式》，于天龙译，教育科学出版社 2003 年版，第 105 页。

们对生命危险的无限放大和对社会责任的逃避。

因此,在风险社会视域中,生命教育的实施极为重要。人们在当下整体性、深层次、急促的风险社会中,经济、生活与学习等的竞争和压力扑面而来,面对这些纷繁的现实及其杂糅的多重选择时,难免会有思想困惑,甚至行动失去依据。现实的无奈与未来的渺茫,让他们有着不堪把脉生命的无助。风险社会给教育者带来风险,同时受教育也在感受着社会的不确定性。在风险社会的境遇中,生命教育应该是社会中重要教育形式之一,社会学理论视野下的风险理论,为生命教育的开展以及生命教育课程开发,都从不同程度上提供了必要性的论证及理论上的指导。

二、社会转型理论

从20世纪80年代开始发生的中国社会转型,是由中国社会生产力和生产关系、经济基础和上层建筑的矛盾运动所引发的社会结构的整体变迁,是中国社会从自给、半自给的产品经济社会向市场经济社会,从农业社会向工业社会,从乡村社会向城镇社会,从封闭、半封闭社会向开放型社会,从同质的单一性社会向异质的多样性社会,从伦理型社会向法理型社会,从传统社会向现代化社会的转型。转型不是完成时态,而是进行时态,我们正处于这样一个伟大的社会变迁过程中。

关于"社会转型"这一概念,总体上来说,由于国内学者不同的学科背景以及站在不同的观察视角而存在着不同的理解。"这种概念的分歧,决定了他们对当代中国社会转型研究的视阈、广度和深度的不同。但是,如果要进一步深入研究当代中国社会转型,必须对这些纷繁复杂的社会转型概念进行逻辑分层与分类整合,以达到对社会转型概念的科学把握,从而更好地认识和指导当代中国社会转型。归纳起来讲,社会转型概念可分为两个逻辑层次:一是哲学学科层次的社会转型概念;二是社会学学科层次的社会转型概念。"[①]

[①] 魏广志:《当代中国社会转型的基本视角与实质》,《青海社会科学》2013年第6期。

目前，我国现存社会发展阶段处在生存型社会向发展型社会转型阶段，经济、政治、社会、文化、教育的发展都呈现出鲜明的阶段性特征，我国社会学学者从三个方面来理解"社会转型"一词的含义："首先，体制转型，从以前的计划经济体制转变为市场经济体制；其次，社会结构变动，在社会转型时期，人们的行为方式、生活方式、价值体系都会发生明显的变化；再次，社会形态变迁，指中国社会从传统社会向现代社会、从农业社会向工业社会、从封闭性社会向开放性社会的社会变迁和发展。"① 有学者针对转型社会阶段具体论证了六大特点："社会阶层的分化和利益结构的重组；传统权威的流失和社会权力的转移；社会制度（体制）的变迁和社会发展方向的变化；社会群体之间、个体之间、不同的社会力量之间的竞争和冲突加剧；信仰的危机和价值观的多元化；社会心理的焦虑和迷惘。"② 因此，在上述转型社会状态中，社会既有的行为模式、制度规范与价值观念被普遍怀疑、否定或被严重破坏，逐渐失却对社会成员的引导和约束的力量，而新的行为模式、制度规范和价值观念又尚未形成或尚未被人们普遍接受，对社会成员不具有引导、调节和约束的力量，从而使社会成员的行为缺乏明确的目标、方向和社会规范约束而表现出一种相互冲突、无所适从的混乱状态。

这些社会现实状态在无形中也对我国教育产生了深刻影响。教育理论与实践应准确把握社会转型的阶段性特征和对应年龄阶段学生的思想行为特点，与时俱进，创新发展，"在理念上坚持一切为了学生的发展，体制机制上注重科学化与灵活化，方式方法上注重精细化与生活化，途径上注重课堂化与社会化，手段上注重现代化与信息化，才能不断提高教育的有效性和实效性"③。

人与社会是不可分割的，个体生命的存在与发展受到来自社会不同

---

① 蔡婷：《文化转型和社会转型的辩证关系》，《学理论》2011年第17期。
② 林默彪：《社会转型与转型社会的基本特征》，《社会主义研究》2004年第6期。
③ 谢守成：《转型社会的阶段性特征与大学生思想政治教育创新》，《华中师范大学学报》（人文社会科学版）2012年第5期。

方面的影响。在我国当前转型社会中，社会经济结构、文化形态和价值观念都发生了重大变化。当今社会，物质世界日趋丰富，人的精神世界却日趋贫困，人们承受着巨大的危机和挑战，生态环境的破坏，地区冲突的升级，加之贫富差距的扩大等一系列社会问题的存在，导致人类生存环境的恶化和精神家园的失落，许多人不堪承受，从而轻视生命，甚至做出极端的行为。

第三节　心理学基础

一、发展心理学

发展心理学是研究心理发展规律的科学。它的研究对象是描述心理发展现象，揭示心理发展规律。心理发展有广义的和狭义的两方面，广义的心理发展是指包含心理的种系发展和个体心理发展；狭义的心理发展仅指个体心理发展。个体心理发展的研究对象是人生全过程各个年龄阶段的心理发展特点，这些年龄阶段包含婴儿期、幼儿期、儿童期、少年期、青年期、中年期、老年期等时期。

研究个体心理发展的主要理论有成熟论、行为主义观、精神分析理论、相互作用论及毕生发展理论。成熟势力说代表人物是美国心理学家格塞尔，他认为心理发展是由机体成熟预先决定和表现的，成熟是推动心理发展的主要动力，没有足够的成熟就没有真正的发展和变化；行为主义的基本观点是主张心理发展只是量的不断增加过程；精神分析理论代表人物弗洛伊德将儿童的心理发展分为五个阶段——口唇期、肛门期、前生殖器期、潜伏期以及青春期，强调性本能、潜意识与情感在发展中起至关重要的作用；在相互作用论中，皮亚杰提出发展受四个因素的共同影响——成熟、自然经验、社会经验以及平衡化，其中第四个因素是决定性因素，提出了思维发展的阶段性理论，认为各阶段都有独特的认知结构或图式,分为感知—运动阶段(0—2岁)、前运算阶段(2—7岁)、具体运算阶段(7—11岁)和形式运算阶段(11岁以后)。

发展心理学的每一种理论都从不同的角度或维度对人的身心发展过程与特点进行分析,以小学生的年龄阶段为例,对相关理论略作评析。

潜意识是弗洛伊德精神分析理论的核心观点,他的理论以本能为理论基础,遵循现实原则而进一步分划不同的心理发展阶段。按照他的理论,小学生的年龄阶段主要是潜伏期,这个时期的儿童倾向于同伴关系,人格逐渐变得能够适应现实环境。同时,儿童在满足本我的要求之上调节与外界的关系,形成个人机体发展的平衡状态,其适应环境的过程中教育也要遵循其渐变节奏而不能过渡压制。小学生命教育课程开发对于儿童人格形塑与环境变化之间关系的协调方面,要充分依据小学生这一阶段的身心状况来进行课程内容的编排。

按照皮亚杰的理论,小学生正处于具体运算阶段,思维发展的特点主要是逻辑思维迅速发展,以形象逻辑思维为主,在发展过程中逐渐完成从形象逻辑思维向抽象逻辑思维的过渡,这是小学生思维发展的质变过程。他们的思维很大程度上还得依靠具体的形象来支持,借助于直观的形象来理解抽象概念。小学生阶段的思维发展有着重要转变,教育者必须依据小学儿童思维发展规律,以促进他们思维的有序发展。这为小学生命教育课程的开发提供了参考。

研究个体人格发展的主要理论是埃里克森的以人格发展为基础的毕生发展理论,他认为人格的发展是一个连续的渐进过程,每个阶段有一个主要冲突,其冲突是先天预定的,是生物成熟的表现,人格发展处于积极和消极两端之间,不存在发展与不发展的问题,而是发展的方向问题,把人的心理发展分为8个阶段:婴儿期(0—1岁)获得信任感、克服怀疑感;儿童早期(1—3岁)获得自主感、克服羞怯或疑虑感;学前期(3—6岁)获得主动感、克服内疚感;学龄期(6—12岁)获得勤奋感、克服自卑感;青春期(12—18岁)建立自我同一感、防止同一感混乱;成人早期(18—25岁)获得亲密感、避免孤独感;成年中期（25—50岁）获得繁殖感、避免停滞感；成年晚期（50岁以后直至死亡）获得完善感、避免对自己的失望感和厌恶感。

依据人格发展阶段划分，埃里克森认为学龄期（6—12岁）也就是小学阶段学生的主要发展任务是获得勤奋感、克服自卑感。在这一阶段的学生无论生理还是心理，无论是思维还是个性都表现出了以往不同的特点。因此，开发生命教育课程，对小学生的各种特点要予以关注。这个时期的儿童进入小学阶段的学习，逐渐掌握文字工具，从而有着开始掌握大量知识、技能的可能性。

初中、高中生阶段，也就是埃里克森人格发展理论阶段的青春期（12—18岁），这一阶段的青少年正处于同一性对角色混乱的时期，这时的主要任务是要建立青少年的自我同一性，并要防止角色混乱的产生。学生生理发育正处于青春期的末期，进入了相对稳定阶段，智力水平接近成人高峰状态，思维能力的发展变化渐趋成熟。认知结构的完整体系基本形成，认知活动的自觉性明显增强。但在心理上，他们的发展具有不平衡性、自主性、进取性、闭锁性和社会性等几个特点。

一是心理发展的不平衡性。在这个时期，学生的身高、体重等生理发展逐渐接近成人，从外表上看和成人一样成熟，但在心理的发展上还相对落后，做事情缺乏理智，容易冲动，在态度、情感方面表现的脆弱，有时会因为同伴的一个表情、一句话而影响学习。女生由于比较敏感，她们在情感方面比男生更脆弱。二是学生心理动荡、思维敏捷，但片面性较大，易偏激。三是学生有较强的心理自主性。美国心理学家霍林渥斯将这一时期称为心理断乳期，在心理上想要脱离父母的束缚，独立思考能力、自我意识加强，对于一些事情有自我的独立判断能力，希望不再被父母遥控，想要获得更多的自由。四是学生心理的闭锁性。内心世界不愿意向老师、父母袒露，有了自己的小秘密，内心世界变得丰富多彩，又觉得别人无法理解，不再像儿时那样，有什么话都会和老师、父母交流，心理上表现出闭锁性的特点。这种闭锁性的特点使学生容易感到孤独和无助。可见，由于发展的不平衡性、矛盾性等特点使他们成为备受关注的群体。可见，人格发展心理学从心理学的角度为我们提供了学生身心发展特点及规律，为生命教育课程开发提供了重要理论支撑。

综之，中小学生各阶段身心发展程度都不相同，我们要根据发展心理学的理论，充分尊重中小学的身心发展特点与规律，以此来开展生命教育课程开发，方才具有科学性。

二、人本主义心理学

人本主义心理学是当代西方心理学的主要研究取向之一。人本主义心理学的思想渊源和哲学基础，除继承和发扬西欧人道主义和人性论的思想传统外，还吸收了东方印度佛教哲学，特别是中国道家哲学思想。但人本主义心理学的主要哲学基础，则是西方现代哲学中的人本主义思潮，尤以现象学和存在主义为根本。它是20世纪50年代兴起于美国，70年代迅速崛起，被称为除了行为学派和精神分析以外的"第三种势力"，特别强调人的正面本质、价值、创造力和自我实现，该学派的主要代表人物是马斯洛和罗杰斯。

（一）马斯洛的心理学理论

马斯洛是人本主义心理学的主要创始人，他的主要理论是层次需要理论和自我实现理论。

层次需要理论。强调推动人类的心理发展和行为是由于人的需要，而不是性本能。他将人的需要分为了七个层次，依次递进，分别为生理需要、安全需要、归属与爱的需要、尊重的需要、认知需要、审美需要和自我实现的需要。从最低层次的生理需要到最高层次的自我实现，像是一座金字塔一样，高层次的需要是在满足低层次需要的基础之上的，最终实现真正的自我，最大程度地发挥自我的潜能，有一种自由感和幸福感，马斯洛称之为"顶峰体验"。

自我实现理论。马斯洛认为，人本主义心理学就是促进人的自我实现，自我实现是人本主义心理学的思想核心。人类作为一个共同体，是具有很多共性和共同的价值观以及道德标准，称之为完满的人性，如友爱、合作等，完满人性的实现是自我实现的第一层含义。而人作为每一个个体，具有自我的潜能或特性，这种自我潜能的实现是自我实现的另一层含义。真正的达到自我实现的巅峰体验，除了必要的客观环境，更重要的是自我的主观努力，使得巅峰时刻的频繁出现，是自我实现的重要条件，在此基础上，更好地实现自我的成长。

（二）罗杰斯的心理学理论

罗杰斯作为人本主义心理学的主要创建者之一，为人本主义心理学做出了重大贡献。他的心理学理论被称为"人格自我理论"，强调自我的重要性，以自我实现为主要动力，侧重于充分发挥自我的潜能。

"自我及自我概念"的理论在人本主义心理学中占据重要地位。自我不仅是其人格理论的基石，而且是衡量人格能否正常发展的重要标志。《卡尔·罗杰斯文选》中曾这样论述：一个人看待自我的方式是预测未来所发生行为的最重要因素，因为伴随现实的自我概念，还有一种对外界现实和该个体认为他所处境况的感知。自我是某些方面的个体经验的自然衍生物，新生的婴儿其内在体验是一个相对无差别的、构成其现实感觉及领悟的总和，随着这种实现倾向把婴儿推向感知潜能的维持及发展时，与其他重要人物的交互作用出现，这时某些感觉和领悟变得可以区分了，婴儿的部分生理体验变成了"自我"或"自我概念"。

自我实现是人发展的动力，每个人都有一种自我实现的倾向，实现自我的最大潜能，这也是罗杰斯人格理论的基本假设。罗杰斯所倡导的人格模式就是充分发挥机能，强调过程和趋势，每个人要完全依赖于自己，这样他所实现的才是真正的自我。

在当代社会条件下，人本主义心理学有其独特贡献。它强调人的利益、价值及个人的尊严和自由。人被视为一种自由的力量，有能力选择他或她所愿意的任何行动路线。由于这种自由，个人必须对自己的行为负责,"它提出了一种积极的人的模式"①,而这些观点为教育提供了新的思考路径和实践方向。其中有些教育思想也成为生命教育理念的一部分,为生命教育的提出奠定重要的理论基础。尊重人的自主性和主动性,让人拥有乐观积极的心态,使自己具有独特性和创造性,主张将学生的认知、情感、行为统一起来,全面开发学生的潜能,这些观点可以成为生命教育课程目标的一部分,也正是生命教育所求的。

第四节 自然人性论基础

我们尝试把目光转向自然人性论的视角,并不是对于自然人性论理论知识的概述,而是从自然的人与人的自然品性和教育实践中依从人性的考察两个视角,来探讨生命教育的存在基础及寻找支撑生命教育课程开发的理论基础。法国著名教育思想家卢梭基于人们对其所"受之于自然""受之于人""受之于事物"三种教育的思考,提出"让人为的教育与人的自然发展相吻合,让个体生命的发展始终找到一条自然善好的内在脉络"②,在顺应自然规律的过程中培养"自然人"。从生命教育这个角度来说,生命教育秉持走向自然生命,走向的是一种教育信仰,一种教育精神。

人来源于自然,马克思、海德格尔等人认为人与自然是休戚相关的共同体;中国传统道家思想认为人的生命是一个小"自然"、小"宇宙",人性的本质蕴藏于宇宙自然之中;"自然"指的是实体的自然,大地万物皆有涌现、生长之意,人在这种自然根基的培育下,肯定具有自然而然、自由生长的自然底色,由此而生成的人的品性之本质是自然的。教育规律的寻找,大都从人性论、心理学出发,来提出人的身心发

---

① [美]布勒等著:《人本主义心理学导论》,陈宝恺译,华夏出版社1990年版,第24页。
② 刘铁芳:《古典传统的回归与教养性教育的重建》,北京师范大学出版社2010年版,第71页。

展原则（这是科学的），给人知识、技能等，但是提升社会化程度、丰富社会属性的同时，丢弃了人之为人的最本质的自然底色，如梦想、激情、想象力等。这些东西是人的自然品性之所在，然现行教育实践逐渐抹杀了学生的这些基础的自然品性，我们需要从问题底层展开分析，依据人的本质的发展规律，从一个全新的视角解读生命教育的依据——生命的自然品性。

一、自然的人和生命的自然品性

在哲学层面上，将人与自然看成一个整体是用以反对人与自然分裂，实现人类与自然和谐共生的有效途径。那么人与自然在何种意义上是一个整体、一个怎样的整体关系？人作为一个存在物，来源于自然。马克思认为人是自然的存在物，反对把人抽象化，反对把人等同于具有绝对理念或自我意识的精神实体，肯定人是自然的、感性的、现实的、有生命的、对象性的存在物。马克思解释了人作为有生命的自然存在的内涵："一方面具有自然力、生命力，是能动的自然存在物，这些力量作为天赋和才能、作为欲望存在于人身上；另一方面，人作为自然的、肉体的、感性的、对象性的存在，和动植物一样，是受动的、受制约的和受限制的存在物，也就是说，它的欲望的对象是作为不依赖于他的对象而存在于他之外的。"[①] 马克思进一步指出，人只有作为对象性的存在物，才是自然的、现实性存在物。"一个存在物如果在自身之外没有自己的自然界，就不是自然存在物，就不能参加自然界的生活。一个存在物如果在自身之外没有对象，就不是对象性的存在物。一个存在物如果本身不是第三存在物的对象，就没有任何存在物作为自己的对象，就是说，它没有对象性的关系，它的存在就不是对象性的存在。非对象性的存在物是非存在物。"[②] 由此，我们可以这样理解，人类以自然界的其他存在物作为表现自己生命本质的对象物，其他存在物包括整个自然

[①] 《马克思恩格斯全集》第42卷，人民出版社1979年版，第167页。
[②] ［德］马克思：《1844年经济学哲学手稿》，人民出版社2000年版，第106页。

界的所有存在物，也包括人本身。人，这种对象性的自然存在物在表现自身特别的生命现象的同时，也表征了某一自然存在物乃至整个自然界的生命本质。在这一意义上，我们确立人在自然界中的地位和人是直接的自然存在物，也即人来源于自然。从另一个角度来说，"自然在通过其演化造就人类的肉体结构和功能的同时，也将特定的欲求和能动性赋予了人类，作为其成果在人类自身中的内化与体现，构成人的内在的类本质"①。正是这种自然的自组织的演化，形成了可以自由行走的万物之灵，用恩格斯的话说，"最后在脊椎动物中，发展出这样一种脊椎动物，在它身上自然界达到了自我意识，这就是人"②；也正是自然赋予的内在于人的欲望和能动促使了人类的创造和使用工具，进而走向文明。

关于人与自然的关系，至少应该从两个层面来重新审视和确立。③第一，从科学的层面看，人与自然是一种共生的关系。人是自然界的一部分，是自然界长期演化的产物，人的发展和自然界的进化一样是一种合规律性的过程。现代科学（如生态学、比较动物行为学、心理学、化学、物理学等）越来越揭示出人与自然的共同性、一致性以及人对自然的归属性。第二，从哲学的层面看，人与自然越来越呈现出一体化的趋势。这种一体化是自然的人化和人的自然化的统一。所谓自然的人化，即是自然的主体化、主体在自然中的延伸，也就是自然界越来越深刻地打上人类的烙印。所谓人的自然化，即人类被纳入自然之中、构成自然的一个内在部分，也就是说随着人类改造自然能力的增强，人类越来越与自然界紧密地融为一体、越来越成为自然界之有机构成部分。在自然的人化与人的自然化的统一过程中，人与自然的关系深化了、升华了，由原初简单的物质和能量的交换关系上升为伦理的（对自然界的爱）、

---

① 储昭华：《大地的涌现：关于自由与自然之间关系的思考》，中国社会科学出版社2003年版，第6页。
② ［德］恩格斯：《自然辩证法》，《马克思恩格斯选集》第三卷，人民出版社1972年版，第456页。
③ 张华：《全球问题与道德教育》，《教育理论与实践》1996年第6期。

审美的（对自然界的美感体验）关系。

　　荷尔德林用"人，诗意地栖居在大地上"这句诗，富有诗意地向人们揭示了人和自然的关系，道出了生命的一种本真的状态。"人原本就栖居在大地上，与自然同在，过着自由自在的'天然的'、本真的生活，但理性主义的盛行和科学技术的发展使人控制自然的欲望不断膨胀，以致忘却了原本的人与自然的'同在'关系，人对自然的征服和利用，使人远离了自然，造成人与自然的异化，海德格尔呼唤人向大地回归，回归到与自然本真的同在关系，使人与大地、与自然融合。"① 学者曹孟勤对人与自然关系的考量中发现，当下生态伦理学中将其定为"人是自然的一部分"（"一与多"的整体关系），通过援引马克思主义的相关论证说明了这种"整体"关系的误区，指出"对立统一"（整体中的两面"一与一"）的整体关系才是正当适宜的阐释，最终认为"自然即人，人即自然"②。这种关系下人的地位和价值被凸显，倘若作为自然存在物的人类消失，"整体"的格局就不复存在，同理，自然的价值亦是如此。自然即人，人即自然，人和自然休戚与共的整体性的存在，从本质上讲二者是不可分割的整体，共同构成了这个世界的本质性存在。马克思思想示明，作为实体性的自然世界寓于人之中，自然世界蕴藏着人的本质。无独有偶，中国传统的道家思想文化将人视作"独立的自然实体"，将人的生命看为一个小自然、小宇宙，道家的天地万物连人都在自然中蕴涵各自存在的意义与本质。

　　道家站在一个宽阔的视域中冷静、客观地研判人与自然的关系，并较为科学地提出了一些颇有创见的人及人性发展的观念。道家思想重在揭示人与自然的关系从而形成独到的本体论和宇宙论，比旨在塑形人与人的伦理关系的儒家思想更为客观。诚然，我们不能一概而论地对比两种文化思想，需要考虑各自所站定的立场。老子在第二十五章中如是

---

① 冯建军：《生命与教育》，教育科学出版社2004年版，第370页。
② 曹孟勤：《自然即人，人即自然——人与自然在何种意义上是一个整体》，《伦理学研究》2010年第1期。

说："故道大，天大，地大，人亦大。域中有四大，而人居其一焉。"从字面理解的角度来看，老子把天、地、道及人都看成域中四大的，虽然在老子时代还没有现在形如"自然科学""自然界"等关于"自然"的组词，但是他把人与天、地、道摆在一块，都归属于自然实体。这至少可以说明道家思想中的"自然"兼及天地万物，有着自然界之"自然"的意蕴。"人法地，地法天，天法道，道法自然。"老子以"法自然"的终极准则限定了世间万物生存运行规则。他的"自然"究竟是何种层面的法则，古往今来的人们进行了多方辨析论证，在这里对于"自然"一词作何解释不是我们的意向所在，而是上升到道家思想理解"人"、阐释"人性"的一种近科学智慧的视角，借以管窥道家文化思想对于人与自然关系思考之一隅。由此，我们看出道家将人性的本质蕴藏在自然之中，人的发展寓于自然世界，有其独到之处。至少，这样可以使人有了成为自身命运的出发点和自身命运的独立自主的创造者的可能性。人这一独立的"小自然"同宇宙的大自然是同气共生、休戚与共的。人的发展不能脱离了"自然"的培护，人性的本质已然深深地蕴藏于自然之中。

　　实体自然界之"自然"，究竟有着怎样的无穷奥秘？受到近现代机械论自然观的左右，人们开始从技术、理性的角度去认识、剖析自然，在欲利的驱动下人们对自然演化的了解仅仅停留在外在的功能与形态层面，将自然理解为单纯地作为人类认知对象的外在客体，也即开发利用的对象，只知从中获得或者说索取所需利益。人类通过改造自然界的实践活动将自然界打上人的烙印，使自然界成为人的现实，成为表现人本质的对象。人类将自己的本质对象化给自然界的同时，也通过实践活动形式来理解自然界的本质，并把自身所理解的自然界的本质内化为自我意识，从而使人自身成为表现自然界本质的对象。马克思在《资本论》中指出："为了在对自身生活有用的形式上占有自然物质，人就使他自身的自然力—臂和腿、头和手运动起来。当他通过这种运动作用于他身外的自然并改变自然时,也就同时改变他自身的自然。"① 人类在改变自然的同时也改变着他自身的自然本性。"当我们今天为自身的巨大成就所陶醉时,往往淡忘了其原初的基础、动力和条件乃是由自然所赐予的,所有这一切,最终都是自然演化的成果。没有这种源泉,人类的历史、文明便无从谈起。"② 早在古希腊时期,人们的意识还没有被诸如当今科学、技术等认知理念奴役,所以在他们看来,"由于自然界不仅是一个运动不息而充满活力的世界,而且是有秩序和有规则的世界,他们理所当然地会说,自然界不仅是活的而且是有理智的(intelligent);不仅是一个自身有'灵魂'或生命的巨大动物,而且是一个自身有'心灵'的理性动物。他们辩解说,居住在地球表面及其邻近区域的被创造者的生命和理智,代表了这种渗透一切的活力和理性的一个特定化、局域化的组织"③。朴素的认知却彰显了一种古典韵味,也正是这种"韵味"赋予了自然的有机、活力、创造等生命之"魅"。

  总之,在古希腊人看来"自然"是充满神性且令人敬畏的至高存在,呈现着丰富的感情和强大的生命力,世间万物无不源起于她;"自然"不仅是一个有生命的世界,也是一个自我涌动、生长的世界,而这里的涌动、生长是源于自然自身的自然而然之本性。这一点恰恰被近现代自然观慢慢地从人们的理念中抹去,所留下的仅仅是机械、被动的自然。古希腊人确认的自然之"涌现""本性""生长"之诸多有机的、活着的自然含义渐渐退逝,自然界和自然物完全取代了"自然",人们对于自然的思考也变成对自然界或自然物的集合的思考。我们在享受着科技带给人类舒适与自由的同时,活的自然慢慢老去,似乎只有回返到古希腊那种稍许充斥蒙昧与神性的时代,自然的本质才得以复现。

  科学层面的自然奥秘不是我们探讨的目的所在,在此更多地是从自

---

① 马克思:《资本论》第一卷,人民出版社1975年版,第201页。
② 储昭华:《大地的涌现——关于自由与自然之间关系的思考》,中国社会科学出版社2003年版,第6页。
③ [英] 柯林伍德:《自然的观念》,吴国盛译,北京大学出版社2006年版,第5页。

然作为一个哲学意义上的实体、存在来寻找其内在的本质属性。"自然"一词正如对其词源分析所示，自然不仅仅指外在的自然环境、自然物的集合，同样指涌动、生长、本性、本源等事物如其所是的内在本质。人来源于自然，自然即人，人即自然，这种逻辑关系的阐释并无造作、牵强之意，而是一种切合时代的申诉。自然作为人栖居生活的永恒根基，时刻供给着人类的成长发展之动力源泉，造就人类理性、能动的创造、建构活动的基础，同时自然之品性依循自然的演化而孕育并内化于人的普遍禀性之中，由此我们有理由推定：人的发展需要依从自然，或可说需要自然提供我们生存的一切物质资料；人的本性需合乎自然，即人的本性蕴藏着涌动、生长、本源之自然属性。顺然可知，在人类文明的发展史上，自然可以说是一切文明的发生与发展的"母体"。换句话说，自然是人类发展的初始源泉和根基，因此人类的一切实践活动都要依据自然而行，必须从自然中寻找依据。

教育是人类一项重要而必需的实践活动，更应该遵循自然、依照自然。人的天性是生命的自然造化，是自然的意志在生命中的最好体现，自然生命的发展和成熟不是规训的结果，而是自然成长的结果。"规训不是教育的一种必然，而是教育中的负面现象，是一种恶，它使个人失去自由和自主的精神气质，失去追求德性的理想。人在教育中被规训状态是现代性教育的一种危机，因为规训不仅使我们的自我实现面临着阻碍和困难，而且使得我们的公共生活面临着危机和风险。"[①] 自然成长，则很好地避免了"规训"的尴尬。由是，那些企图改变自然生命的生长轨迹的"规训"教育方式是尤为不可取的，因为涌动、生长之自然底色是生命成长的重要起点和依据，我们需要做的是顺从它，保护它，让它顺其本性自然地发展。教育需要遵循生命的发展规律，走向人的自然本性是教育实践活动的初始依据和终极起点。

因此，走向自然是应对文明枷锁的可行出路，回归自然是重建现代

---

① 金生鈜：《规训与教化》，教育科学出版社2004年版，第2页。

教育可能性的合理尝试。生命教育，这一本来就立足生命、立足自然的教育更应如此，自然的人和人的自然品性更是中小学生命教育课程理论及实践的重要支撑。

二、教育思想依从自然人性的思考

先秦两汉至近代以来，教育家、思想家都把人性论作为教育理论基础和行动依据，自然人性始终是他们理论建构的原点和内核所在，经现代学者的深入研究，有人认为人性应该有自然本性和社会本性两种属性。我们不对人性的概念发展和本质属性的演变多做解释，也不对人性具体包括什么进行补充，仅借此说明自然本性是自古以来教育理论与实践的一种依据，更是我们中小学生命教育课程开发、实施等实践的思考之源、行动之根。

古往今来，关乎人自身奥秘的探讨似乎从来没有停息过，其中对于人之奥秘的重要部分——人性的关注，不仅是现代人思考的重点，也是古代人们长期热衷的论题之一。人们在探讨人性与社会各种事物关系中，依据人性而提出的关于教育的理论和思想，从先秦两汉直至近代以来可谓卷帙浩繁。"人性"的定义若何？具有怎样的特性？包括哪些内容？秦汉以降，不同思想家持秉的观点不尽相同；近代以来，不同学者研究深度与方向各有侧重。总而言之，我们不从任何一个角度来评说各家思想观点之恰当与否，仅旨在找到一些关于人性论付诸教育理论与实践的事实和依据，从中发现人性作为教育思想或实践依据的共同依据。

中国古代思想家对于"人性"的认识各有所见，尤其对于人性有何特质以及由之而阐发的教育思想分歧甚大，但是他们对于"人性"这一抽象的认识对象所代表的意义的理解却是趋于同一的。我们从"人性"的本义开始梳理，以阐释各家教育思想之人性依据，尝试从中发现一些共通的地方。

在先秦诸子中，人性论影响较大者莫过于孟子的"性善"论、告子的"性无善无不善"及荀子的"性恶"论，他们论及的性之"善、恶"

是从人性的特质或特征的意义上来说的。孟子在与告子一段辩论中，我们可以洞悉孟子及告子对于"性"之本义的界说：

"告子曰：'生之谓性。'孟子曰：'生之谓性也，犹白之谓白与？'曰：'然。''然则犬之性，犹牛之性；牛之性，犹人之性与？'"①

这段话是孟子和告子关于"性"与"人性"的辩论，二人对于性的本义"生之谓性"是持共同观点的，是指天生的或天赋的资质，人性就是指人的天生的或天赋的品质。不同的是，告子把人性比作流水，没有善恶之分，承认人性具有极大的可塑性并可以通过引导而向善或向恶。孟子基于人与动物的区别来认知人性，即认为人性不同于其他动物之性。

孟子认为："口之于味也，目之于色也，耳之于声也，鼻之于臭也，四肢之于安佚也，性也。"② 这些是人性中比较低级的次要的生理本能，而在整个人性中关于伦理道德的东西如仁、义、礼、智等是决定人性的本质东西，也是人性固有的东西："仁、义、理、智，非外铄我也，我固有之也。"③

孟子据此进一步论证："恻隐之心，仁之端也；羞恶之心，义之端也；辞让之心，礼之端也；是非之心，智之端也。人之有四端，犹其有四体也。"从而提出了人性本具有仁、义、礼、智等善的道德观念，也即人的天生的资质和禀赋是善的。孟子虽然认为人性本身是善的，具备良好的道德观念，但这些仅仅是一些萌芽状态的善，如若形成一个具备道德观念的成熟的社会人，还需要后天的培养，也即通过教育的作用。这里的教育包括广义上的教育，教育既可以保存一个人本身具有的善的天赋或资质，也可以找回失去的原本具有的善的本性，同时通过自我修养还可以扩充发展自己的本性中那些善的东西，更有通过教育的辅助人们可以达到知性知天："尽其心者，知其性也。知其性，则知天矣。存

---

① 《孟子·告子上》。
② 《孟子·尽心下》。
③ 《孟子·告子上》。

其心，养其性，所以事天也。夭寿不贰，修身以俟之，所以立命也。"①

荀子在融汇先秦诸子思想的基础上明确地给"性"下的定义："生之所以然者谓之性。……不事而自然谓之性。"② "凡性者，天之就也，不可学，不可事。"③ 如此，在荀子看来"性"就是指事物的生而固有的禀赋和品性。它完全是天然而成的，不经过任何加工或后天学习而本身具有的一种资质，这种"性"的概念既合于人，也适用于其他任何事物。而"人性"就是人之"性"，即人天生的资质或天赋品性。荀子为了说明其"人性"概念，提出了"伪"概念："可学而能，可事而成之在人者，谓之伪。"④ "夫感而不能然，必且待事而后然者，谓之生于伪。"⑤ "伪"不是指天然的、与生俱来的东西，而是指在自主性、能动性的引领下一切通过作为而具备的东西，根本特性就是人为的而非天然、天就的。

关于"性""伪"说的理解，国内学者多有不一致。张岱年先生认为："荀子所谓性，乃指生而完成的性质或行为，所以说是'天之就'，'生之所以然'，'不事而自然。'生来即完具，完全无待于练习的，方谓之性，性不仅仅是一点可能倾向；只有一点萌芽，尚需扩充而后完成的，便不当名性。生而完成者谓之性；生而不论有萌芽与否，待习而后完成者，都是伪。"⑥ 然而，荀子"性"与"伪"的论说，为他的教育思想提供了理论基础的支撑。"性伪之分"说明了人类接受教育的必要性，"性伪合"佐证了对人进行教育活动的可能性。这种既区别对立又统一联系的辩证关系，向我们澄清了教育的作用是"化性起伪"，通过教育改变了人类自己的本性，使人具有适应社会生活的道德伦理与知识技能。

---

① 《孟子·尽心上》。
② 《荀子·正名》。
③ 《荀子·性恶》。
④ 《荀子·性恶》。
⑤ 《荀子·性恶》。
⑥ 张岱年：《中国哲学大纲》，中国社会科学出版社1982年版，第189页。

傅云龙先生等人认为荀子所谓的"人性是指人的自然属性和社会属性的统一"①。有的学者认为荀子所讲的人性是指人的自然属性,还有的认为是指人的自然本能。无论是自然属性还是自然本能,我们可以从荀子人性的内容角度来理解:

情感本能:"性之好、恶、喜、怒、哀、乐谓之情。"②

生理需要本能:"若夫目好色,耳好声,心好利,骨体肤理好愉佚,是皆生于人之情性者也;感而自然,不待事而后生之者也。"③

感觉本能:"目辨黑白美恶,耳辨声音清浊,口辨酸咸甘苦,鼻辨芬芳腥臊,骨体肤理辨寒暑疾养,是人之所生而有也,是无待而然者也。"④

这些情感本能、生理本能、感觉本能肯定可以称作为荀子"人性"的内容,这一点为学术界所公认,如前所述,荀子人性的内容的界定即"生之所以然""不事而自然""天之就"的东西。然而,对于人性之可塑性及巨大的发展潜能或可能性是否归属于人性的重要内容则观点不一。廖其发认为:"荀子所讲的人性的根本特征是天生的或天然的,不是人有意造作的,而人天生的认知潜能及行动潜能完全符合这一界说。"⑤

荀子本人也有言说:"然而涂之人也,皆有可以知仁义法正之质,皆有可以能仁义法正之具。"⑥ 这里的"知"之"质"和"能"之"具"是荀子明确说明的人的认知潜能和行动潜能,人天生就有许多发展潜能,这些是天生资质和禀赋的具体内容表现,也即人性的内容。既然人生来就具有这些巨大的潜能,可以说人的发展成长有着极大的可塑性,那么人就有接受教育的可能性,这正为其教育思想提供了坚实的理论

---

① 傅云龙:《中国哲学史上的人性问题》,求实出版社1982年版,第82页。
② 《荀子·正名》。
③ 《荀子·性恶》。
④ 《荀子·荣辱》。
⑤ 廖其发:《先秦两汉人性论与教育思想研究》,重庆出版社1999年版,第201页。.
⑥ 《荀子·性恶》。

基础。

荀子人性论的另一重点是关于人性的性质论说，关于其人性善、恶的解说，不同学者有着不同的看法，提出了荀子持"性善""性恶""性中"的不同观点，但学术界较为一致的观点是荀子持性恶说。在这一点上学者廖其发给出了评判善恶的标准[①]，"即所谓善就是合乎礼仪法度与正常的社会秩序，所谓恶则反此；所谓性善就是人的天赋素质合乎礼仪法度与正常的社会秩序，而不是仅具为善的可能性。所谓恶就是邪恶，是违背礼仪法度而造成社会秩序颠倒混乱；所谓性恶就是人的天赋素质或天赋特点本身与礼仪法度及正常的社会秩序不相合、顺其天性的自然发展会出现恶的思想品质而不会出现善的思想品质。所谓性中，是指人性或人的天赋素质既无善也无恶"。荀子在自己的人性观中很明确地作出判断："人之性恶，其善者伪也。"[②]

在人与自然的统一中赋予教育及生命以全新的理解，走向自然，走向生命，这种深层的追寻不仅极大丰富、拓展了对人本身的认识，更重要的是，沿着这一路径，我们突破了人自身的囹圄，使人汇入到整个生命之流中，由此进入到自然这个更深邃广阔的境域之中。自然的人以及生命的自然品性，加上从古至今教育实践中依从人性的论证，这些在中小学生命教育及其课程开发过程中，都是不得不秉持的重要思想乃至必须把握的精神风标。

第五节 教育学基础

生命教育的开展及生命教育课程开发，不可否认也离不开教育学的理论基础，全人教育、生活教育理论等都在不同程度上提供了重要的理论支撑。

---

① 廖其发：《先秦两汉人性论与教育思想研究》，重庆出版社1999年版，第203页。
② 《荀子·性恶》。

一、全人教育理论

作为一种教育思潮，全人教育的一些思想实际上可以追溯到古希腊时期的亚里士多德，他的自由教育论在本质上体现了全人教育的理想。文艺复兴时期的人文主义教育家维多利诺、拉伯雷、蒙田、伊拉斯谟等从提倡"人性"出发，也将人的身心或者个性的全面发展作为教育的培养目标。18世纪法国启蒙思想家、教育家卢梭认为自由是人的一切能力中最崇高的能力，也是人的天性和最重要的权利，教育的目的就是促进儿童生而具备的自然性无限制地自由发展，培养自然的人（亦即自由的人）。卢梭的自然教育理论成为全人教育理论的肥沃土壤。18世纪末19世纪初在德国兴起的新人文主义教育的主要代表人物洪堡提出了培养"完人"的教育培养目标。19世纪中叶英国教育家托马斯·阿诺德坚持教育要培养"基督教绅士"，约翰·亨利·纽曼声称教育培养具有智力发达、情趣高雅、举止高贵、注重礼节、公正、客观等优秀品性的绅士，也都属于全人教育的倡导者。

在19世纪末20世纪初，美国进步教育之父帕克和实用主义教育家杜威，反对用外砾的目的要求儿童，主张教育即生活，教育即生长，教育即儿童经验的改造，倡导儿童中心主义，要求教育尊重儿童的本能和兴趣，在生活中、在活动中发展儿童的潜能和创造性。20世纪20—30年代，永恒主义教育流派的主要代表人物赫钦斯认为教育的目的就在于促进人的理性、道德和精神力量的最充分发展，培养完人、完整的人、自由的人、作为人的人，而不是片面发展的工具。

20世纪60年代以来兴起的建立在人本主义心理学基础之上的人本主义教育思潮为全人教育的发展注入了新的源泉。马斯洛认为人的发展不仅包括知识和智力，而且包括情感、志向、态度、价值观、创造力、人际关系等，教育的目的在于人的整体发展，在于促进主观能动性的充分发挥和内在潜能的充分实现。罗杰斯主张教育要培养"完整的人"，所谓完整的人是指"躯体、心智、情感、精神、心灵力量融会一体"的人,"他们既用情感的方式也用认知的方式行事"。①

另外,全人教育所强调的是一种整体的、全面的、健康的发展观与教育观。它主要强调要为了个体的发展而教,在教育的过程中,强调的人的整体发展、个体的多样性以及经验与个体之间的关系,人应该有自由选择的权利。生命教育课程开发以全人教育理论作为理论基础主要是基于以下观点。

全人教育的目的观为生命教育课程开发提供理论基础。全人教育强调教育要培养全能的人,批判传统教育目标中只重视知识传授,而忽略了学生其他方面的发展,要将学生培养成一个真正有创造性的人,而不仅仅是作为考试的工具,促进学生知情意结合、德智体并重发展。帮助学生认识生命、珍爱生命的基础上,达到发展生命、超越生命的生命教育,提升学生的生命质量,促进自然、精神、社会生命的整体发展的生命教育,与全人教育的目的观是不谋而合的。

全人教育的知识观和内容观成为生命教育课程开发的参考和依据。全人教育强调知识之间的内在联系,每一种学科知识都有内在的价值、互相联系,构成整体的教育知识体系。知识的内在联系以及教育内容的选择,启示在生命教育中,要注重知识结构的内在联系以及生命教育的内容选择要结合地域性的文化背景以及学校的传统特色。

全人教育的生命观是生命教育课程开发的基石之一。强调人与自然的和谐相处,每一个人不仅要在生理、情感、智能上得到发展,还要注重精神的发展,净化自己的灵魂。现在社会中,破坏环境,践踏自己和他人生命的事件不断见诸报端,精神生命的迷失和沉陷,在这样的背景下,生命教育课程内容更是要包含敬畏和珍爱自然生命、精神生命和社会生命。

全人教育中的许多教育理念和观点,与生命教育课程开发的目的、内容等不谋而合,成为了生命教育的重要理论基础。全人教育的核心是

---

① 吴式颖、任钟印:《外国教育思想通史》第十卷,湖南教育出版社 2002 年版,第 142 页。

培养人，培养现代人的主体意识和创新精神，即培养对自身充满信心，勇于承担自己的命运，通过个人的努力取得成就，达到自我实现，在人生的道路上，摆脱物欲、利益的束缚，追求健康、高尚的精神生活，在丰富的社会生产生活中体验心灵解放和个性自由的人。这些在一定程度上与生命教育的理念是相通的，所以我们在实施生命教育、开发生命教育课程的时候全人教育理论应该也必须是我们参照的重点。

二、生活教育理论

陶行知是中国 20 世纪最伟大的教育家之一，他承继和发展了杜威的教育哲学，立足中国国情提出了"生活教育理论"，对中国教育理论和教育实践影响深远。我们从生活教育的思想渊源入手，以清晰了解生活教育的内涵，为生命教育提供理论支撑及思想借鉴。

（一）生活教育理论的思想渊源

"生活教育"一词包含了多种含义，这不仅因为"生活"和"教育"都是具有多义性的词汇，在不同的维度上有不同的理解，而且还因为"生活教育"涉及对两者关系的认识，不同的认识也导致不同的理解。由于"生活"的多维性、"教育"的多义性以及生活与教育关系的复杂性，虽然很多教育家都谈到生活教育，但其具体的指代内容有可能大相径庭。在西方教育史上，对生活与教育关系的论述，以英国教育家斯宾塞的"教育准备说"和美国教育家杜威的"教育即生活"这两个命题影响最大。斯宾塞旗帜鲜明地提出了"教育要为完美生活做准备"的教育目的论，并根据他对人类生活的划分，提出了一个以科学知识为中心的学校课程体系，对西方教育的发展产生了深远影响。斯宾塞认为，人的活动大致可以分为五类：直接保全自己的活动；获得生活资料、间接保全自己的活动；保存种族的活动；履行社会义务；满足兴趣爱好和情感需要的休闲活动。学校教育的内容就应该从这五个方面去设置。由此看到，斯宾塞的生活教育是着眼于未来生活需要，而学校教育内容则是围绕着这一需要来安排的。在这一思想指导下的西方学校教育，过于强调未来的成人生活而忽视了当下的儿童生活，把儿童的学校生活和教育生活与其家庭生活和社会生活割裂开来。

杜威正是为了弥合教育与生活之间的裂缝，关注儿童当下生活的意义，特别强调学校教育与儿童的社会生活相联系，从而提出了"教育即生活""教育即生长""学校即社会"等著名命题，从而密切了教育与生活的联系。他还注意到了生活的多维性，认为"生活不是指低等动物式的生存，而主要是人类的全部种族经验。它不仅包括物质方面——社会生产水平和家庭经济条件，也包括非物质方面——习惯、制度、信仰、胜利和失败、休闲和工作"[①]。他还强调，教育要把儿童真正当儿童来看待，尊重儿童生活的特殊性和独立性，而不是将成人生活以及成人社会的规范强加于儿童身上。以杜威的这一教育理论为指导的现代教育运动，在克服学校教育与社会生活的脱节方面做出了很多有益的尝试，但并没有从根本上有效解决学校教育与社会生活相脱离的难题。

作为杜威的弟子，陶行知深受老师教育思想的熏陶，同时，他也对杜威的学说进行了深刻的思考和修正，提出"生活即教育""社会即学校""教学做合一"的观点，形成了对中国教育实践影响深远的"生活教育理论"。陶行知认为，杜威的生活教育是假的，它将"教育和生活关在学校大门里，如同一个鸟关在笼子里"[②]，脱离了大自然的鸟儿将永远无法飞出鸟笼，而被关在学校里脱离了生活的学生将是无法适应社会的书呆子。以这种鸟笼式的生活为中心的教育，只能是改良主义的，仍然没有根本改变教育与生活相脱离的状况。因此，陶行知认为，生活就是教育，"从定义上说，生活教育是给生活以教育，用生活来教育，为生活向前向上的需要而教育。从生活与教育的关系上说，是生活决定教育。从效力上说，教育要通过生活才能发出力量而成为真正的教育"[③]。也就是说，"生活教育是生活所原有，生活所自营，生活所必需

---

① [美]杜威：《民主主义与教育》，王承绪译，人民教育出版社2005年版。
② 陶行知全集编辑委员会：《陶行知全集》第二卷，四川教育出版社1991年版。
③ 陶行知全集编辑委员会：《陶行知全集》第四卷，四川教育出版社1991年版。

的教育",所以,"生活即教育。到处是生活,即到处是教育;整个的社会是生活的场所,亦教育之场所。……我们要想受什么教育,便须过什么生活"①。可见,陶行知生活教育理论最为独特的地方在于反对把教育和生活看作是两个东西,而是主张"二者本身就是一个东西,就是一个统一体"②,因此,"生活主义包含万状,凡人生的一切所需要皆属之。其范围之广,实与教育等"③。

(二) 生活教育理论对生命教育的价值及启示

生活教育的实质乃是强调通过教育来提升生活的质量和意义。回归生活可以是取得良好教育效果的一种手段,但教育决不能停留在对生活的回归上,而必须有所超越,引领人们逐渐过一种健康、科学、道德、美好、诗意的生活。

陶行知的生活教育理论阐明了教育与生活的关系,对于我们进行生命教育校本课程开发有着重要启示。长时间以来受传统教育思想的影响,我们的教育着重于书本知识的传授,所教知识远离学生生活实际,学生感到知识的陌生而失去学习的动力,由于无法理解知识的意义而感到所学知识没有用,使学生学习处于一种极为被动的状态。因此,在生命教育过程中,要加强生命教育与学生生活的联系,走进学生的生活,把学生的生活当作教育资源充分挖掘。关注生活即关注生命,因为生命属于生活,生活是生命的表现形式,生命的内涵就是特指人类的所有生活。同时在生命教育校本课程开发中一定要考虑到学生的生活实际,让所学知识从学生的生活经验角度呈现,让学生在自己熟悉的生活经验内掌握知识的意义和作用,从而引起学生产生对学习的极大兴趣,主动地学习。

生命教育不仅要强调生活知识和技能,更要强调生活理念和精神。人的生活有物质与精神两个层面。虽然物质生活和精神生活在不同的人

---

① 陶行知全集编辑委员会:《陶行知全集》第三卷,四川教育出版社1991年版。
② 陶行知全集编辑委员会:《陶行知全集》第三卷,四川教育出版社1991年版。
③ 陶行知全集编辑委员会:《陶行知全集》第一卷,四川教育出版社1991年版。

的生活中的具体比例不同,但它们彼此是对立统一的关系,共同构成了一个人的完整生活。没有必要的物质生活是无法想象的,但只停留在物质层面就会背离人的发展实质。因此,生命教育不能仅强调更有助于物质层面的生活知识和技能的掌握,而是要引领人们树立正确合理的生活理念和精神,学会正确地看待和理解生命。只有这样,人才不会变为物质的奴隶,人的生活也才会更精彩,生命才更有意义和价值。

世界上只有一种英雄主义，那就是了解生命而且热爱生命的人。

——罗曼·罗兰

生命于每个人都是一个偶然，然而每个个体又不得不最终担当起这偶然而至的生命。一个人该如何为其日常存在的生命注入意义，从而使生物学层面的个体生命真正转化为文化层面的"主体角色"，并穿越欲望主体，向自由的精神境域迈进？又如何承担和消化外在的和精神的风暴，锤炼自己的心志，向自我筹划，为自己拓展一方可以安身立命的诗意居所？

——夏中义

第三章 中小学生命教育课程开发的实践基础

生命教育课程开发不仅需要各学科多角度的理论作为依据，同时，中小学生生命认知现状也是开发生命教育课程必不可少的基石，这一实践基础是课程开发的必要条件和基本前提。为全面了解中小学生命教育、生命教育课程开发与实施的现状及中小学生对生命教育的需求，为科学开发中小学生命教育课程提供现实依据，运用自编的小学、初中、高中《生命认知现状调查问卷》，分别抽样调查小学生、初中生、高中生600名，抽取60名家长、60名中小学教师进行深入访谈，以弥补问卷调查的不足。所有数据采用SPSS10.0forWins软件进行处理。

第一节 小学生生命认知现状调查与分析

一、认识生命

（一）认识自然生命

作为精神生命和社会生命的物质基础，自然生命是人类最先触及的生命层次，对于自然生命的认识状况反映了小学生对于自身生命存在的认知。

小学生对于自然生命的认识存在着差异，总体来看对于生命体的认知存在着不同理解，同时在不同年级群体间也存在着一定差异。分析发现（见表3.1），32.5%的小学生认为生命是指动物和人类，47.9%的小学生认为生命是指动物、植物和人类，14.6%的小学生认为是动物、植物和微生物。

表3.1 认识自然生命

问题	选项	人数	百分比
你认为生命体是指（　）	A	78	32.5
A. 动物和人类　　　B. 动物、植物、人类	B	115	47.9
C. 动物、植物、微生物　D. 不清楚	C	35	14.6
	D	12	5.0

在小学生的理解能力及生活阅历范畴内，生命体这一概念在他们看来有着不同意见。认为生命体是"动物和人类"的主要集中在低年级学生，且随着年级的提高，这一认识逐渐降低；而把生命体看作"动物、植物、微生物"的年级人数比例随着年级提高表现出增加的趋势；"动物、植物、人类"在整个调查对象中的选择占据较多数，此选项在年级群体间表现差异并不大；另外有一部分小学生并不清楚何为生命体，或者难以判断生命体的存在形式。统计分析为小学生命教育课程开发提供了必要的实践支撑，即要结合小学生各阶段身心发展水平，科学确定课程的形式和内容，提高小学生认知自然生命的水平。

（二）认识精神生命

动物、植物等其他生命体只拥有物质形式的自然生命，但人却不一样，在物质形式的自然生命之外，人可以用脑思考问题，包括思考和定义其他生命体的生命形式，这决定了人特有的凌驾于自然生命之上的精神生命的存在。精神生命，顾名思义可以从精神的角度来理解，精神是人的实践活动向导、支撑或者说意义层面的引领。人应该怎样生活及怎样的生活才能称之为有价值、有意义，这些是由人的精神生命所阐释的。

表 3.2　认识精神生命

问　题	选项	人数	百分比
在你看来，人活着什么事情是最重要的？（　　）	A	114	47.5
A. 实现梦想　　B. 考试取得好成绩	B	84	35.0
C. 为社会做贡献　D. 追求富有的物质生活	C	14	5.8
E. 没想过，不清楚	D	21	8.8
	E	7	2.9

人活着为了什么？什么事情在一生中是最重要的？这些问题的回答，或可在一定程度上把脉人对于精神生命的认识。在对小学生的调查中，有47.5%的小学生认为人活着最重要的事情是实现自己的理想，35.0%的小学生认为是考试取得好成绩，8.8%的小学生认为是追求富有物质生活，认为最重要的事情是为社会做出贡献的学生占5.8%，但亦有少数学生表示没有就这类问题思考过，无法给出选择。同时，在调查过程中发现，就对人的精神生命的认识这一问题，不同年级学生之间的差别比较明显。"实现梦想"在整个样本中是选择最多的，可见小学生中对于梦想的守护和坚持还是占很大一部分人数的。再仔细比较可发现低年级学生对于该选项选择的人数较多，随着年级升高有着下降的趋势；"考试取得好成绩"总体上有近三分之一的学生选择，而且各年级间差别不大。针对这一现象，我们应在小学生命教育课程开发中进行相关内容的涉入，以之纠正"应试教育"带给小学生精神生命层面的偏谬影响；"追求富裕的物质生活"在高年级学生群体间有着较大比重，随着我国社会、经济各方面的发展，这些变化无形中影响着国人的价值观，小学生群体中注重物质享受、生活攀比之风有着蔓延之势，这一点对于小学生的成长极为不利，这些也是生命教育课程应着重予以纠正、引导的部分。

（三）认识社会生命

社会生命指身处社会之中并为社会成员的条件下而表征的特定生命状态，或者说是一种生命属性。作为一个社会人，对于社会生命的正确认识，可以帮助我们充分协调在各种社会身份情境中的关系。对于小学生而言他们涉世未深，很多社会身份都不太了解或明白，认识社会生命显得尤为重要，这也是小学生生命成长过程中的必要环节。

表 3.3　认识社会生命

问题	选项	人数	百分比
有的人表示要为自己幸福而活，有的人说应为别人服务，为社会贡献自己的力量。你认为（　） A. 为自己幸福而生活 B. 应为别人服务，为社会贡献力量 C. 应兼顾自己与社会，合理协调 D. 没想过	A	130	54.2
	B	82	34.2
	C	20	8.3
	D	8	3.3

小学生在日常生活中怎样认识、定位自己的社会生命？我们通过社会生命价值这一命题的问卷调查，得出如表 3.3 所示结果。54.2% 的小学生认为应该为自己幸福而生活以实现自己的社会生命价值，有 34.2% 的小学生认为服务大家、为社会做贡献，只有 8.3% 的被调查者选择为自己而活的同时为社会做贡献，我们认为选择这一答案的被调查者能够辩证地对待利己与利他的社会生活价值观。仔细分析各年级小学生选择数据，发现其有一定的变化趋势。选择为自己的幸福而生活的学生主要集中在高年级段，反之选择为他人、社会做贡献的学生主要集中在低年级，且随着年级升高有减少的趋势；在小学阶段最高年级的六年级，相对较多的被调查者选择为自己而活的同时为社会做贡献。这些数据的微妙变化说明，在现实社会中小学生的社会生命认识存在着年龄差异，其中小学生的利己、利他思想转型的关键期及辩证思维的启蒙期都应是小学生命教育课程开发所需关注的重要问题。

二、敬畏生命

敬畏生命，一般是指人们对生命的敬重和畏惧，意味着敬畏自然界中的植物、动物等一切生命以及由人类自然生命存在而衍生出现的超越自然生命的精神生命和社会生命。

（一）敬畏自然生命

敬畏自然生命指对一切自然界中生命的敬畏，包括植物、动物、人等所有生命体。在对践踏小草问题的问卷调查结果显示，有45.8%的小学生认为虽有些心酸，但看见别人走了也就跟着走了，多少表现出了无奈；35.4%的小学生认为这是不文明行为，对小草的践踏就是对校园美好环境的破坏；还有13.4%的小学生认为这很正常，穿过近道可以节省很多时间；对于自然生命的存在，仅有5.4%的小学生认为这太残忍了，认识到了小草也是有生命的，对于小草生命我们应该心生敬畏，不该随便踩踏。

表3.4 敬畏自然生命

问题	选项	人数	百分比
在去往教学楼的路上有一片青草地，穿过草地很快就能到达，过段时间后草地上被走出一条光秃秃的小路，对此你感觉（　　） A. 很正常，节省时间 B. 有点心酸，但看见他人走就跟着走了 C. 不文明，是对校园美丽环境的破坏 D. 太残忍了，小草也是有生命的，不应践踏	A	32	13.4
	B	110	45.8
	C	85	35.4
	D	13	5.4

数据显示，选择"这太残忍了，小草也是有生命的，不应该践踏"多是低年级同学，选择"这很正常，节省时间"多是高年级同学，这两项的选择总体人数不多，单从选择变化趋势看，可以发现小学生对于植物生命的敬畏在其本初的认识中，仍然保持着一份纯真，体现着对于万物生命的敬畏之心，随着年龄的增长，那份生命的纯真本然渐趋消失。这一点应该成为我们课程开发过程中着重思考的地方，将合理引导小学生对于自然万物生命的敬畏作为生命教育课程的重要内容和目标。

(二) 敬畏精神生命

对于精神生命的敬畏,最容易列举的例子就是现实生活中一些身残志坚的残疾人取得常人都无法完成的成就,这一点最能彰显一个人的精神意志生命力。通过人的顽强的精神生命力,支撑着人们在实践中一步步前行,最终取得应有的辉煌与成就。

通过对残疾人的精神生命的问卷调查(见表3.5),46.7%的小学生认为应该学习残疾人身上那种不放弃、不退缩、坚忍的精神;另外也有37.5%的小学生觉得虽然很佩服他们的精神,但并不认为自己也应该那么辛苦,这反映一些小学生虽然看到了精神层面的东西,但角色转换以后,则缺乏必要的毅力和自我约束能力;有13.3%的小学生持有一种消极思想:认为既然残疾了就应该顺其自然,不要和命运作无谓的抗争;有2.5%的小学生对此表示不清楚。

表3.5 敬畏精神生命

问题	选项	人数	百分比
海伦·凯勒自幼盲聋,但凭借自强不息的顽强毅力学习并掌握了英、法、德等五国语言,后来成为美国著名女作家。对此,你认为( ) A. 应该学习她坚忍不拔的精神　　B. 既然残疾了就应顺其自然 C. 虽然佩服她但没必要那么辛苦　　D. 不知道,没有思考过	A	112	46.7
	B	32	13.3
	C	90	37.5
	D	6	2.5

"应该学习他们坚忍不拔的精神"在年级间表现出随着年级提高而略有下降的势头,可以看出小学生对残疾人身上表现出来的精神生命或坚强意志力的崇信有着减弱的迹象。随着他们自我认识的提高、知识技能的丰富,自我在无形中有了优越感,觉着凭借一己之力可以完成很多事情,从而逐渐忽略了人之精神生命功能,进而缺少对精神生命的那份敬畏之心。这启示我们在小学生生命课程开发中要融入更多的敬畏精神生命的内容,这些内容不单涉及到残疾人世界的精神生命,更有正常人

成长过程中的精神生命的体现。

（三）敬畏社会生命

鉴于当下社会普遍缺乏敬畏社会生命意识的现状，小学生作为社会一员、未来的社会公民，应该重视培养他们敬畏生命的意识，并作为生命教育课程内容之一。在生命教育课程中提出敬畏社会生命，简单地说就是将学生的关注点转移到那些与人类社会生命存在息息相关的问题上，让他们在点滴生活事件中观察、领悟、思考，并能提出发自内心的观点见解，而这些是多数小学生在目前的书本知识、课堂教学中难以触及的。学校作为小学生成长的主要场所之一，那么提供关注人类存在、敬畏社会生命的教育氛围是其本然的责任。

在人类社会存在问题的关注情况问卷调查中，有14.6%的小学生会经常关注那些影响人类生存的问题，57.5%的小学生表示偶尔会关注，但表示从没有关注过的小学生仍有27.9%。

表3.6 敬畏社会生命

问题	选项	人数	百分比
你对水资源紧缺、空气污染、气候变暖等影响人类生命存在的问题关注吗？（　　） A. 经常关注　　B. 偶尔关注　　C. 没关注过	A	35	14.6
	B	138	57.5
	C	67	27.9

选择"经常关注""偶尔关注"选项的多集中在五、六年级小学生群体中，选择"没关注过"主要是低年级学生，这些问卷反馈的情况与小学生的获知信息渠道是密切相关的。所以，在小学生生命教育课程开发中，课程内容需要慎重筛选，但筛选之后的呈现方式更需要注重细节处理，不同年级间的小学生在各方面的发展区别很大，如文字理解能力、思维方式、身心发展特点等。因此，在文本内容呈现时如何既能全面地呈现课程内容又能让各年级小学生都能最大程度地理解、吸收，这是培养小学生公民责任感及对社会生命敬畏感的生命教育课程内容的

关键。

三、珍爱生命

(一) 珍爱自然生命

珍爱自然生命概念上包括珍爱人、动物、植物以及其他生命体的生命。珍爱动植物的生命，这个问题也是近年来的热点话题，如大量植被受到破坏而引发的沙尘暴、泥石流等环境问题，大肆的偷猎、捕杀动物而导致一些动物物种濒临灭绝的生态问题，这些都是对于自然生命的漠视。另外，从人的个体生命角度来说，珍爱生命一方面指不要做伤害自己生命存在的事情如自残、吸毒、酗酒等，另一方面指人要学会在面对突发的自然灾害、事故情境时，能够运用合适的方式保护自己的生命。

表 3.7　珍爱自然生命

问　题	选项	人数	百分比
你关注过在遭遇地震、火灾、海啸等突发事故时逃生、防身等相关安全知识吗？（　） A. 经常关注　B. 偶尔关注　C. 从不关注	A B C	73 143 24	30.4 59.6 10.0

在关于防身、逃生等保护生命的知识问卷调查中，发现对于逃生、防身等有关的知识经常关注的学生比例只有30.4%，有59.6%的小学生很少关注，另有高达10%的小学生表示从未关注与防身、逃生等方面的相关知识。

这就要求在珍爱自然生命的小学生命教育课程开发时，注重实践环节，切实地关注学生的生存技能和生命安全的方法的掌握，多一些实践机会，如此才能让小学生在面对危险的时候临危不乱、机智勇敢。另外，随着我国经济社会的发展，物质生活富足，很多戕害生命的行为找到了滋生的温床，如暴力、吸毒、酗酒等损害生命健康的行为不断出现，生命教育课程需要通过一些鲜活的案例让小学生尽早了解这些行为的危害,在思想上形成正确认识,进而在其整个人生发展中起到提前预防的作用。

(二)珍爱精神生命

珍爱精神生命,就是对诸如坚强、耐力、信心等其他能以之维系、促进生命健康发展的精神品质的培养、秉持及珍重。一个人的成长必定要经过磨练,在磨砺中自然要经历很多坎坷波折,只有注重积极的生命精神品质养成的人,最终才能走出属于自己的靓丽人生。

表3.8 珍爱精神生命

问题	选项	人数	百分比
面对生活学习中的压力,你有过不如死了的想法吗?	A	26	10.8
A. 不止一次地想过 　　B. 想过一两次	B	35	14.6
C. 没想过	C	179	74.6

在对小学生面对压力的调查中,有10.8%的小学生曾经想过而且不止一次地想过结束生命,另有14.6%的小学生想到过一两次,74.6%的小学生表示从未想过,看到这个数据应该清楚,小学生群体中对于生活学习中压力如何处理,依然存在较大问题。近年来时有媒体报道,小学生因不堪学习压力、无法忍受老师的批评责罚、与同学闹矛盾等原因而导致的自杀案例,这些悲剧的发生无不与对那些维系、促进生命发展的精神生命品质的缺失相关,所以,在小学生群体中注重生命精神、珍爱精神生命的话题应引起全社会的共同关注。小学生命教育课程开发中一定要注重培养、引导小学生形成珍爱精神生命之意识,形成积极的适于生命健康发展的精神生命品质,以通俗易懂的文本、插图将这些珍爱精神生命的呼声传达至每个孩子的成长过程中。

(三)珍爱社会生命

珍爱社会生命,指生命个体融入社会情境并具备一定的社会生命属性时,应在维持这一社会生命意义的同时保护、珍爱它,既包括自己的也包括他人的。一直以来，社会、学校对舍己救人的英雄事迹、助人为乐的光荣楷模总是以不同的形式进行宣传、赞颂，并导引小学生将人生坐标偏向正义、勇敢、无畏等崇高的精神向度。需要指出，小学生是未成年人，他们普遍缺乏对危险的认知和自我保护能力，倘若思想中形成一种盲目的冲动，不计后果地进行见义勇为、助人活动很可能会受到不同程度的伤害甚至失去生命，这就需要树立正确的珍爱社会生命的观念，找到既能保护自己又能救助他人的合适方法。

表 3.9　珍爱社会生命

问　题	选项	人数	百分比
对于见义勇为，有的人认为小学生还是未成年人，见义勇为超出了他们的能力不应该提倡；有的人认为应提倡。对此，你认为（　　）	A	128	53.3
	B	81	33.8
	C	26	10.8
A. 应该提倡 B. 自身安全最重要，寻求大人帮助 C. 不关自己的事，无所谓 D. 不清楚	D	5	2.1

53.3%的小学生认为应该大力提倡，33.8%的小学生认为应该保护好自身安全并及时寻求大人们的帮助。从这些数据中可以看出，在小学生中有很大一部分同学认为见义勇为是理所应当的事情，应该大力提倡，只有一少部分同学认识到自我保护的重要性。

因此，在小学生命教育课程开发中，课程内容的开发要转变小学生传统的思维模式，在培养他们正义感的同时，也要培养他们珍爱社会生命和自我保护的能力。如"见义勇为"应该是凭借智慧巧妙地实施义举，尽量避免自我受到伤害。这样对小学生来说，在见义勇为、乐于助人与珍爱、保护社会生命之间就能拓展出一条合理的智慧之路。

四、发展生命

作为生命教育的重要组成部分，发展生命的教育目的在于让小学生在个人生命成长过程中发生正面、积极的变化,从基本的自然生命个体到具备一定道德品质的精神生命,再到融入一定社会属性特征的社会生命,力求在自然生命的精神层面实现质的飞跃,从而使小学生的身心获得全面、健康发展。

(一)发展自然生命

表 3.10　发展自然生命

问题	选项	人数	百分比
你经常锻炼身体吗?(　　) A. 经常锻炼,增强体质,愉悦身心,很有意义 B. 有时候锻炼,当是娱乐　C. 不锻炼,没意义	A	85	35.4
	B	121	50.4
	C	34	14.2

对小学生锻炼身体情况的调查显示:有 35.4% 的小学生比较喜欢体育锻炼且经常参加,并把体育锻炼成为自己生活的一部分;50.4% 的小学生很少参加,把体育锻炼作为一种可供选择的娱乐方式或消遣。总体上来说,小学生对于体育锻炼的参与率还是比较高的,但通过进一步调查发现真正喜欢并且把体育锻炼当作一种兴趣爱好的小学生并不多。小学生处于身心发展的关键阶段,小学生命教育课程开发应当首先注意培养小学生对体育活动的兴趣,教会他们掌握锻炼身体的科学方法,树立对体育锻炼的正确价值观,养成经常参加体育锻炼的习惯,提高身体素质,实现生命个体全面健康发展。

(二)发展精神生命

发展精神生命,表现为对个体生命所具有的道德、品质、精神等内在的精神生命的培养或提升,以使个体精神生命获得发展。精神生命的发展首先需要人们认识、理解及判断生活中的各种事件或人,并从中辨识道德、品质、精神向度的正面的积极的生命精神,其次,才能尝试学习、内化为自身的精神生命,这是发展精神生命的必经途径。

表 3.11　发展精神生命

问题	选项	人数	百分比
在你看来，怎样定义好人？（　）	A	56	23.3
A. 言而有信的人　　B. 善良的人	B	64	26.7
C. 不伤害他人的人　D. 不违法的人	C	82	34.2
	D	38	15.8

在小学生怎样定义好人的问卷调查中：34.2%的小学生认为那些不伤害他人的人是好人；也有23.3%的小学生将言而有信的人视为好人；26.7%的小学生认为善良的人是好人；15.8%的小学生认为不违法的人是好人。小学生对于好人的判断给出的答案并不统一，对于什么样的人是好人，每个小学生的判断标准都有区别。课程开发的内容应帮助小学生逐渐形成自己的判断标准与认知体系，让他们接触、了解这些生命精神的实质性内涵，进而吸收、升华为自己的个体精神生命，获得发展。

（三）发展社会生命

表 3.12　发展社会生命

问题	选项	人数	百分比
学校组织到敬老院探望行动不便的爷爷、奶奶，你认为参加这类社会实践活动有意义吗？（　）	A	65	27.1
	B	53	22.1
A. 十分有意义　　B. 有点意义	C	100	41.7
C. 说不清楚　　　D. 没有	D	22	9.1

发展社会生命，在某种意义上，可以理解为对人类生命本质的审美判断。在对小学生到敬老院探望活动认识状况的问卷调查中，有27.1%的小学生认为十分有意义，22.1%的小学生认为有一定的意义，但仍有50%的被调查者表示对此说不清楚。可以看出，小学生对于社会生命范畴中的角色认知和活动判断还是存在很大空白，更无法谈及更好地发展社会生命了。因此，小学生命教育课程开发之发展社会生命部分，需要将实践性综合活动课程纳入其中，让小学生在切身感受中鉴别

社会生活中的"美"。

五、超越生命

超越生命，可以理解为对自我内在生命的实现与超越。从自然属性的肉体生命升华到人类独有的与肉体生命关联却又超越肉体生命的精神生命，再到超越个体生命而以社会属性为本质的社会生命，这三重生命整体上构成了人之个体生命存在，对生命的超越，归结到一点就是人对自我生命的实现与超越。美国人本主义心理学家马斯洛在"高峰体验"论中指出，当自我实现的需求得到满足后，个体将会体验到最大的充实、欣慰和幸福。在生命教育中提出超越生命，可以说是以个体自我实现需求完成为最终旨向，让学生在自我实现、自我超越的过程中超越生命。

在对小学生遇到困难时如何表现的调查中，有45.8%的小学生选择"任何困难都会过去的，坚持就有可能胜利"，32.5%的小学生认为"很痛苦，不知如何是好"，还有21.7%的小学生选择"马上放弃"。在小学生生命教育课程内容中，应当通过相关案例和环境教学让小学生认识和体会这样的规律：任何个人在生命成长过程中，都将不可避免地遇到各种困难、挫折，一帆风顺的人生并不存在，安排相关的实践锻炼机会，让他们学会面对困难和挫折，在这个过程中逐渐学会超越生命。

表 3.13 超越生命

问题	选项	人数	百分比
遇到困难时，你会（　）	A	110	45.8
A. 认为任何困难都会过去的，坚持就有可能胜利	B	52	21.7
B. 马上放弃　C. 很痛苦，不知如何是好	C	78	32.5
人与社会的关系，你赞同（　）	A	75	31.3
A. 改变自己适应社会发展	B	47	19.6
B. 有选择地改变自己来适应社会，但不能完全改变	C	118	49.1
C. 不清楚，不知道如何处理			

正确处理个人与社会的关系，如怎样处理个人发展与社会发展的关系，怎样在帮助他人、服务社会的同时实现自我生命价值，其中寻找到个人与社会二者的契合点才是自我实现、超越生命的关键。在对小学生人与社会的关系认识的调查中发现，31.3%的小学生认为应该通过改变自己来适应社会发展；认为应该较有选择性地改变自己，而并不是完全改变自己的小学生比例达到19.6%；49.1%的小学生表示不清楚。因此，在小学生生命教育课程开发中，要注重培养小学生对社会的初步认知，需要从小学生的生活细节着手，选取贴切他们生活的素材来充实课程内容，从而培养和提升他们的社会认知力及对个人与社会关系的思考能力。

第二节　中学生生命认知现状调查与分析

一、认识生命

（一）认识自然生命

中学生对于"生命体"的认识存在一些差异。有6.4%的中学生认为生命是指动物和人类，30.0%的学生认为生命是指动物、植物和人类，45.4%的中学生认为是动物、植物、微生物，还有一些学生不清楚什么是生命体或是认为只要是有思想、活着的东西就是有生命的。

表3.14　认识自然生命

问题	选项	人数	百分比
你认为生命体是指（　　）	A	18	6.4
A. 动物和人类　　B. 动物、植物、人类	B	84	30.0
C. 动物、植物、微生物　　D. 不清楚	C	127	45.4
E. 其他（请说明）_____	D	11	3.9
	E	40	14.3

对于自己出生经历的过程,你很了解吗?(　)	A	113	40.4
A. 知道的很清楚　　　B. 我只知道一些	B	136	48.6
C. 一点也不知道,但想了解一下	C	11	3.9
D. 不知道,也不想了解	D	20	7.1
你知道生命是如何诞生的吗?(　)	A	248	88.6
A. 精子和卵子结合　　B. 上帝创造	B	16	5.7
C. 不知道　　　　　　D. 其他	C	7	2.5
	D	9	3.2
对于目前自己的身体发育变化,你觉得(　)	A	197	70.4
A. 很正常　　　　　　B. 有点不安、烦躁	B	30	10.7
C. 没什么　　　　　　D. 不太正常,很苦恼	C	49	17.5
	D	4	1.4
你认为什么才是真正的死亡?(　)	A	36	12.9
A. 心肺死亡　　　　　B. 脑死亡	B	55	19.6
C. 心肺死亡且脑死亡　D. 不清楚	C	146	52.1
E. 其他（请说明）	D	19	6.8
	E	24	8.6
死亡意味着(　)	A	75	26.8
A. 死后会带来新生　　B. 意味着无尽的睡眠	B	40	14.3
C. 是一种生命的结束　D. 不知道	C	146	52.1
	D	19	6.8

对于是否知道自己出生过程的调查显示,有40.4%的中学生知道很清楚,48.6%的中学生知道一点,88.6%的中学生认为生命的诞生是由精子和卵子相结合,这说明中学生生物课程的开设对于生命科学的渗透是有成效的。对于自己身体发育变化的感受,有70.4%的中学生觉得很正常,有10.7%的中学生感到有点不安、烦躁。

死亡意味着人的自然生命的结束,源于美国的死亡教育通过"死"来告诉学生"生"的重要性。面对死亡,所有的生命体都是平等的。在对中学生"你认为什么才是真正的死亡"的调查中,有19.6%的中学生选择了脑死亡,52.1%的中学生认为真正的死亡除了脑死亡以外,还应包括心肺死亡，8.6%的中学生从别的角度来理解死亡：如精神上的死亡、心理上的死亡等等。此外，还有6.8%的中学生并不清楚死亡是怎么一回事。这不仅说明中学生对于精神生命有一定程度的认识，同时也反映出中学生对精神死亡方面的认知存在问题。

对于死亡的正确评价，可以激励人们对生命的珍爱和保护。那么，对于中学生来说，死亡究竟意味着什么？有26.8%的中学生认为死后会带来新生，14.3%的中学生认为死亡意味着无尽的睡眠。只有52.1%的中学生认为死亡是一种生命的结束。这也表明需要对中学生加强死亡教育，并通过死亡教育引导中学生正确看待和面对死亡问题。

（二）认识精神生命

人不仅有自然生命，还有其他物种没有的超越自然生命的内在精神生命。人该怎样生活，怎样生活才有价值，是碌碌无为，还是努力追求，追求什么才是有价值、意义的，对于精神生命的认识调查结果见表3.15。

关于人生和未来的思考，有17.9%的中学生认为人生要懂得享受，人死了就什么也没有了，人生应该满足自己的需求。36.4%的中学生认为人只要实实在在地过好每一天就可以了，不要想的太多；39.6%的中学生认为人对自己的一生要有全面规划，发挥自己的能力，让自己短暂的生命焕发出光彩。在对中学生进行的生活意义调查中，结果显示，有24.6%的学生认为自己目前的生活很有意义，有36.1%的中学生认为自己的生活比较有意义，有22.9%的中学生认为自己现在的生活有点意义，从调查的数据上分析，中学生对人生和未来的思考呈现出积极向上的态度，对目前自己的生活也表现出一种乐观上进的态度。

表 3.15 认识精神生命

问题	选项	人数	百分比
在一次关于人生和未来的讨论会上有这样四个人,你觉得哪位和你最接近（　　） A. 人生很短暂,要好好享受,死了就啥都没了 B. 人只要踏踏实实过好每一天就可以了,不要想的太多 C. 赚钱很重要,其他都无所谓 D. 人活一辈子,要为自己一生进行全面的规划,让短暂生命焕发出光彩	A B C D	50 102 17 111	17.9 36.4 6.1 39.6
你认为自己现在的生活有意义吗？（　　） A. 很有意义　　　　B. 较有意义 C. 有些意义　　　　D. 不怎么有意义 E. 没意义	A B C D E	69 101 64 26 20	24.6 36.1 22.9 9.3 7.1
在你看来,人活着的目的是什么？（　　） A. 实现理想　　　　B. 享受世间的美好 C. 遇到很多困难与挫折　D. 追求物质生活的富有 E. 其他（请说明）_____	A B C D E	114 84 17 18 47	40.7 30.0 6.1 6.4 16.8
你觉得人生最大的幸福是什么？（　　） A. 有权有钱有地位　　B. 家庭和睦,朋友忠诚 C. 受到他人的肯定　　D. 为国家做出贡献 E. 其他（请说明）_____	A B C D E	22 164 27 16 51	7.9 58.6 9.6 5.7 18.2
对于一个人生命的价值,有的人认为要为自己幸福而活；有的人认为该为大家服务,为社会做贡献。你认为（　　） A. 为自己幸福 B. 应该为大家服务,为社会做贡献 C. 为自己而活的同时为社会做贡献　D. 没想好 E. 其他（请说明）_____	A B C D E	52 23 163 19 23	18.6 8.2 58.2 6.8 8.2

一个人活着究竟为了什么？活着的目的是什么？在对中学生的调查中，有40.7%的中学生认为人活着是为了实现自己的理想，30.0%的中学生认为活着是为了享受世间的一切美好。人生最大的幸福又应该是什么？什么才会让你产生幸福感？有58.6%的中学生认为家庭和睦、朋友忠诚就是人生最大的幸福，也有9.6%的中学生认为受到他人的肯定就是最大的幸福，还有中学生认为快乐、乐观、知足、自信等就是幸福。

人的生命价值是什么？怎样才能实现自己的生命价值呢？调查表明，有58.2%的中学生认为生命价值的实现是为自己而活的同时也是为社会做贡献，有18.6%的中学生认为应该为自己的幸福而活。

（三）认识社会生命

表3.16 认识社会生命

问题	选项	人数	百分比
你了解自己的长处和不足吗？（ ） A. 很了解　　B. 比较了解 C. 无所谓　　D. 不知道，不敢正视自己的不足之处	A	170	60.7
	B	82	29.3
	C	20	7.1
	D	8	2.9
在大部分学习、生活中，与他人相处时，你觉得（ ） A. 在某些方面我强一些，在另一些方面我不如别人 B. 自己总比别人强 C. 我一般不怎么和别人比较 D. 别人总是比我强	A	236	84.3
	B	14	5.0
	C	19	6.8
	D	11	3.9
你对中学生恋爱的看法是（ ） A. 非常赞成　　B. 中立 C. 不赞成　　D. 非常反对	A	69	24.6
	B	186	66.4
	C	19	6.8
	D	6	2.1
在与其他同学相处时，你能发现他们的优点吗？（ ） A. 总能发现　　B. 偶尔能发现 C. 很少能发现　　D. 没发现过	A	184	65.7
	B	84	30.0
	C	7	2.5
	D	5	1.8

父母对孩子的关爱与付出，你是怎样看待的？（　　） A. 那是应该的事情　　　B. 父母多给我一些自由就好了 C. 父母太不容易，等我长大，我要报答他们的养育之恩 D. 其他（请说明）＿＿＿＿	A	10	3.6
	B	60	21.4
	C	202	72.1
	D	8	2.9
你对一些与性有关的读物或网站的看法是（　　） A. 非常反感，坚决抵触　　B. 既不支持也不反对 C. 不一定有害，但不会去看　　D. 非常好奇	A	52	18.6
	B	119	42.5
	C	98	35.0
	D	11	3.9

　　自我认识能力是处理自己和自己的关系中最基本的能力，也是现代社会人最重要的个人意识和能力。自我认识的两种途径包括自我观察和通过与他人的比较或通过他人对自己的评价中了解自己。调查发现，60.7%的中学生对自身的优点长处十分了解，29.3%的中学生比较了解自身优点长处，在多数情况下，84.3%的中学生认识到自己有比别人强的地方也有比别人弱的地方，中学生对自身发展的程度总体上处于一个比较了解状态，对自己的评价也较为客观。

　　在和其他同学相处时，总能发现同学身上的优点、长处的中学生有65.7%，偶尔能发现同学的优点的中学生占到30.0%。看到他人的长处和优点，不仅能调节自己的心情，更重要的是可以充实自己。

　　如何和父母相处，父母的良苦用心是否能得到孩子的理解，父母为孩子的付出孩子收到了吗？有3.6%的中学生认为这是理所当然的事情，72.1%的中学生认为父母很不容易，长大后要报答他们的养育之恩，这些数据显示出大部分孩子能理解父母的艰辛和不易，有21.4%的中学生认为如果父母能多给他们一些自由就更好了。

　　中学生对于异性朋友变得非常敏感，不论是学习还是活动，男女界限分明，但另一方面，在内心也会对异性产生好奇，逐渐出现一些类似于爱情的萌动，并非都是所谓的恋爱。中学生自己对于恋爱是怎么看的呢？有66.4%的中学生对于恋爱保持中立的态度，有24.6%的中学生非常赞成，这也显示出中学生对于恋爱这一看法持有积极的态度。恋爱本身并没有对错,如何能让这种感情对自己的学习和身心发展产生正确积极影响,才是教育应该努力的方面。而对于"性"这个极度敏感的字,中学生是否有相关的了解呢?在对一些与性有关的读物和网站的看法的调查显示,有42.5%的中学生既不支持也不反对,保持中立态度,35.0%的中学生认为不一定有害,但不会去看,18.6%的同学非常反感,坚决抵触。虽然在中学开设了生物课程,也会涉及这方面的知识,但实施效果还不尽如人意。因此,如何引导中学生处理男女同学之间的交往和相处,如何引导中学生学会认清自己的情感态度,珍惜青少年之间纯真的友谊,如何引导中学生正确看待性,也是生命教育的一个重要方面。

二、敬畏生命

(一)敬畏自然生命

敬畏生命,顾名思义就是人们对生命的敬重和畏惧。如何看待安乐死以及如何看待对动物的宰杀,对中学生有关的调查结果见表3.17。

表 3.17 敬畏自然生命

问题	选项	人数	百分比
你是如何看待安乐死的?( )	A	179	63.9
A. 对于重病患者,安乐死是一种解脱	B	60	21.4
B. 生命来之不易,不能轻易放弃	C	14	5.0
C. 安乐死是不道德的,剥夺了他人的生命	D	27	9.6
D. 没想过这个问题,不清楚			

"安乐死",即"幸福"的死亡,来源于希腊文,在医学上已经无法救治的病人,无论躯体还是精神都极度痛苦,医生在家人、朋友以及病人自己的要求下采取一些医学手段使其平静、安详地结束生命的过程。在对中学生的调查中,有63.9%的中学生认为对于重病患者,安乐死是一种解脱,有21.4%的中学生认为生命来之不易,不能轻易放弃。

在国际上，对于"安乐死"一直存在着争议，生命得来不易，非常珍贵，每个人都有生的权利，不能随便剥夺别人的生命，但是还有人认为，与其看着患者、病人痛苦地活着不如平静的结束生命。所以，安乐死在我国受到伦理、法律、道德的影响，还没有立法对其进行认可。

引导中学生对于动植物生命的敬畏，是生命教育课程的重要内容。

（二）敬畏精神生命

李卫是一个残疾人，不知道受到了多少的挫折，克服了多少的困难，最终趟过了命运暗流的男孩，终于又和同龄人站在同样的人生起跑线上。对于此事，48.2%的中学生认为应学习李卫不放弃、坚忍不拔的精神，也有26.8%的中学生觉得虽然很佩服他的精神，但没有必要让自己那么辛苦。（见表3.18）

表3.18 敬畏精神生命

问题	选项	人数	百分比
媒体曾报道：李卫3岁的时候失去了双腿，这个跪行高考的男孩被网友们称为"无腿哥"。以优异成绩被重庆师范大学美术学院录取。有的同学认为李卫的精神很感人，值得学习；有的同学认为既然身体已经残疾了，就没必要让自己那么辛苦。对此，你认为（　　） A. 应该学习他坚韧、不放弃的精神　B. 既然残疾了，就顺其自然 C. 虽然佩服他，但没必要那么辛苦　D. 不知道，和我无关	A	135	48.2
	B	50	17.9
	C	75	26.8
	D	20	7.2

（三）敬畏社会生命

在社会生活中，需要得到他人的尊重、理解和帮助。残疾人是一个特殊的社会弱势群体，面临着家庭和社会现实的压力。在调查中（见表3.19），有77.9%的中学生表示很同情并且愿意帮助那些身体有缺陷、有残疾的人，有10.7%的中学生表示有些害怕，不敢靠近他们。

表 3.19 敬畏社会生命

问题	选项	人数	百分比
对于身体有缺陷、有残疾的人,你( )	A	218	77.9
A. 很同情并愿意帮助他们	B	7	2.5
B. 很讨厌他们,不喜欢和他们打交道	C	30	10.7
C. 有些害怕,不敢靠近他们　D. 没感觉,反正和我无关	D	24	8.6
E. 其他(请说明) _____	E	1	0.4
如果有一天,你身边站有一位艾滋病的人,你会( )	A	14	5.0
A. 自己会马上离开他,怕被传染	B	122	43.6
B. 站一起艾滋病是不会传染的,但心里还害怕	C	121	43.2
C. 认为他们是不幸的,该多给他们一些关心和帮助	D	23	8.2
D. 不知道怎么办,很为难			
你关注空气污染、气候变暖等影响人类生命存在的问题吗?( )	A	93	33.2
	B	165	58.9
A. 经常关注　　B. 偶尔关注一下　　C. 从没关注过	C	22	7.9

艾滋病已成为严重威胁人类生命健康的公共卫生问题之一。对于艾滋病人的态度,有43.6%的中学生表示虽然知道艾滋病不会传染,但是心里还是很害怕,43.2%的中学生觉得他们很不幸,大家应多给予他们一些关心和帮助。从调查中可以看出,中学生在总体上表现出了对于残疾人或艾滋病人的尊敬和同情。

学校作为学生生活的主要场所和环境,提供关注生命存在问题等的教育环境和教育活动也是应有责任。在调查中,有33.2%的中学生会经常关注那些影响人类生存的问题,58.9%的中学生会偶尔关注。

三、珍爱生命

(一)珍爱自然生命

生命的有限性决定了每个人的生命都有时间限制,珍惜和爱护生命,让每一天都活的充实、有价值,整个人生才不会因为虚度而愧疚。

生命本身是多样性的，珍爱生命包括人、植物、动物等一切生命体。

表 3.20　珍爱自然生命

问　题	选项	人数	百分比
你关注过学校、家附近的花草树木的生长情况吗？（　　） A. 有注意　　　B. 只在春天赏花、夏天乘凉的时候才注意 C. 不太注意　　D. 这好像不是我关心的事	A	129	46.1
	B	63	22.5
	C	77	27.5
	D	11	3.9
对于偷猎野生动物的行为，你有何感想？（　　） A. 非常气愤　　B. 气愤 C. 无所谓　　　D. 与自己无关	A	122	43.6
	B	120	42.9
	C	26	9.3
	D	12	4.3
你会去关注与逃生、防身等有关的知识吗？（　　） A. 经常关注　　B. 偶尔关注 C. 从不关注	A	76	27.1
	B	176	62.9
	C	28	10.0
过马路时，你会（　　） A. 完全按照红绿灯的指示行走 B. 如果车辆较少，即使是红灯也会过马路 C. 基本不按照红绿灯的指示行走 D. 其他（请说明）_____	A	79	28.2
	B	165	58.9
	C	16	5.7
	D	20	7.1
我们经常会听到或见到在出现突发事故时，很多学生不能及时应变、自救能力不强而导致伤害的事件。对此，你认为出现这类问题的原因是（　　） A. 学生安全意识差，很少考虑或注意应对突发事故的方法 B. 家长、老师平时很少强调，自己也不关注 C. 虽然也知道一些方法，但是心理素质差 D. 缺乏实践经验　　E. 其他（请说明）_____	A	126	45.0
	B	38	13.6
	C	69	24.6
	D	35	12.5
	E	12	4.3

在对"你是否注意到你家、学校周围的花草树木的生长状况"这一问题的回答中，有46.1%的中学生有注意到，22.5%的中学生只有在春天赏花、夏季乘凉的时候才注意，有27.5%不太注意。

在调查中，对于偷猎野生动物的行为，有43.6%的中学生感到非常气愤，42.9%的中学生感到气愤，从总体上看，中学生对偷猎动物是强烈不满的。加大对野生动物物种、生活环境的保护，珍惜和爱护野生动物是每一个人应该关心的，也是中学生应该了解和关注的。

在调查中，只有27.1%的中学生对与逃生、防身等有关的知识会经常关注，有63.9%的中学生偶尔关注；在过马路中，会完全按照红绿灯的指示行走的学生只有28.2%，认为如果车辆少，即使是红灯也会过马路的中学生占到了58.9%；45.0%的中学生认为在突发事件中应变不及时、自救能力不强的原因是由于学生安全意识差，平时很少考虑或者注意应对方法，24.6%的中学生认为是缺乏实践经验。关注学生的生存技能和生命安全的方法，不能仅停留在理论层面，多一些实践条件和环境，才能让学生在面对危险的时候临危不乱。在中学生命教育课程中，应对危险时的技能等应成为重要内容。

（二）珍爱精神生命

青少年"自杀"这个话题带给我们的是遗憾和惋惜，中学生自杀的现象也时常发生。在对中学生的调查中，有27.1%的中学生曾经想过而且不止一次地想过死亡。这些数据（见表3.21）不能不引起我们的关注，因此，死亡教育这一重要课题作为中学生生命教育课程内容极其重要部分，在生命教育课程中要使学生学会正确地对待生命，正确地看待死亡。在遇到困难和挫折的时候，正确调节，让自己拥有正能量，珍爱精神生命。

表3.21 珍爱精神生命

问题	选项	人数	百分比
面对各方面的压力，有不如死了为好的想法吗？ A. 想过而且不止一次　　B. 想过一两次 C. 从未想过，认为任何困难都会过去 D. 其他_____	A	76	27.1
	B	45	16.1
	C	150	53.6
	D	9	3.2

（三）珍爱社会生命

在有关珍爱社会生命调查中，71.1%的中学生认为保护自身安全很重要，应该寻求大人们的帮助，而不要一个人行事。在对陌生人寻求帮助的调查中，有59.6%的中学生选择了先提高警惕，在确定安全的情况下再去帮助他们。从这些数据中也可以看出，多数中学生在帮助他人、见义勇为的同时也能够具有很强的自我保护意识。中学生作为未成年人，助人为乐不仅要勇敢，还需要智慧，不仅要勇为，还要智为。

表3.22 珍爱社会生命

问题	选项	人数	百分比
有人认为中学生见义勇为是好事应提倡，有的人认为中学生还是未成年人，应该先保护好自身安全，见义勇为超出他们的能力不应该提倡。对此，你认为（　　） A. 应该大力提倡 B. 保护自身安全很重要，应寻求大人们的帮助 C. 多一事不如少一事　D. 没想过 E. 其他（请说明）＿＿＿＿	A B C D E	21 199 18 18 24	7.5 71.1 6.4 6.4 8.6
有陌生人向你求助时，你会（　　） A. 当没注意，因为不能和陌生人说话 B. 提高警觉，看情况帮助他们 C. 马上就会帮助他们 D. 找其他人一起帮，不能一个人行事 E. 其他（请说明）＿＿＿＿	A B C D E	20 167 13 71 9	7.1 59.6 4.6 25.4 3.2

四、发展生命

（一）生命德育的发展

发展生命作为生命教育的重要维度，就是促进学生德智体美全面、和谐发展。在调查中，48.6%的中学生认为那些对事物负责、不伤害他人的人是有道德的人；20.7%的中学生将言而有信的人视为有道德的人。对于正处于价值观、世界观形成过程中的中学生而言，教育工作者在教育中对他们给予正确、及时的导引是非常重要的。

表 3.23 生命德育的发展

问 题	选项	人数	百分比
在你看来，怎样的人才可以称为有道德的人？（　）	A	58	20.7
A. 言而有信的人　　　　B. 心地善良的人	B	55	19.6
C. 对事物负责，不伤害他人的人　D. 只要不犯法的人	C	136	48.6
E. 其他（请说明）_____	D	9	3.2
	E	22	7.9

（二）生命智育的发展

智育可以为其他各育提供文化科学知识基础和智力基础，可以促进其他各育的发展，中、高考成绩在一定程度上会显示出文化科学知识基础和智力基础。在对中、高考的看法上，54.6%的中学生认为中、高考是生命中非常重要的一个阶段，要努力为之奋斗，也有部分中学生认为中、高考是人生中最重要的事情，它决定着未来命运，持这种观点的占 28.6%。

表 3.24 生命智育的发展

问 题	选项	人数	百分比
你认为中、高考在你人生中意味着（　）	A	80	28.6
A. 中、高考是人生中最重要的事情，它决定着未来命运	B	153	54.6
B. 中、高考是我生命中非常重要一个阶段，努力为之奋斗	C	5	1.8
C. 考好考坏无所谓，不中、高考我家也能给我找个好工作	D	16	5.7
D. 不知道，老师家长逼着学就学　E. 其他_____	E	26	9.3

（三）生命体育的发展

在调查中，有 35.7%的中学生经常参加体育锻炼，认为体育锻炼可以增强体质，愉悦身心，很有意义，52.1%的中学生只是偶尔参加，娱乐而已。中学生学习压力很大，身体健康就显得更加重要。中学生命教育课程中培养中学生对体育的兴趣，帮助他们树立正确的体育观，养成经常锻炼身体的优良习惯。

表 3.25　生命体育的发展

问题	选项	人数	百分比
你经常锻炼身体吗？（　）	A	100	35.7
A. 经常锻炼，增强体质，愉悦身心，很有意义	B	146	52.1
B. 有时候锻炼，当是娱乐	C	21	7.5
C. 不锻炼，没意义　D. 其他（请说明）_____	D	13	4.6

（四）生命美育的发展

中学生都有一颗好奇的心，一切未知领域都会成为他们探求的目标，一切美好的事物都会成为他们的追求，对中学生进行审美教育，让学生去发现美、感悟美、塑造美，从而塑造学生健全的人格。在对于美的了解调查中，19.3%的中学生对于美十分了解，52.9%的中学生了解一点，25.4%的中学生说不清楚。生命教育课程要引导中学生对于美有正确的认识，在对生活、对自我反思中学会热爱自然，热爱生活，能够相信爱、学会爱，在爱中去塑造自我，超越自我，做一个真正有独特创造力的人。因为，美源于生活，回归自然、体验自然，培养情感，立足传统文化、培养人文精神，促进中学生健康成长。

表 3.26　生命美育的发展

问题	选项	人数	百分比
对于"美"的了解，你（　）	A	54	19.3
A. 非常了解，有自己的审美观　B. 了解一点	B	148	52.9
C. 不是太了解，说不明白　D. 一点也不了解	C	71	25.4
	D	7	2.5

五、超越生命

(一) 超越精神生命

人活着，不仅有物质上的需要，更有精神上的追求，精神生命的超越需要坚定不移的信念支持和战胜困难、直面挫折的勇气和决心。在调查中，遇到困难时有 68.6% 的中学生认为任何困难都会过去，只要坚持就一定会成功，19.3% 的中学生认为很痛苦，不知如何是好。每一个人在成长过程中，不会一帆风顺，都会不可避免地遇到这样或那样的困难、挫折，面对这些困难、挫折，我们应该要用坚强的毅力、不屈的精神勇敢地面对，并且战胜它。

表 3.27　超越精神生命

问　题	选项	人数	百分比
遇到困难时，你会（　　） A. 认为任何困难都会过去的，只要肯坚持就一定会成功 B. 马上放弃　　C. 很痛苦，不知如何是好 D. 其他（请说明）_____	A B C D	192 6 54 28	68.6 2.1 19.3 10.0
38. 你认为信念对于一个人的成功重要吗？（　　） A. 非常重要　　B. 比较重要 C. 有点重要　　D. 不太重要 E. 一点也不重要	A B C D E	196 59 18 5 2	70.0 21.1 6.4 1.8 0.7

希金森说过，有必胜信念的人才能成为战场上的胜利者。信念之于成功的力量，是时时刻刻的。在调查中，70.0% 的中学生认为信念对于一个人的成功非常重要，21.1% 的学生认为信念对于一个人的成功比较重要，显示出了积极的态度。

(二) 超越社会生命

个人是社会的一部分，个人行为对社会行为规范、社会风气、社会舆论产生影响；社会由个人组成，社会标准、道德、观念对个人言行起到引导、制约的作用。个人与社会的关系，一直是我们关注的话题，怎样在服务他人、贡献社会的同时，实现自我的价值，寻找到二者的契合点才能让自己的社会生命得到发展，得到超越。关于人与社会的关系的调查中，21.1%的中学生认为应该通过改变自己来适应社会发展，是人跟着社会走，不是社会跟着人走。67.5%的中学生认为应该有选择地改变，而不是完全改变自己，要有自己的想法，适当地改变，方不会失去自我。

表3.28 超越社会生命

问题	选项	人数	百分比
有人认为人生活在社会中，应努力改变自己去适应社会的发展；有人认为人虽然生活在社会中，但没有必要通过改变自己，去适应社会，因为这样会失去自我。你的看法是：（　　） A. 改变自己适应社会发展　　B. 有选择地改变，但不能完全改变 C. 不会改变自己，因为不能失去自我　　D. 不知道 E. 其他（请说明）_____	A	59	21.1
	B	189	67.5
	C	19	6.8
	D	5	1.8
	E	8	2.9

第三节　中小学生命教育课程现状分析

现有生命教育课程（教材）类型有哪些，这些类型的课程存在哪些问题，中小学生命教育课程开发从中可以得到哪些借鉴及启发，是生命教育课程开发实践分析的重要环节。

一、现有生命教育课程的类型分析

随着生命教育理论研究的不断深入，生命教育的实施研究日益受到重视，生命教育进学校、进课堂的实施成为推进生命教育的重要步骤。

就目前我国现有的生命教育课程来看,大致可分为以下类型。

(一) 生命教育地方课程(教材)

由肖川与张文质主编、人民出版社 2006 年出版的《生命教育》共 22 册,涵盖了从小学一年级到高中二年级的十一个年级,将学生学习与活动有效结合起来,分为"主题阅读、思考与讨论、主题解说、活动与体验、链接"五个模块,作为地方课程教材被一些地方、学校所使用。

(二) 生命教育校本课程(教材)

台湾的生命教育发展较为成熟,台湾中学均开设了独立的生命教育课程,规定了课时,安排了专门的教师,以晓明女中开设的生命教育课程为例,包括国中(即大陆的初中)和高中,在高中生命教育的课程内容中,每个年级包括两个重要的方面。

表 3.29　晓明女中高中生命教育课程目标与内容[①]

年级	单元目标	单元重点
高一	良心的培养	协助学生明白良心是人的特质之一,并清楚良心的来源;帮助学生认识良心的独立性与良心的功用;教导学生如何培养正确的良心及自省的方法。
	人活在关系中(活出全方位的生命)	教育学生认识人类存在的几种基本问题;帮助学生明白群我关系的重要,并重视人与自然界的关系;让学生知道要活得好,活得有意义,必须与人群与环境维持良好的关系。
高二	思考是智慧的开端	教导学生躲避思考谬误的陷阱,学习正确的思考;帮助学生懂得运用伦理中的推理与求证,避免常犯的错误;明白知识技巧与伦理的关系,并对伦理要素与伦理指南有所认识。
	生死尊严	教育学生知道死亡的意义、明白器官移植手术与安乐死的争议;引导学生探讨自杀、堕胎与死刑的议题,进而澄清自己的生命观;决定自己的人生价值观,并学习充实生命内涵的方法。

[①] 晓明女子高级中学:《生命教育——教孩子走人生的路》,台湾晓明之星出版社 2000 年版。

高三	社会关怀与社会正义	引导学生思考小我与大我的关系,并以"彼此获益"的原则来面对两者的冲突;协助学生找出社会关怀途径,并能具体拟定行动计划;帮助学生厘清社会正义的内涵,进而发挥人道精神、关心弱势族群。
	全球伦理与宗教(存异求同、建构立体的生命)	引导学生从宗教乱象中了解人心的需求困顿,进而建立正确的信仰态度;协助学生认识全球伦理,并清楚全球伦理宣言的内容;帮助学生建立四海一家的观念,能关心每一个地球人。

2010年江苏南京市第一本小学生命教育校本教材由南京市丁家桥小学十几位老师历经十几年研究生命教育相关课题而编成,共六册。书中涵盖了小学一年级到六年级小学生生活中经常遇到的难题,这套教材不重系统知识传授而注重实践,囊括小学生生活学习中热点、敏感的问题。如在一年级读本的第一课就是《我是怎样来到世界的》,用故事的方式讲解精子和卵子的关系,还编排了"体验妈妈怀孕"的小游戏,让孩子们在游戏中了解生命的来源;第二单元的生存小智慧告诉大家"火灾发生了,该怎么办?""地震来临之前有什么征兆?"在三年级的书里有一课是"生病我不怕",通过提醒孩子回忆自己生病的情景,再假设如果爸爸生病了,你会怎么照顾他?为什么用这种方式照顾病人等问题进行引导,并教会小学生照顾病人的方法。

江苏文艺出版社2010年出版的校本课程实验教材《生命教育读本》,以人为主线,强调生命与自我的关系,围绕着生命活动和生命内容编写的专门性教材,以引导学生珍爱生命、敬畏生命、发展生命,培养正确的生命价值观,提升学生的生存能力和生命意义,促进生命质量的提高和生命的成长。

表3.30 《生命教育读本》课程目标与内容

具体单元	课程目标
认识生命	做最好的自己;良心有价还是无价;正视死亡活出生命的价值。
珍惜生命	给生活留下独立思考的时间;人不能两次踏进同一条河流;学习得法事半功倍。

尊重生命	让爱远离伤害；代代相传、生生不息；人生活在关系中；胸怀天下从我做起。
热爱生命	树立积极的心态；养成快乐习惯享受美好时光；享受奋斗迎向高考。
敬畏生命	敬畏生命和谐共处；简单生活、回归自然；庄严的成人仪式。

辽宁大连市八十中学设计的生命教育校本课程涵盖从小学到初中九个年级。

表 3.31 大连市八十中学生命教育校本课程目标与内容

四个维度	落实年段	目标要求
知我（个人与自我）	小学一年级	认识生命：知道生命的存在，
	小学二年级	知道自我保护常识
知人（个人与他人）	小学三年级	关心生命：知道关心生命，爱护身边的人
	小学四年级	珍惜生命：知道生命的存在
	小学五年级	热爱生命：热爱所有的生命
知物（个人与环境）	小学六年级	尊重生命：尊重所有的生命
	初中一年级	敬畏生命：知道生命存在的意义
知天（个人与人类）	初中二年级	感悟生命：了解生命的价值
	初中三年级	超越生命：生命的社会责任感

（三）生命教育整合课程

整合课程，即将生命教育的内容与其他专题性的教育内容相结合的课程形式。由吴子逊主编的《生命·健康·阳光——中学生心理健康教育与生命教育教材》（化学工业出版社 2009 年版），以生命教育为主线，整合了心理健康教育、安全教育、青春期教育、感恩教育、敬老教育、预防艾滋病教育、禁毒教育、环境保护教育、生存训练等多种形式的德育专题教育；以整合课程的形式，将生命教育分为关注生命、尊重生命、珍爱生命、欣赏生命、成全生命、敬畏生命六个主题；以"生命主题曲"—"爽心快乐营"—"育心工作坊"—"心灵训练营"—"慧心阅览室"—"放飞心灵"—"感悟生命"构成基本框架，促进学生生命认知，提升生存技能和生命质量，最终实现自我的生命价值，使学生学会尊重生命的伦理,珍爱生命的意蕴,敬畏生命的独特,成全生命的意义。

(四) 生命教育读本

由肖川、曹专选编、岳麓书社出版的生命教育系列读本(2010年版)共出版了四册:《生命因成长而美丽——小学生生命教育读本》《生命的脆弱与灵动——中学生生命教育读本》《生命因你而精彩——教师生命教育读本》《给孩子最好的礼物——家长生命教育读本》。将各种生命美文作为读本内容,向学生、家长、教师传递珍爱生命的气息,引发读者的兴趣,不是枯燥乏味的教说,而更多的是一种切身的感悟和体会,滋润着每个人的心灵。这一系列读本的选编,主要宗旨正如丛书后记中写的:"不论受到过何种教育,我们最后都得面对生活,都得回到生命本身。我们不仅要学习如何考试、如何升学、如何择业,我们更要学习如何安全地生存、如何快乐地生活、如何迈向生命的圆满、充实和幸福。"

由台湾生命教育协会理事长孙效智等著、中国青年出版社2011年出版的《打开生命的16封信》,围绕着三大主旨(我们为何而活,我们应该怎样活着,我们如何才能活出精彩的生命)展开,16封信以真实的生活故事为例,传递着面对生命问题不同的思考方式,从而希望青年学生在探寻生命意义的过程中,体悟自我的价值、独特性与潜能,真正活出多姿多彩的生命。

由戴艳主编、浙江教育出版社2009年出版的《成就完美人生—生命教育读本》,以科普读物的形式,从心理学的视角,采用第一人称的写作方式,叙述了主人公玖玖从一个受精卵开始发育,慢慢长大、成熟直至老年的整个生命历程中每个阶段遇到的重大事件,从心理学的角度剖析其普遍性和特殊性,力求帮助广大青少年顺利解决生命历程中的每一个重要课题。课程内容以"生命来之不易"—"在爱的怀抱里"—"成长的摇篮"—"发展的阶梯"为基本框架,并在每课后附以从心理学角度加以剖析的"小贴士"。目的是要帮助学生认识生命、珍惜生命、尊重生命、热爱生命，提高生命意识和生存技能，提升生命价值，正确处理人与自己、人与他人、人与自然和人与宇宙之间的关系。可以这样说，这一生命教育读本不仅可以作为小学、初中、高中甚至大学实施生命教育的教材，也可以作为关注学生生命质量的学校推荐给学生的课外读物。同时，学生家长也可以通过阅读此书，了解孩子在每一个阶段会遇到哪些重大生命课题、应该如何帮助他们合理解决，从而顺利进入人生的另一阶段。

二、现有生命教育课程存在的问题与分析

以上是我国目前生命教育较有代表性的文本（课程、教材和读本），综合剖析上述文本，还存在一些问题和不足。

（一）课程理论与实践基础薄弱

课程设计与开发离不开坚实的理论与实践基础。一般来说，哲学、心理学与社会学或实践需求是课程开发的三个最基本且必需的基石。以此反观当下中小学生命教育课程建设，可以说，课程的哲学、心理学及实践基础都很薄弱，具体如下。

首先，生命哲学基础形式化。就生命教育课程开发而言，离不开生命哲学的理论支撑。作为生命哲学的创始人，狄尔泰主张"找回失落的精神世界"，归还生命的完整性。柏格森以生命的"创造进化论"和"直觉主义"成为生命哲学的杰出代表，其最基本、核心的思想与主旨就是：真正的实在是神秘的生命之流，科学与理性无法把握这种实在，唯有直觉体验才能理解生命。生命哲学思想呼唤一种新的教育理念和方式，即尊重个体生命的自主性、独特性和多样性，着眼于个体生命的成长，最终达成个体生命质量的提升、生命潜能的发挥和生命价值的实现。我国的生命教育课程建设虽然也秉持生命哲学的一些理念，但这些理念在实际中往往流于形式。如大连市八十中学的校本课程教材虽然各部分内容都是围绕"生命"展开的，但更多的是对生命的理性认知和思考，缺乏感性体验，没有体现生命哲学所倡导的"体验"理念，只是通

过一个个案例或故事的呈现，然后围绕故事主题，提出问题，让学生们进行思考回答。如此的设计，只是就"问题"而言"生命"，而不是就"生命"体验"生命"，学生读着故事，想着答案，收获的可能更多的是相关知识和思维训练，而不是与之相比更为重要的生命体验，未能体现生命教育的真谛和蕴意。

其次，发展心理学基础缺失。"发展心理学对于课程的影响就在于，如何设计安排课程，不应以理想化的成人学习模式为基础，而应当以儿童不同的认识发展阶段，尤其是这些发展阶段的质的特征为基础。"① 当下我们的生命教育课程设计，在内容的选择和组织方面，都缺乏发展心理学的指导，缺少对不同年龄层次学生生命成长规律和个性特质的把握。这样，课程就很难引发学生的学习兴趣、生命感受和符合他们的实际需求。如大连八十中学校本教材中，七年级第二单元"生命的意义"第八节"神采飞扬，青春颂歌"中，主要讲的是关于奋斗拼搏的故事，但最后给的却是关于高考奋斗拼搏的材料。对于初中学生来说，高考还是未来的事情，以初一学生的心理发展水平和认知水平，他们很难与之共情共鸣，也就不可能产生强烈的兴趣和生命感受。

再次，忽视实践调查与研究。生命教育面对的是一个个鲜活的、真实的生命个体。调研、把握学生的生命生存状态，是生命教育课程开发的重要前提。决定生命教育课程内容选择的最重要因素是学生的生命需求与兴趣。而当下生命教育课程开发与编制者往往忽视这一实践研究，不能以大量数据和真实案例把脉当代学生的生存现状和渴望，大多是依赖于开发者个人的想法和经验，想当然地把自己的经验视为学生的需求，教材呈现的一些故事和案例往往远离学生的生活实际，致使课程的研制与开发缺乏真实而坚实的实践支撑。

（二）课程性质与形态定位模糊

生命教育课程是学校开展生命教育的主要载体，已成为广泛共识。

---

① 丛立新：《课程论理论基础的心理学转向》，《北京师范大学学报》（人文社科版）2000年第4期。

但以何种形式组织课程，则是仁者见仁，智者见智。渗入式课程亦或是独立式课程的争论不绝于耳。有人把生命教育课仅仅看成是德育课或心理健康教育课。如《生命·健康·阳光》就把生命教育课程定位为德育课程，明确指出编写的主要目的是使德育教育更加系统化、规范化和专业化。事实上，生命教育课并不等于德育或心理健康教育课。生命教育是以人的自然生命为出发点，它首先教育学生如何珍爱自然生命，然后去思考生命的意义和价值等问题，而德育虽然也关注自然生命的问题，但更主要的是教育学生树立正确的世界观、人生观和价值观，以实现生命的社会价值。心理健康教育主要是从心理方面培养学生的健康人格，而生命教育除了从心理方面，"还从生理上和伦理上解决人与自身、他人、自然之间的关系问题，最终达到教育对象人格健全的目的"[1]，是一种培养生命统整的全人的教育。

此外，采取学科渗入式的课程形式也存在一些问题。诚然，生命教育在知识点上与先行的很多学科有重合之处，但"生命教育不在于重复这些知识，也不在于补充相关的知识，而是要综合利用这些知识，解决生命中的困惑"[2]。采取学科渗入的形式，不利于生命教育的系统开展，学生得到的生命教育只是在其他学科知识包围下的"皮毛"。不可否认，其他学科对学生理解生命有着一些帮助，比如通过生物课的学习，学生可以了解关于生命的起源、繁衍与进化等。但是，这些学科是站在自己的学科立场和角度来解释生命和生命现象，对生命的探讨不可能深入下去。更为重要的是，生命教育之对生命意义的追问、反思与获得的终极目标，更不可能是其他学科附带的渗透所能完成的。

(三) 课程目标与内容有失层次性和针对性

对上述三教材文本的分析发现，生命教育课程的目标设计过于笼统，缺乏针对性。课程目标是课程的基础与灵魂，如果目标制定的不清

---

[1] 肖杏烟：《生命教育与思想政治教育、心理健康教育的关系》，《中国青年政治学院学报》2009年第4期。

[2] 冯建军：《生命教育实践的困境与选择》，《中国教育学刊》2010年第1期。

晰、具体，势必会影响到课程内容的组织、课程的实施与评价等诸多环节。课程的三维目标应体现知识与技能、过程与方法、情感态度与价值观的目标要求。而现有的生命教育课程目标设计则过于泛化，仅以极其笼统的话语来概括课程目标，如"认识生命、尊重生命、珍惜生命、实现生命价值"等等。没有细化到每一单元、每一课的课程目标。更不要说细化到"知识与技能"、"过程与方法"、"情感态度与价值观"的层次系统。

在课程内容的选择上基本都是以故事和案例为主，而这些故事和案例大多缺乏对学生真实生存现状的关注和聚焦，脱离学生的生活实际。同时，这些故事和案例很多都是匹配于课程单元的主题，缺乏细化和针对性，且故事之间缺乏有效的连贯性。在课程内容的组织上，以一个故事加另一个故事，在呈现故事后，提出问题，让学生进行一定的讨论和思考，然后回答问题。这些故事和案例过于重视学生的生命认知，掌握生存的技能则相对薄弱，至于对生命意义的追寻与超越、对生命"生"的精神和生命智慧的体悟就更少。

三、对现有生命教育课程的借鉴

中小学生命教育课程开发要适当吸收现有生命教育课程的优势，同时，针对现有生命教育教材的不足进行改进和完善，我们从以下几点提出改进思路。

（一）夯实课程的理论与实践基础

生命教育课程作为一门以生命、以学生为中心的课程，必然以生命哲学、发展心理学及充分的实践研究为依据。

生命哲学大力颂扬教育的人文精神、生命精神，为我们确立生命教育课程的目标、内容和组织形式等提供了学理上的支持，尤其是强调体验在把握人之生命中的重要地位，为生命教育课程设计与开发中注重活动和体验提供了直接的理论借鉴和启迪。发展心理学对于生命教育课程建设的最重要贡献在于，指出了儿童的学习和认识方式不同于成人，他们是有着自己独特性的生命个体。发展心理学的理论启迪我们在设计生命教育课程中,应在对学生全面认识的基础上,根据不同年龄阶段学生身心发展的特点,而不是仅凭着成人的认识,想当然地左右学生的学习。创生出以学生成长、生命发展需要为核心的,焕发生命活力的生命教育课程。

此外,对学生生存现状进行全面、深入调查,以大量数据和真实案例把握学生生存现状,是生命教育课程开发中必不可少的前提环节。学生对课程的生命渴望与需求是进行课程开发过程中所必须考虑的重要因素之一。学生需要什么样的课程内容?学生感兴趣的是什么?等等,这些问题都必须加以思考,而不是以成人的经验来代替学生的回答。如此,课程内容的选择和组织才能富有针对性。

(二) 明晰课程性质与形态定位——独立的区域性或校本性活动课程

就目前我国学校开展生命教育的形式来看,大多是采取学科渗透的方式。如在体育课中,教给学生生命运动的知识和身体保健的方法;在生物课中,渗透关于身体的知识;在语文课中,发挥文以载道的作用,加强学生的生命人文素养,这些是学校进行生命教育的一些普遍做法。还有一种方式是将生命教育与德育、心理健康教育相结合,以德育、心理健康教育作为生命教育的主要载体,这也是当下学校开展生命教育的主要途径。在这种情况下,生命教育课程是否还需要单独设立?我们认为,纵然生命教育与很多学科内容有交叉,但是不同学科之间看待同一问题的立场和角度是不同的。对待同一个关于"生命"的问题,与之相关的学科都可以从自身的学科角度加以解释,但这些解释仅仅局限在各自的学科领域,使学生获得的是零散的认识和理解,易导致生命和生活的碎片化。而生命教育课程却是以"生命"为轴心,统整各学科的相关知识,以解决关于"生命"中的困惑和问题。这样的课程,学生获得的知识是系统和全面的,更有利于学生全面理解、感悟生命。这就为生命教育课程的独立设立提供了可能性和必要性。因此生命教育课程有其不可替代的独特价值,有必要、也需要单独设置,将其定位为独立的区域性或校本性的活动课程，是比较适宜的选择。

（三）构建分段的三维课程目标与"二层次五维度"课程内容体系

从理论上说，课程目标设计的具体化程度和可操作性的高低与其达成度成正比。应根据学生不同的年龄阶段特性和认知水平对课程目标进行分段设计，使之具体化，具有可操作性。根据课程改革的要求，将生命教育课程目标细化为"知识与技能""过程与方法""情感态度与价值观"三个层面。三维目标的实质就是把学生看作完整的人，改变"主知主义"的课程传统，重视学生情感、态度和价值观的生成。在"知识与技能"方面，强调学生对生命及其发展规律的认识，掌握保护自己及他人生命的技能，养成文明健康的生活习惯；在"过程与方法"方面，强调通过参与课程活动，让学生亲历过程，体验生命的美好与失落，找到达成生命完满的方法；在"情感态度与价值观"方面，强调学生的自我省思，培养学生对生命的敬畏之感与热爱之情，形成卓越的生命价值观和积极的人生观。

生命教育的课程内容要充分考虑学生的年龄特征、兴趣和认知水平，依据学生生命发展的连续性（顺序和规律）进行设计。我们认为，生命教育的课程内容应从自然生命和精神生命两个层面，以认识生命、敬畏生命、珍爱生命、完善生命、超越生命五个维度进行设计开发，构建二层次五维度的立体课程内容体系。同时，课程内容要回归生活，只有将生命教育与学生的兴趣和实际生活相联系，才能使其成为富有趣味的、激扬学生生命的课程。

（四）加强课程实施中的活动体验

生命是知、情、意、行和谐统一的生命，生命教育的达成必须经由个体的亲身体验而实现。"没有获得生命体验就难以形成强烈的意识，没有生命体验的支持也不会产生自觉而坚定的良好行为。"[①]"体验是对亲身经历的反思，是全身心融入对象后对意义的揭示，是对生命意义的

---

① 毕义星：《中小学生命教育论》，天津教育出版社2006年版，第198页。

感悟。学生只有不断地通过活动体验才能体会到自己生命的本质,进而从整体上把握生命的意义。"① 一味地说教,一味地灌注枯燥乏味的知识,只会让教育摧残生命,生命厌恶教育。生命教育强调生命体验,主张围绕着日常生活中学生遭遇的种种生命现象,主要运用活动和情境体验的方法,真正使教育感动生命,融入生命。生命教育需要生命体验,鼓励学生走出教室,走出校园,到大自然中去,解放学生的感官,释放学生的能量,让学生在实际生活中去获得生命体验,获得情感升华,获得行为提升。

需要强调的是,生命教育课程在实施过程中,不仅强调学生的生命体验,还强调教师的生命体验,只有教师自己首先获得了生命的体验,才能够与学生进行心与心的互动交流。在这种课程实施中,"教师摆脱了课程设计者和目标执行人的角色,而是创造性地引发学生潜智潜能的多向发散;学生则以生命体验的融入而激活课程内容和知识结构,并赢得对课程知识有意义、有价值的深度建构"②。只有这样,生命教育课程才能真正展现出生命的绚丽多彩。

---

① 侯晓明、胡修金:《学校生命教育课程的背景、内涵及实施》,《课程·教材·教法》2009年第12期。

② 张美云:《如何在课堂教学中实现生命教育》,《教学与管理》2003年第1期。

我并非自己知道答案,而去使其他人困惑,倒不如说我自己感到困惑,并把这感觉也传染了别人。

——柏拉图

思想,就是推动自己和全人类的生活的力量。

——托尔斯

第四章 中小学生命教育课程开发模式与框架

第一节 中小学生命教育课程开发模式

一、中小学生命教育课程开发模式的选择与建构

(一) 课程开发的几种模式

在课程开发领域中,最具权威性、应用最广泛的一种模式就是目标模式。目标模式受到实用主义哲学和行为主义心理学的影响,以目标为课程开发的基础和核心,围绕课程目标进行课程的开发和评价标准的课程开发模式。博比特首先提出并阐述了目标模式及其课程开发的过程,即"人类经验的分析;工作分析;导出目标;选择目标;制定详细计划"[①]。后来,查特斯将目标模式细化并趋于完善。课程开发的经典目标模式是现代课程理论之父拉尔夫·泰勒的目标模式,对课程开发和实践影响甚大。经典目标模式包括确定教育目标、选择学习经验、组织学习内容以及评价教育计划四个环节。泰勒认为应从学生、社会以及学科专家建议三方面入手确立目标,再通过教育学、社会哲学与学习心理学对目标进行进一步的筛选,此外,泰勒将评价引入课程开发之中,将目

---

① 郝德永:《课程研制方法论》,教育科学出版社2000年版,第144页。

标的达成与否作为评价的依据。(见图 4.1)

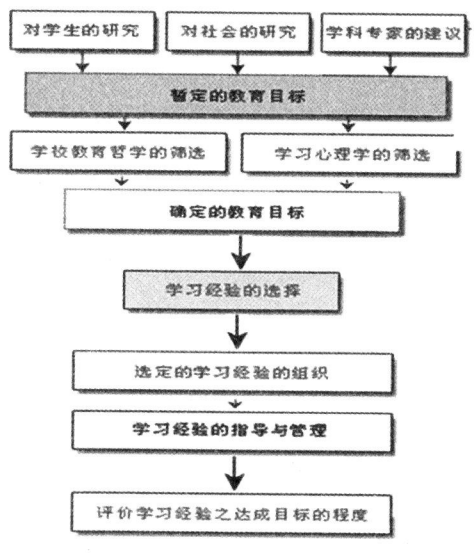

图 4.1 泰勒模式示意图

泰勒目标模式有着条理清晰、便于操作的特点,从产生之后长期居于课程开发理论和实践的主导地位,但其"目标—手段"的工具理性思想也受到广泛的批评。

针对目标模式的不足,斯滕豪斯提出了课程开发的过程模式。强调课程开发应该注重过程,而不仅仅是目标。过程模式"关注整个课程(包括教学)展开过程的基本规范,使之与宽泛的目的保持一致"①。过程模式的出发点是选择、确定内容,而不是进行目标预设。在内容的选择上,"应从具有内在价值的知识形式及学科结构中选择基本概念、原理、方法和教育内容"②。该模式强调学生的主动参与和探究学习,重视对学生创造性的培养。在课程评价上,过程模式更注重形成性评价,

---

① 施良方:《课程理论——课程的基础、原理与问题》,教育科学出版社 1996 年版,第 172—173 页。
② 顾书名:《论作为校本课程理论源流的几种课程模式》,《教育理论与实践》2003 年第 11 期。

强调评价应以教育主体及知识内在的价值及标准为依据。① 斯滕豪斯的过程模式没有目标模式影响深远，但其最初是针对目标模式而提出，也形成了一种课程编制思路。

实践课程模式强调课程探究应该是"实践的"而非"理论的"。实践课程模式强调课程的终极目标是"实践兴趣"，它关注的是学生的兴趣需要和能力的提高。实践课程模式视教师和学生为课程的主体，主张通过集体审议的方式来进行课程开发，使课程开发的主体更加多元化。需要指出的是，实践模式并不是全盘否定理论型的开发模式，而是主张不过分依赖理论。

批判模式以批判教育理论为基础，是课程研究领域中一个庞杂的理论体系。强调把"解放"视为教育的终极目标，要求个人充分发挥自己的能动性，摆脱权力的控制。批判模式主张"课程研究要揭示学校里所教的外显知识与内隐知识之间的关系，选择和组织知识的原理以及评价的准则"②。此外，批判模式还强调课程开发要充分考虑文化差异的因素，倡导学生参与课程。批判模式虽然在理论与实践上还不够成熟，但它对人性解放的追求、对学生能动性的关注等都给课程开发研究带来了新的思路与导向。

（二）课程开发模式的选择与建构

目标模式虽然有这样和那样的不足和弊端，但不可否认的是，它在目前各级各类的课程开发中仍占据重要地位，目标模式本身表现出很多优势。

1. 目标模式具有条理性、层次性和可操作性

目标模式强调制定目标、实现目标，把宽泛、复杂的大目标分成易于实现的具体的小目标，无论是目标的实施与评价，还是根据具体目标来确定和选择课程内容，都具有了方向性，而且在实际的课程开发中也

---

① 顾书名：《论作为校本课程理论源流的几种课程模式》，《教育理论与实践》2003 年第 11 期。
② 施良方：《课程理论——课程的基础、原理与问题》，教育科学出版社 1996 年版，第 228 页。

易于操作。

2. 目标模式为教育教学提供了根据

在具体的教育教学中，教师可以根据预期制定的目标，来判定自己的教学计划是否完成，与预期的教育目标还有多大程度的差距，进行调整和改进，在以后的教育教学中会有据可依。

目标模式的优势显而易见，但不足和弊端也不可忽略，正确对待目标模式的缺陷，对其缺点进行有针对性的调整，这对生命教育课程开发模式的选择也具有重要意义。

1. 目标模式忽视了师生的主体性和自主性

目标模式重视目标的确定和实现，在教学过程中，教师是执行者，在确保教育目标的实现及其实现程度的同时，不能忽视教师具有自主性和主动性。因为面对与预期目标不一致情况的出现，如果教师仅想着目标的实现，他们所起的作用往往会变成被动达成目标的工具。同时，青少年学生是具有个性、主体性的个体，不是被塑造的对象，拥有主观能动性，而在目标模式中，不利于学生主观能动性的发挥和身心的发展。

2. 目标模式对评价的范围有所限制

目标模式中的目标确定只限于行为目标，而任何一门知识的学习都不是只有行为目标，还有情感、态度的培养，价值观、人生观的树立，这也使得目标模式具有了一定的片面性和局限性。

"尽管目标模式遭到了一些抨击和责难，但还没有一个更好、更完善的课程开发模式能从根本上否定和代替它。"[①] 在借鉴已有的目标模式的研究成果的基础之上，结合中小学生生命认知状况的调查分析及对现有生命教育课程（教材）的借鉴，我们确立了生命教育课程开发的目标模式：

中小学生命教育课程开发的目标模式与泰勒经典目标模式的差异：

1. 目标由预设转变为预设与动态生成相结合

---

① 郝德永：《课程研制方法论》，教育科学出版社2000年版，第165页。

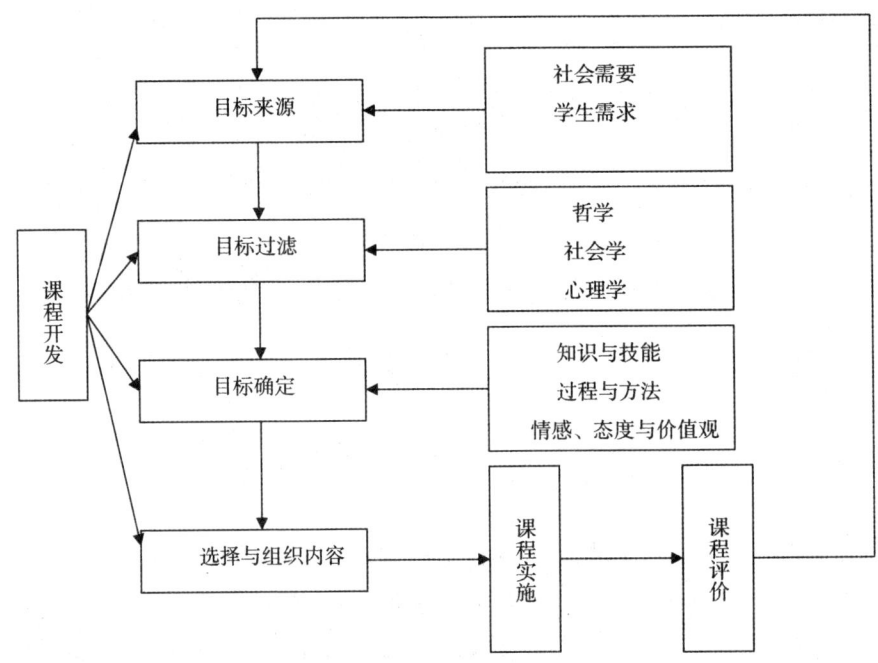

图 4.2　生命教育课程开发的目标模式

在改进后的模式中,目标虽然也是预设的,但不是固定不变的,该模式与目标模式所不同的是,它的目标制定会结合教师的主体性和学生的主动性,在实际开发与实施中不断动态生成。在生命教育课程开发中,以人本主义心理学和发展心理学为指导,重视并遵循中小学生身心发展的规律和特点,使生命教育课程展现出人本主义特点,更能适应中小学生的生命成长和发展特点。

2. 目标由单一的行为转向多元目标

经典目标模式中,目标的确定只针对具体的教育目标,这不符合教育活动的对象本身所具有的特点,中小学生是具有鲜活生命的个体,不是被塑造的单一工具,由此,目标不能仅限于行为目标的方面,而是要指向多元,避免单一。在生命教育课程开发中,唤醒中小学生的生命意识,使之对生命有系统的认知,培养学生敬畏生命和珍爱生命的情感,以及树立正确的生命价值观、生死观,这些都是生命教育课程的目标。

因此，多元化的目标选择应该成为中小学生命教育课程开发的标准。

3. 评价标准的多元化

选择多元化的目标标准，与之相对应的是选择多元化的评价标准，在泰勒的经典目标模式中，过分注重预设目标的评价，而忽视了一些动态生成中的目标，造成了评价标准的单一化和片面化，我们改进的生命教育课程目标模式不仅关注预设目标的实现和达成，同时也关注和评价师生的反馈，如学生通过生命教育所获得的真实感受以及教师在课程实施中遇到的问题和提出的建议。

二、中小学生命教育课程开发模式解析

（一）目标来源

目标来源对目标选择的重要性是显而易见的，生命教育课程开发主要从社会的需要和学生的需要两个方面来进行选择分析。

1. 社会需求

从社会需求方面来看，教育受到社会发展的制约，同时教育作为人类社会实践活动体现着其必然的社会价值，所以任何教育目标的制定都需要考虑社会的发展状况及其需求。随着我国政治、经济、文化的发展，很多社会问题在教育领域相继呈现出来，功利化思想、工具主义在学校教育中甚嚣尘上，学生的学习环境被个人极端主义及金钱至上的价值观侵染，青少年的精神世界迷失，许多负面的文化思潮充斥着青少年的心灵；其次，唯分数论让我国的基础教育深受其害，造成基础教育的畸形发展，学生成为绑在教育机器的被逼者，无形中饱受教育的迫害。在如是的境遇中，许多学生厌学、逃学甚至仇恨教师的现象屡次出现，更有一些学生在整个社会环境及教育氛围中产生很多心理问题，有的甚至承受不住现实而彷徨无奈，更会行动失去依据酿成结束生命的悲剧，媒体不断报道的学生自杀、自残行为一次次震惊着世人。从学生生命安全的角度来说，如每年都有一些青少年溺水死亡，据调查显示很多溺水死亡的悲剧是可以避免的，但因缺乏安全

知识而溺水。一个个如花的生命悄然离去，留下的是家人的痛苦及社会的无力叹息。从这些角度来说社会需求必然是中小学生命教育课程开发的重要目标来源之一。

2. 学生需要

满足中小学生发展的需要，是生命教育课程开发的重要来源，作为生命教育的重要参与者，他们对于生命教育课程的需求自然是课程开发目标的来源。所以我们通过调查学校设置生命教育课程的问卷，获悉中小学生对于学校生命教育的切实需要。问卷共十个问题，分别从生命教育课程设置的必要性、是否独立设置生命教育课程、生命教育课程实施形式、生命教育课程内容等方面进行调查。对于问卷调查的结果分析如下：

（1）对于开设生命教育课程必要性的调查中，有76.4%的学生认为是有必要的，而95.0%的学生所在学校没有开设独立的生命教育课程，在目前所学的课程内容中，有54.3%的学生表示渗透相关的生命教育知识，开设独立的生命教育课程是非常必要的，而对生命教育相关知识有所渗透也为生命教育的开设奠定了基础。

（2）学校开设生命教育课程，你希望其实现怎样的目标的回答中，树立正确的生死观促进身心健康发展占到了总人数的一半以上，激发生命潜能、解决生命困惑、提升生命价值也占到了总人数的四成以上。

（3）学校开展生命教育课，你最想要了解或学习哪些内容，从调查结果中可以看出选择"怎样和他人相处"占到了58.6%，生命的起源、演变和进化、什么是死亡、遇到危险时的逃生技能、心理问题的解决、交通安全、生命的意义与价值也占了很大的比重。

（4）对于生命教育课程设置的形式，58.6%的学生赞成生命教育课程要单独设置，对于单独设置的生命教育课程，67.5%的学生认为实践活动的方式最好。

（5）对于生命教育课程的建议，学生从不同方面发表了自己的观点。生命教育课程，要结合学生的学习、生活，注重活动和体验，不能仅仅在理论方面进行说教，更要注重实践，安排固定的课时，等等。

(二) 目标选择

在目标的选择方面，生命教育课程开发从知、情、意、行四个方面考虑，具体从以下三个层面进行选择。

1. 知识与技能

在教育心理学中，知识的定义包括陈述性知识和程序性知识两大类。其中，陈述性知识是回答"是什么"的问题，侧重于知识的传授和获得；程序性知识主要回答的是"怎么办"的问题，侧重策略和操作程序，具体包括技能和方法的获得，广义的知识应该包括这两类。我国基础教育阶段中小学各科的主要课程与教学目标就是知识的获得与技能的养成。

在生命教育的课程开发中，注重学生对于生命知识的获得，形成正确的生命认知，知道生命的有限性和无限性特征，掌握相关的生命安全技能，这是保障学生在一些自然灾害发生的时候，能避免不必要的损伤，尤其是在技能方面，真正做到实处、亲身体验。

2. 过程与方法

过程与方法目标，"强调让学生在获得知识的同时，切实体会过程，掌握方法，从而发展能力，获得经验"[①]。教育过程与方法目标的确立可以确保学生在学习过程中体验学习过程，充分注重学生的主体性发挥，使他们在结果的追寻过程中掌握学习方法。生命教育本身所传递的信息就是注重学生生命体验，认同学生的生命成长是灵动的、不断动态生成的。在生命教育课程开发中，为能让学生体会到自然生命、精神生命及社会生命的真实内涵，就需要在课程开发中注重过程与方法的目标设定。教育不仅要注重结果更要体现学习过程，在获得相应的学习结果的同时，体会在学习过程。让学生获得有关生命知识和技能的同时，懂得享受生命的过程、体验学习的方法，注重生命体验和生命发展之目标

---

① 郭秀敏：《"三维目标"由"应然"走向"实然"》，《教育实践与研究》2006年第7期。

必将会在生命教育过程中动态生成、实现。

3. 情感、态度与价值观

情感、态度、价值观作为课程开发的重要目标，对于学生的生命教育也具有重要意义。其中，情感包括"学习动机、学习兴趣、学习情绪和内心的丰富"①等，培养热爱生命、尊重生命的基本情感，是中小学生命教育课程的重要任务。态度则包括"学习态度、学习责任、科学态度、生活态度和人生态度"②等，培养拥有正确的生活态度，对生命的敬畏感，这样一种内部状态，才会使行为付诸可能；价值观"强调个人价值和社会价值的统一，强调科学价值和人文价值的统一，强调人类价值与自然价值的统一"③，强调学生作为社会人，对于人类社会做出的贡献，实现自我的人生价值。

在生命教育课程的三大目标中，学生的生命认知、生存技能的获得以及生命过程、方法的体验是生命情感的基础，而生命情感、态度、价值观的养成和树立也成为课程开发研究的落脚点，也是珍爱生命、发展生命、超越生命之目标的归宿。

(三) 目标过滤

心理学、哲学及社会学是生命教育课程目标的三道过滤网。

1. 哲学作为课程目标的过滤网

哲学作为一切科学理论的基础学科，其思想触角定会涉及诸多领域，任何一种学科理论体系或多或少都会闪现哲学的踪影，课程开发作为教育理论领域中的一种科学实践活动，其必然也会受到哲学思想或观点的影响。"任何一种学校课程，或多或少都会隐射有设计者的哲学观念和思想"④，生命哲学、存在主义哲学以及我国传统文化中"生"的

---

① 王深根、毛建华：《新课程研究》，中国环境科学出版社2003年版，第81页。
② 顾书名：《论作为校本课程理论源流的几种课程模式》，《教育理论与实践》2003年第11期。
③ 王深根、毛建华：《新课程研究》，中国环境科学出版社2003年版，第81页。
④ 施良方：《课程理论——课程的基础、原理与问题》，教育科学出版社1996年版，第59页。

哲学思想对于开发中小学生命教育课程影响很大。因此，哲学必然会成为中小学生命教育课程目标的过滤网之一。

2. 社会学作为课程目标的过滤网

社会学提供了"社会发展、政治经济变革、意识形态及权力变更"[①]等思考方式及角度，学校课程的开发和制定必然会受到社会发展、政治经济变革、意识形态及权力变更等方面思想的影响。在生命教育课程开发中选择目标与目标过滤时离不开社会学，社会、政治、经济、文化、生态等因素作为课程目标的过滤网，使得生命教育的课程开发更具科学性和准确性，如吉登斯的风险社会理论为生命教育课程开发的社会层面提供了可行的理论视角。

3. 心理学作为课程目标的过滤网

心理学作为研究人类身心发展规律的一门科学，其诸多理论学科都对生命教育课程开发有着重要影响。生命教育课程开发不能不考虑学生的心理状态，学生自我、思维、态度、性格、兴趣、情感发展等方面的影响，每个学生的个性发展都具有独特性，每个阶段的学生也都有不同的发展特点和规律，发展心理学作为生命教育课程目标的过滤网对于课程开发具有重要的作用。在生命教育中强调学生的主体性，把学生作为真正的人来进行教育。因此，将人本主义心理学、发展心理学、人格心理学等作为生命教育课程开发的过滤网，也体现了对于生命教育课程开发对象的身心发展规律的倚重。

（四）内容的选择与组织

在内容的组织上生命教育课程开发采取"纵向组织与横向组织"、"逻辑顺序与心理顺序"相结合的原则。

1. 纵向组织与横向组织相结合

[①] 施良方：《课程理论——课程的基础、原理与问题》，教育科学出版社1996年版，第74页。

纵向组织即"按照某些准则以先后顺序排列课程内容"[①]的组织形式。我们按照生命教育这一核心概念，分别从认识生命、敬畏生命、珍爱生命、发展生命、超越生命五个方面对中小学生命教育课程内容进行选择和组织，借鉴与超越已有生命教育课程文本中划分生命维度的研究成果，进行自我设计，由浅入深地、系统性地择取了相应的课程内容。所谓的横向组织，是指"打破学科的界限和传统的知识体系"[②]的组织形式。生命是丰富多彩的，生活是变幻莫测的，不会按照我们所设计的知、情、意、行等形式逐步深入，因此，在生命教育的课程内容的编排上要灵活组织，从自然生命、精神生命和社会生命的角度入手，引导学生对生命意义及价值的追寻。

2. 逻辑顺序与心理顺序相结合

所谓逻辑顺序是根据学科本身的内在顺序进行课程内容的组织和编排，因为生命的发展是遵循逻辑发展顺序的，生命教育课程的开发也离不开这一重要原则。所谓心理顺序是指按照教育对象的心理发展特点和规律进行课程内容的选择和组织。由于学生的认知、情感等方面发展是一个逐步发展的过程，任何一个年龄阶段的学生都有共有的一些心理特点，尊重学生的心理发展顺序和发展特点，在生命教育课程开发中非常重要。

（五）课程实施

生命教育课程开发是一个连续的动态的过程，课程实施是课程开发中的重要环节。生命教育要取得理想的效果，离不开课程实施环节的有力保障，生命是多元发展的，相应的课程实施方式也应该是多种多样的，在中小学生命教育课程实施中，除了传统的讲解法、案例法，还有讲座法、视听法、角色扮演法、讨论法、实践体验法等，这样才能满足学生生命发展的不同需要，将课程实施作为学生主动参与的过程，促进

[①] 施良方：《课程理论——课程的基础、原理与问题》，教育科学出版社1996年版，第115页。

[②] 施良方：《课程理论：课程的基础、原理与问题》，教育科学出版社1996年版，第116页。

其能动性和创造性发挥。此外，课程资源建设、校园环境建设等也是生命教育课程开发的有力保障。

（六）课程评价

在课程评价这一环节中，从总目标、分目标及具体目标的方面进行评价和判断，在这一过程中，更要注重学生的自我评价，自我感受和体验，教师在学校的生命教育中，不能忽视师生互动中动态生成的目标评价，对于积极层面进行肯定和鼓励，对于学生的不足进行指导和督促，形成有效的课程评价。

第二节 中小学生命教育课程开发框架

一、中小学生命教育课程开发的层次结构

（一）生命的层次划分

高海清先生认为，人作为特殊群体，有着双重生命：自然生命和自为生命。前者又被称为种生命，是人和自然界其他的物种所共有的，后者又被称为类生命，是人所特有的，包括精神生命和社会生命。"种生命"是人存在的前提，"类生命"是生命意志和生命情感的统一，更是人之所以为人的保障，追求自我生命价值的实现和生命质量的提高，促进生命的成长，也是人类生命与他生命最本质的区别。

自然生命、精神生命、社会生命三者是互为前提，互为因果，循环往复的生命流程，它们构成了完整人的完整生命，"它不仅将个体与族类贯通起来，而且实现着人的生命与自然生态世界的交换与协调"[①]。自然生命是精神生命和社会生命的物质基础，它引导着两者的发展；精神生命是自然生命和社会生命的中介，保持两者的信息沟通；社会生命

---

① 张曙光：《走向本真的存在——生命存在哲学》，云南人民出版社2001年版第197页。

是自然生命和精神生命的归宿,自然生命与精神生命在社会生命中不断得到完善和发展。

由上分析,可以概括中小学生命教育课程开发中生命的层次结构:

图 4.3　高中生命教育课程开发中生命的层次结构

(二) 中小学生命教育课程开发的模块

中小学生命教育课程开发从自然生命、精神生命、社会生命三个层次出发,由表及里、从浅入深,将生命教育课程内容划分为五个模块:认识生命、敬畏生命、珍爱生命、发展生命、超越生命。认识生命是生命教育活动的基础,敬畏生命、珍爱生命是保障,发展生命是目的,超越生命是生命教育追求的一种生命境界。

1. 认识生命

人类生命作为一种特殊的生命体,不仅包括自然生命,还有精神生命和社会生命,认识生命首先认识人的自然生命的形成和发展规律,自然生命是有限的、宝贵的,也要认识到,生命的开始具有偶然性,生命的结束是具有必然性的。其次也要认识自然生命和社会生命内在的生命现象和规律,从这个角度上来说,生命又可以是无限的。

2. 敬畏生命

敬畏生命要从科学的角度去认识生命、了解生命,首先要让学生敬畏人的生命,我们要尊重人的生死、尊严,每个人的生命都是宝贵的,任何人没有权利随便伤害自己和他人的生命。其次,敬畏除了人的生命以外的自然界中其他生物的生命,在现在追求"技术理性"的社会中,强调人的价值和尊严,强调其他生物生存的权利。

3. 珍爱生命

珍爱生命即对生命的珍惜和爱护，意识到生命的珍贵性和独特性，这其中包括对一切生物体的珍爱，对自我生命的保护，对他人、对大自然生命的热爱，掌握自救和救人的基本知识和技能，体会生命宝贵的情感。

4. 发展生命

发展生命主要是指学生的生命全面、自主、可持续发展。发展生命是在珍爱生命、敬畏生命的基础上，拓宽生命的长度和意义。其中，全面发展即使学生的道德、智力、身体、美感等方面的综合性发展，这也是生命教育的总目标。自主发展，即将学生作为具有主动性、创造性的个体进行生命教育。可持续发展是指，学生作为社会成员，在未来的生活中，必然要掌握在社会立足的技能，促进其生命的成长。

5. 超越生命

超越生命主要体现精神层面和社会层面，在人正确认识自然生命和生命意义的基础之上，挖掘生命的潜能，成全社会生命，促进生命成长，真正实现生命的价值，树立正确的生命价值观和生死观。

表 4.2　生命教育课程开发的层次结构

总目标：知识与技能，过程与方法，情感、态度、价值观					
层　次	模块	具体目标	课程内容	内容的理论基础	课程性质
生命 { 种生命：自然生命　类生命：精神生命　社会生命	认识生命				1. 地方性、校本性课程 2. 学科课程与活动课程相结合 3. 独立非渗透性课程
	敬畏生命				
	珍爱生命				
	发展生命				
	超越生命				

二、中小学生命教育课程开发目标、内容与理论基础

遵循上述中小学生命教育课程开发模式的具体分析，我们将中小学生命教育课程的主要内容、具体目标及课程内容的理论基础确定如下表：

表 4.3　小学生命教育课程开发的具体模式

模块	课程内容	具体目标	理论基础
认识生命	生命的奥秘	了解生命的起源与发展	生命科学
	我是谁	正确认识自我	心理学
	我身边的人	了解如何与他人相处	哲学
	活着到底为了什么	了解生命的意义，领会活着的价值	生命哲学
	认识死亡	了解死亡；正确看待死亡	医学
敬畏生命	人类生存的家园	培养小学生对自然界的敬畏之情	环境科学
	我的生活充满阳光	培养小学生尊重他人的态度	道德教育
	心怀敬意，向他们学习	感悟他人的精神品质	道德教育
珍爱生命	偶遇危险会自救	了解自救常识；掌握基本的自救技能	安全知识
	珍爱生命，从点滴做起	了解眼睛，掌握保护眼睛的科学方法和技能	生理学
	助人为乐，巧进行	掌握基本的安全、交往、应变技巧	社会学
发展生命	春风化雨	具有道德情操	道德教育
	学会学习	掌握科学的学习方法	教育学
	生命因运动而精彩	了解体育常识，掌握运动技能	体育学
	陶冶情操，知美审美	初步了解美的事物，并能简单进行评价	美学
超越生命	迎接挑战，克服困难	锤炼顽强的意志品质	心理健康
	生命意义与价值的实现	初步了解实现生命意义与价值的方法	生命哲学
	坚定信念，走向成功	树立正确的人生价值观	道德教育

表 4.4 初中生命教育课程开发的具体模式

模块	课程内容	具体目标	课程内容的理论基础
认识生命	我从哪里来——探索生命的奥秘	了解生命的起源与发展；知道"我"是怎样来到世界上的	生命科学
	我是谁	正确认识自我；能客观评价自己	哲学
	我和师长同学	了解怎样和师长同学相处	哲学
	活着的意义与价值	知道、领会活着的意义与价值何在	生命哲学
	正视死亡、珍视生命	了解死亡；正确看待死亡；树立正确的生死观	生死学 医学
敬畏生命	敬畏自然——人类生命存在的家园	培养学生对自然界的敬畏之情	环境科学 生物学
	他们一样棒——对他人的敬畏	培养学生尊重他人的态度	道德教育
	心怀敬意，学习精神	领会他人的精神，培养尊重的情感、态度	道德教育
珍爱生命	偶遇危险，会自救	了解自救常识；掌握基本的自救技能；在遇到危险时能够运用所掌握的知识	安全知识
	珍爱生命从点滴做起	具有热爱、珍惜生命的情感、态度	哲学
	助人为乐，巧进行	掌握帮助他人的技巧	安全知识
	重视心理健康很重要	知道心理健康的重要性；掌握基本的调节心理健康的小技能	心理健康教育
发展生命	春风化雨	具有道德情操	道德教育
	学会学习	知道怎样学习；掌握学习方法	教学理论
	生命因运动而精彩	了解运动常识；掌握运动技能	体育学
	陶冶性情，知美审美	知道什么是"美"；能从审美的角度出发对事物进行分析与评价	美学

模块	课程内容	具体目标	课程内容的理论基础
超越生命	迎接挑战，克服困难	具有顽强的意志品质，克服困难的态度	心理健康教育
	实现意义与价值	知道实现生命意义与价值的方法；具有实现目标的能力	生命哲学
	坚定信念，走向成功	树立正确的价值观	价值观教育 道德教育

表 4.5　高中生命教育课程开发的具体模式

模块	课程内容	具体目标	课程内容的理论基础
认识生命	揭露生命的奥秘	了解生命的起源与发展；知道"我"是怎样来到世界上的	生命哲学 生物学
	我是谁 自我认识	正确认识自我；能客观评价自己	哲学 心理学
	我和他们	了解怎样和师长、同学相处	哲学 心理学
	活着的意义和价值	知道、领会活着的意义与价值何在	生命哲学
	正视死亡 珍惜生命	了解死亡；正确看待死亡；树立正确的生死观	生死学 医学
敬畏生命	人类生存的家园	培养学生对自然界的敬畏之情	生物学
	低碳生活 从我做起	低碳生活，从点滴做起	环境科学
	我的生活 充满阳光	培养学生尊重他人的态度	道德教育
	向您致敬	领会他人的精神，培养尊重的情感、态度	道德教育
珍爱生命	偶遇危险会自救	了解自救常识；掌握基本的自救技能；在遇到危险时能够运用所掌握的知识	安全知识
	地震自救与互救	掌握地震自救与互救方法	安全知识
	科学护理你的大脑	了解大脑，掌握保护大脑的科学方法和技能	生理学
	心理健康很重要	知道心理健康的重要性，掌握基本的调节心理健康的小技能	心理学

模块	课程内容	具体目标	课程内容的理论基础
发展生命	学会做人	具有道德情操	道德教育
	我的学习风格	知道怎样学习,掌握学习方法	教学理论
	锻炼身体	了解运动常识,掌握运动技能	体育学
	我的美丽这里起航	知道什么是"美",能从审美的角度出发对事物进行分析与评价	美学
超越生命	迎接挑战 克服困难	具有顽强的意志品质,克服困难的态度	心理健康教育
	意义与价值的实现	知道实现生命意义与价值的方法;具有实现目标的能力	生命哲学
	坚定信念 走向成功	树立正确的价值观	道德教育

当我活着,我要做生命的主宰,而不做它的奴隶。

——惠特曼

教育目的……应注意一种活动,以我们努力所要创造生命的世界为方向。

——罗素

第五章　中小学生命教育课程的实施与评价

倘若仔细回顾中外课程发展史，我们会发现这样一种现象：许多重大的甚至影响深远的课程改革计划不是昙花一现、中途夭折，就是其实施结果与原先的理想目标相去甚远。这一现象是任何一个课程研究者都无法回避的现实问题。其中，我们不难发现，每一个课程改革的倡导者或发起组织，往往对他们课程改革的理想或蓝图进行大篇幅的描绘，然而课程计划的详细实施过程则很少被人关注，对于课程变革过程及效果的评价更是徒有虚名。在如是的课程实践中，课程改革的效果可想而知。

生命教育最初的兴起就是基于社会问题而催生的社会性教育。可以说，实践性是生命教育的基本品性和要求，生命教育之价值与目的的达成也是在生命教育实践中实现的。因此，在寻得理论支撑与实践佐证的基础上，建构科学的课程框架与文本，推进进行中小学生命教育课程的实施与评价活动是生命教育之实践品性的必然诉求。

在中小学生命教育课程的开发过程中，课程实施与评价环节的处理得当与否，是整个生命教育理论与实践成功与否的关键。生命教育课程开发是一个动态、系统的过程，在确定课程目标、模式、框架以及文本内容的基础之上，必须要注重课程的实施与评价环节，才能达到理想的教育效果。

第一节　中小学生命教育课程的实施

一、课程实施的涵义与基本取向

20世纪70年代前的有关课程文献中，对于"课程实施"的专门研究是少见的，课程实施相关研究引起人们浓厚的兴趣是在美国"学科结构运动"以失败而告终之后。20世纪50年代末至60年代末进行的影响力波及全球的"学科结构运动"，最终伴随教育界内外的诟病、指责及批判而走向失败，原因是人们越来越感觉到评价一项课程变革计划不能仅仅看结果，因为很多被判定为失败的课程计划压根儿没有实施过。因此，"只要课程变革计划完善就可以自然地在实施过程中达到预期结果"的推理假设普遍受到质疑。正如学者们所说，"学科结构运动"的重大决策性失误就是在于过多地耗费精力在课程变革计划及假设体系的制定上，而忽视了课程变革过程中的实施环节。从某种意义上说，课程实施作为研究焦点始于20世纪60年代末70年代初，也正是在对一系列课程变革的理解与评定的过程中兴起的，最为直接的就是对美国"学科结构运动"这一课程变革的反思。课程变革是一项综合性的系统工程，既包括变革的计划，即课程计划，又包括变革的实施，即课程实施，还包括对课程变革过程及效果的评估，即课程评价。

无论是课程计划、课程采用、课程实施还是课程评价原则说都是课程变革或课程改革过程中不可或缺的一部分。课程实施（Curriculum Implementation）是将某项课程计划付诸实践的具体过程。对于课程实施的理解，我们可以从美国著名课程论专家古德莱德对于课程层次的区分中进行深刻把握，同时对于课程变革的整个过程有个清晰的认识。[①]

---

① 张华：《课程与教学论》，上海教育出版社2000年版，第332—333页。

古德莱德认为，处于不同层次的课程，其涵义是不一样的。（1）观念层次的课程（Ideological Curriculum）。这是尚处于观念之中的课程，课程的目标、内容和组织以其纯粹的形态被倡导；"观念的课程"（A Curriculum of Ideas）往往由研究机构、学术团体和课程专家所倡导。古德莱德认为，有成千上万的"观念的课程"被倡导，也有几乎同样多的课程被抛弃，这些被抛弃的课程后来往往以某种形式复活。这类课程是否产生实际影响，要看它是否为官方所采用。（2）社会层次的课程（Societal Curriculum）。这是由教育行政部门规定的课程计划、课程标准和教材，也就是列入学校课程表中的课程，即正式的课程（Formal Curriculum）。该层次的课程远离学习者，课程目标、教学科目的确定是一个社会政治的过程，国家和地方经常通过各种政策法规和课程指南来确立教学科目、教学内容、教学时间、教科书和其他材料。（3）学校层次的课程（Institutional Curriculum）。该层次的课程限定于日、周、学期、学年的确定的时间里，通常以学科的形式组织起来。这些学科源于主要的知识和认知领域，对每一学科而言，不同年级有不同的课题和主题。这类课程大部分源于国家和地方确立的"社会层次的课程"，并经过学校的修改。学校有关人员根据学校的特色和需要对社会层次的课程进行选择和修改，由此形成学校层次的课程。（4）教学层次的课程（Instructional Curriculum）。这是教师规划并在课堂上实际实施的课程。这类课程尽管也决定于社会层次的课程，但它更直接地导源于学校层次的课程。显然，教学层次的课程体现了教师对课程的理解，古德莱德曾称教师所理解的课程为"理解的课程"（Operational Curriculum），是"理解的课程"与"运作的课程"的统一。"理解的课程"与课堂上实际"运作的课程"之间又有一定的距离，因为教师必须根据具体教育情境的变化对"理解的课程"做出调整。（5）体验层次的课程（Experiential Curriculum）。这是学生实际体验到的课程。尽管经历了同样的课程学习，但不同学生会获得不同的学习经验或体验。古德莱德认为这是所有课程中最重要的课程，是被内化和个性化了的课程，该层次的课程是对课程组织的最终检验——每一个学习者究竟受到怎样的影响。

所以不难看出，从古德莱德关于课程层次的划分来说，观念层次的课程和社会层次的课程属于课程计划、课程采用阶段，而学校层次的课程、教学层次的课程和体验层次的课程则进入课程实施阶段。那么，对于课程实施涵义的理解，我们就有了更深一步的认知。古德莱德关于课程层次的区分，让我们对于课程变革过程的理解得到拓展与深化，而且更新了我们较为传统的课程概念，任何课程改革或变革，不仅要有美好的课程蓝图，更需要脚踏实地的实施课程，课程不仅仅是一些文本资料的铺陈，更要注重教师和学生的经历、体验。

课程实施的取向是指对课程实施过程本质的不同认识以及支配这些认识的相应的课程价值观。对于课程实施取向的把握和理解，着重在于我们对于课程计划与课程实施关系的理解。通常来说，课程计划与课程实施之间的关系是非常复杂的，可以说是理想与现实、预期的结果与实现的结果的过程之间的关系，对于二者关系的理解决定着不同的课程实施之价值取向。根据美国课程学者辛德尔、波林和扎姆沃特的归纳，课程实施有三个基本取向，即"忠实取向"、"相互适应取向"与"课程创生取向"。

课程实施的忠实取向认为，课程实施过程即是忠实地执行课程计划的过程。衡量课程实施成功与否的基本标准是课程实施过程实现预定课程计划的程度。实现程度高，则课程实施成功；实现程度低，则课程实施失败。基于忠实取向的课程实施研究主要探讨两个问题：第一，测量一项特定的课程革新实现预定课程计划的程度；第二，确定影响课程实施过程的因素。

课程实施的相互适应取向认为，课程实施过程是课程计划与班级或学校实践情境在课程目标、内容、方法、组织模式诸方面相互调整、改变与适应的过程。一项课程变革计划付诸实施之后，可能会发生两个方面的变化：一方面，既定的课程计划会发生变化，以适应各种具体实践情境的特殊需要；另一方面，既有的课程实践会发生变化，以适应课程变革计划的要求。在相互适应取向看来，课程实施过程中发生相互适应现象在某种意义上具有必然性。

课程创生取向是课程实施研究中的新兴取向。这种取向认为，真正的课程是教师与学生联合创造的教育经验，课程实施本质上是在具体教育情境中创生新的教育经验的过程，既有的课程计划只是供这个经验创生过程选择的工具而已。课程创生取向认为课程知识不是一件产品或一个事件，而是"一个不断前进的过程"。人的心灵被视为需要点燃的火炬，而不是由外部专家用知识来填充的容器，那些外部设计的课程仅仅作为教师用于创生课程的一个资源。课程创生取向把课程变革、课程实施视为具体实践情境中教师与学生创造、开发自己课程的过程，视为教师与学生个性成长和完善的过程，强调教师与学生在课程变革中的主体性和创造性，强调个性自由与解放。

综上三种课程实施的基本取向，我们可以看出它们各自有着其存在的价值和意义，可以说它们从不同层面揭示了课程实施的本质。"忠实取向强化了课程政策制定者和课程专家在课程变革中的作用。课程创生取向则把处于具体教育情境中的教师和学生在课程开发、课程创造中的主体性解放出来。相互适应取向综合考虑了具体实践情境之外的专家所开发的课程与对这种课程产生影响的学校情境、社区情境的因素。"①

总之，每种课程带着对于课程实施的不同本质的理解，在其各自的定义范畴中都体现着一定的价值。生命教育课程开发，作为一整套课程体系开发实践，我们对于课程实施的涵义的理解以及课程实施基本取向的把握显得尤为重要。生命教育课程实施是生命教育取得理想效果的强有力的保障，更是生命教育课程开发的重要环节。以往学科课程中灌输知识的方式，扼杀学生的主动性和创造性，使得学生处于被动接受知识的地位，这与生命教育的目的是背道而驰的。生命教育课程实施要将这一重要环节作为学生主动参与的过程，注重学生自己的切身感受和体

---

① 张华：《课程与教学论》，上海教育出版社 2000 年版，第 336—345 页。

验,将认识生命之知、体会生命之感真正融入生命价值观中。所以,对于课程实施取向的选择我们可以综合以往经典课程实施取向,从中汲取精华为我们中小学生命教育课程实施所用,作为一种校本课程的生命教育课程,我们更加倾向于对于相互适应取向模式的采用。

二、中小学生命教育课程实施的具体方式

生命教育课程是围绕知识与技能,过程与方法,情感、态度、价值观三维目标开展的,与此相对生命教育课程的实施方式也必然是多种多样的,满足学生生命发展的不同需要。生命教育课程的实施方式主要包括课堂讲授法、案例法、讨论法和实践体验法等。

1. 课堂讲授法

课堂讲授法是课程实施中最常规、传统的方式,也是我国最常用、学生最熟悉的教学方法。讲授法,即"教师通过口头语言向学生描绘情境、叙述事实、解释概念、论证原理和阐明规律的教学方法。它是教师使用最早的、应用最广的教学方法,可用于传授新知识,也可用于巩固旧知识,其他教学方法的运用,几乎都需要同讲授法结合进行"[①]。在生命教育中,教师传授给学生关于生命的起源、生命的内涵、特征、意义以及生命发展规律等知识和内容,使学生对生命有一个全面、系统、正确的认识和看法。在这一方法中,讲授的主体不一定是教师,还可以请一些专家、警察、消防人员等,讲解一些生命安全、自我保护、心理健康等知识,传授一些应对突发事件以及逃生的技能和方法。

总之,中小学生命教育课程实施中,采取的讲授法是课堂上使用范围最广、出现频率最高、形式变化最多的教学方法。通常任何教学方法都是教学理论与教学实践的中介,位置上有居间性,内涵上有兼容性,作用上有联结性。所以,在生命教育课程的实施中,我们要有选择地灵

---

① 《中国大百科全书·教育》,中国大百科全书出版社 1985 年版,第 142 页。

活自如地运用讲授法,就必须掌握各种合理的教法原理,把教学实践与教学理论紧密联系起来,以教学理论指导教学实践,从而实现中小学生命教育教学效果的最优化。

2. 案例法

谈及案例教学,人们自然会想到美国哈佛大学的商学院,案例教学最早由哈佛大学法学院于1870年率先使用,接着哈佛医学院也开始引进使用案例教学。在哈佛法学院和医学院两大学院案例教学成功实践的鼓舞之下,哈佛商学院才于1921年正式采用案例法教学,经过其完善推广,最终在全球范围内产生了广泛的影响。当然,倘若追究案例教学发展的历史渊源,可以追溯到我国春秋战国时期以及古希腊哲学家苏格拉底的"问答法"教学。所谓案例,是指对具有一定代表性的典型事件的内容、情节、过程和处理方法所进行的客观描述,以备查询和再现。案例教学是指在教师的指导下,把学生带入特定事件的现场,深入角色,再现案例情景,以提高学生实际运作能力的一种教学方法。案例教学不是简单地告诉学生一个真实的社会组织在干什么,而是要告诉学生如何在已经经过实践了的真实事件中充当角色,进行"实践"操演,以最快的速度、最高的效率使学生实现从理论向实际的转化,达到理论与实际相结合,使学生在不离开学校的条件下能在短期内接触并学习到大量的各种各样的实际问题,以弥补实践经验的不足和实际运作能力匮乏的缺陷。综合来看,案例法有着鲜明的目的性、有效的启发性以及高度的客观性。[1]

在案例法课堂上,教师将对已布置阅读的案例进行提问,这可以判断学生是否阅读了相关的案例,对案例中的争论点是否明了,对通过一系列案例所反映出的规则变迁是否清晰。在中小学教育课程实施过程中,运用一些发生在学生群体的真实案例,如面对考试、交友、同学关系等产生的一系列问题,以及漠视生命、伤害自己和他人生命安全的消

---

[1] 翟文宪:《案例教学初探》,《课程·教材·教法》1996年第1期。

极事件。真实的案例和事件，更加贴近学生的生活，更容易接受；积极地面对生活、勇敢地克服困难等积极的生命事件也可以激发学生对生命的热爱和对美好、健康生活方式的向往，在学习中获得快乐和幸福。这样的真实案例更能让学生感同身受，从而分析和挖掘事件中的问题，找到解决的方法和途径，也为学生解决自身的生命问题提供有益的借鉴和帮助。

3. 讨论法

讨论法是在教师的指导下以学生为主体进行讨论的一种教学方法。讨论法能充分调动学生的主动性和积极性，增强参与意识，提高学生独立思考问题、分析问题、解决问题的实际运作能力。讨论法在具体的施教过程中又可分为以下三种方式：

讨论式是由教师根据课程内容提出要求和讨论题，学生有目的地进行准备后，在课堂上开展讨论，最后由教师作出总结。

辩论式是由学生根据课程内容所描述，通过自己的理解与思考，在课堂上各自阐述自己的观点、论据，并在相互提问、回答、反问的辩论中使所有学生对所学知识有更加深刻、全面的认识，最后由教师总结发言。

研讨式是教师只提出具体的活动内容和背景材料，指定一些参考文献或资料，供全班学生一起研讨。在研讨中每位学生根据具体的内容对对方所发表的见解、观点、论据等展开辩论，最后由教师总结，引导出有意义的结论。

在中小学生命教育课程实施中，小组讨论、辩论、朗诵比赛等方式，更有助于学生澄清生命价值。面对物质生活日益丰富的社会，金钱对生活的影响变得越来越大，人生的意义和价值究竟是什么，物质的享受是不是我们毕生追求的等等。这样一些问题需要有一个正确的回答，价值观的树立对于成长中的中小学生非常重要。教师可以在课程中呈现给学生一些价值两难的故事，让学生分析不同选择的原因以及可能会出现的后果，以此帮助学生作出自己的价值选择，在讨论或辩论过程中不断的修正自己的生命价值判断,进而完善生命价值观。[1] 小组讨论或辩论可以激发学生的思维火花,为学生的交流合作搭建平台,有助于解决现实生活中的生命价值两难问题。

4. 实践体验法

陶行知先生曾说:"没有生活做中心的教育是死教育;没有生活做中心的学校是死学校;没有生活做中心的书本是死书本。"[2] 推而得之,不难定义没有生活实践及体验的生命教育是死的生命教育。生命教育与生活实践是融为一体的,世界上根本不存在无生命的生活实践,也不存在没有生活实践基础的生命教育,生命是弥散在生活实践的各个领域和各个角落的。生活实践的过程就是生命教育的过程,因为生命教育源于生活实践并在不同程度上服务于生活实践。同理,生命个体是在体验、感悟中逐渐成长与发展的。所以,生命个体在社会生活环境中,受到社会共同体的行为方式、价值态度的熏陶,而形成的对人情事理的反应品质。也就是说,我们在实践体验中,才能养成勇敢、节制和公正的生命品质,最终发展为勇敢、节制、公正的人。可见,社会实践体验是生命的源泉,是生命教育的基础。

中小学生命教育课程通过实践体验来实施,让学生能在真实、与学生日常生活密切相关的实践活动中进行生命体验,培养真挚的生命情感。

(1) 社会实践体验

社会实践体验是学生离开以往的学习环境—教室,真正走出教室,走出校园,在教师引领下,在真实的社区、社会环境中,参与一些社会活动,提高自我的社会实践能力。

(2) 角色模拟实践体验

生命教育的真正目的,是让学生在获得相关生命知识、珍爱生命意识的基础之上,能够在真实、生动的日常生活、校园生活状态中体验生

---

[1] 胡成霞:《生命教育课程探究》(硕士学位论文),西南大学,2007年。
[2] 陶行知:《中国教育改造》,东方出版社1996年版,第150页。

命的可贵，内心的触动和真情的感受，以已推人，提高自我理解力。例如，让学生扮演盲人、残疾人等有身体疾病的人去寻求帮助，扮演母亲怀孕九月，体会那种艰辛和不易，扮演老师、清洁工人等角色，去体会不同角色，深刻体察、关爱及尊重生命。

(3) 多媒体情境创设实践体验

多媒体情境创设实践体验是教师根据教学任务，借助多媒体教学手段创设生动、形象、逼真的教学情境，引导学生在模拟的情境中充分感知、体悟，以实现教学目标的一种实践体验活动。通过形象的教学情境，身临其境感受生命的魅力和价值。

通过开展形式多样的课程实施方式，让中小学生掌握相关生命知识，在模拟和演练中掌握逃生、自救的技能，引导学生走出教室，真正体验真挚的生命情感，培养学生的抗挫折能力，以及树立正确的生死观等等。

《氯气泄露之后》教学设计[①]

教学背景：

近年来，氯气泄漏事故频繁发生。已经发生的事故触目惊心，给我们的生命带来了巨大威胁。这些不仅仅发生在化工厂，还发生在闹市区、居民区、农田等。我们身边的氯气泄漏事故已经给我们敲响了警钟，必须引起我们的高度重视。通过对一系列事故的分析发现，造成重大伤亡的原因一方面是对安全生产的忽视，另一方面是缺乏必要的逃生技能。因此，在教学设计中，主要围绕对一系列氯气泄漏事故的分析，引导学生了解氯气主要的物理、化学性质，掌握氯气保存和运输的方法、了解氯气泄漏后的救生与处理措施。

同时，通过对氯气泄漏事件的案例分析，引导学生认识氯气泄漏对

[①] 吴增强、高国希：《上海市中小学生生命教育研究》，上海教育出版社2006年版，第153—156页。

生态环境的破坏和对生命体的影响，了解珍惜生命、安全生产的主要性，增强学生的环境意识。在体现生命教育要求的同时，也试图把氯气主要的知识目标与氯气泄漏事故的分析联系起来，做到生命教育内容和化学知识教学的融合。教学方法的设计着力贯彻下面三个目标：提高学生对资料的阅读分析能力，体验科学探究过程，加深其对STS精神的理解。

教学设计：

［学习活动过程］课前分发氯气泄漏事故阅读材料，含3篇氯气泄漏事故新闻稿。

［教师展示］二战中日军使用化学武器统计图，德军使用氯气炸弹的历史图片。

［教师引入］我们知道，由于"化学武器"危害巨大，在国际上早已经被禁止使用，但是我们的周围每年都在千百次地惊现各种"化学武器"。

［教师展示］刚刚发生的11月14日吉林石化爆炸时的画面。

［教师引入］各种化学事故是危害我们生命的大敌，氯气泄漏事故则在所有化学事故中居于第四位。

［同学展示］请同学展示近年来氯气泄漏事故调查结果。

［教师设问］氯气是一种什么样的气体，为什么会带来这么大的危害呢？

［教师展示］京沪高速公路氯气泄漏事件中图片：正常的油菜地和氯气破坏后的油菜地的惨状，展示中毒人群的感受资料。

［学生活动］展示一瓶氯气，教师介绍闻气体气味的方法，请同学上台示范，并询问通过"闻"这一方法了解到的氯气的气味。

［学生活动］阅读材料一，归纳氯气的物理性质。

　　　　颜色——黄色烟滚滚冒出

　　　　气味——刺激性气味，令人咳嗽

　　　　密度——阿伏加德罗定律计算

　　　　溶解性——消防员用水枪喷射

［教师过渡］为什么要使用水雾枪，难道仅仅因为氯气可以溶于水吗？

［学生活动］在氯气中分别放入干花和鲜花，观察不同现象。

［学生总结］氯气可以与水反应。

［教师展示］氯气与水的反应化学方程式，提问过渡：为什么使用钢瓶，钢瓶为什么会穿孔？

［学生总结］氯气防泄漏措施一。

［教师提问］如果小处泄漏怎么检验？

［演示实验］碘化钾淀粉试纸检验氯气。

［学生归纳］氯气与碘化钾的反应。

［学生活动］根据上述方程式，推导使用各种碱液处理氯气泄漏的方程式。

［教师引导并总结］氯气泄漏后处理办法：

一、碱液处理泄漏钢瓶

二、用喷雾枪，喷碱液和水稀释气体

［情境处理］2004 年 6 月 14 日，位于秦皇岛海港区涂庄的一化学试剂厂发生氯气泄露事故，泄露出的氯气迅速向周围的居民区蔓延，所到之处草木枯黄、大片蔬菜田被毁。氯气泄漏后应该向何处转移？

A. 高处、顺风向

B. 低处、顺风向

C. 高处、逆风向

D. 低处、逆风向

能否使用浸泡氢氧化钠的口罩？应该浸泡什么溶液，化学方程式如何？

［教师激疑］展示四川氯气泄漏事件中，工厂中禁止火种的图片。

四川生产氯气工厂标牌：主要产品氢氧化钠。

为什么要禁止火种，生产氢氧化钠与氯气什么关系？

［教师介绍］氯碱工业在国家经济中的重要作用；氯气的工业制法。

[教师提问] 在上述方程式基础上，由学生得出为什么要禁止火种。

[教师激疑] 展示重庆天原化工厂氯气爆炸事件中，武警战士用坦克引爆氯气罐的视频资料。引导学生思考"为什么要引爆氯气罐"?

[研究性学习作业] 调查三氯化氮为什么会造成氯气爆炸，三氯化氮为什么存在？

[流程示意图]

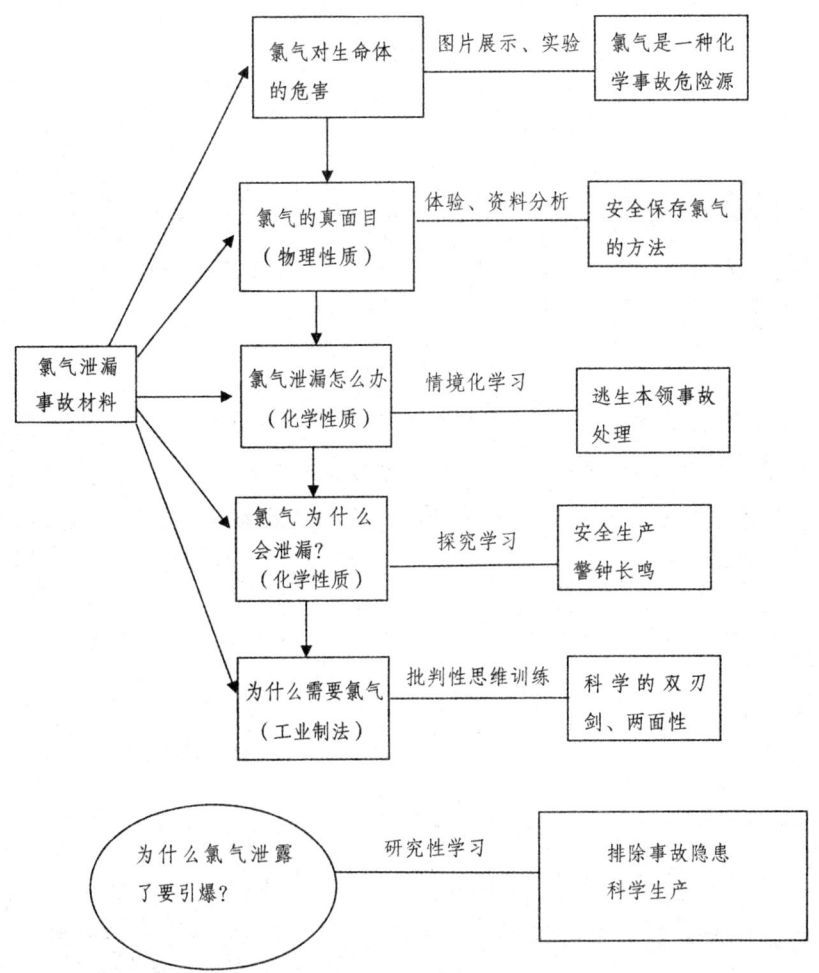

主题活动：我的未来我做主[①]

【设计理念】

本次活动旨在联系学生的思想实际，寻找教育的恰当切入点，使教育确有实效。活动中以学生为中心，充分发挥学生的主体作用，对学生的认识不求唯一性。要求学生各抒己见，各显其才，从而引起思想上的共鸣，认识上变"要我学"为"我要学"。

【适合年级】 6年级

【活动目标】

（1）知识与能力：通过本次活动，使同学对自己的未来有更深刻的认识，明确奋斗目标，培养良好的行为习惯。并认识到实现理想的路途充满艰辛，需要靠自己脚踏实地，不懈的努力，才能实现心中美好的理想，使美梦成真。

（2）情感与态度：使学生对未来的发展有更明确的目标，树立正确的人生观和价值观。

（3）行为与习惯：通过活动，让学生朝着自己的目标而努力，为自己的美好未来而奋斗。

【活动准备】

（1）教师准备音乐《栀子花开》《真心英雄》《我的未来不是梦》《朋友》。

（2）教师准备录像、课件，学生自带笔（彩笔）、纸。

【活动过程】

一、主持人朗诵引入

甲：七月的天格外的蓝，鸟儿飞，花儿开，草儿随风摇摆，到处生机勃勃。

乙：七月的雨是欢快的，像一首歌；六月的雨是顽皮的，说下就

[①] 张拥军：《小学生命教育主题活动设计》，中国轻工业出版社2013年版，第253—257页。

下,哗啦哗啦!

甲:七月的衣服多姿多彩,穿在我们的身上,就像是美丽的蝴蝶,在花丛中自由自在的飞舞。

乙:七月的校园一片欢声笑语,读书声、讨论声、游戏声、扫地声交织在一起,谱写成一曲美妙的乐章。

甲:七月,我们将离开熟悉的母校。

乙:七月,我们将告别恩师,踏上崭新的求知之路。

二、现在的我们

甲:可是,同学们,你们想过在毕业之前留给我们的母校、留给恩师些什么礼物吗?

乙:那还用说,当然是我们最优异的成绩了!你们看,同学们正在紧张地复习呢!

1. 播放学生录像。

(录像展示的内容是学生认真学习、紧张复习的场景,以《真心英雄》为背景音乐。)

甲:把握生命里的每一分钟,全力以赴我们心中的梦。

乙:不经历风雨怎么见彩虹,没有人能随随便便成功。

甲:不付出辛勤的汗水和劳动,哪能有甜美的果实呢?

乙:对于我们现在忙碌而充实的生活,我们中的一些人现在暂时还不能理解它的意义,认为自己太辛苦了,没有了自己的空间,整天都是做作业,都是看书,都是学习。

甲:学习真的是很辛苦的,但也是一种享受啊!当你获得了新的知识,看到自己的努力有了成果,看到父母、老师欣慰的笑容,难道不感到幸福吗?

乙:这段时间,老师为我们能圆满结束小学生活,为我们能进入更好的学校,不知操了多少心;父母为我们升学,不知道奔波了多少路。

甲:看着他们疲惫的身躯,我们又怎忍心辜负他们呢?

2. 播放家长录像。

（展示家长陪着孩子学习、辅导孩子，为孩子创设舒适的学习氛围等场景。以《真心英雄》为背景音乐。）

乙：听听父母对我们说的心里话吧！

甲：可能这些话，父母没有当我们的面说过。可怜天下父母心，哪个父母不爱自己的孩子呢？此时此刻，你最想对你的父母说些什么呢？请同学们用五彩的笔把它们写下来。

（学生写下自己想说的话）

三、我们在努力

乙：我们的未来不是梦，我们认真地过每一分钟，

甲：我们的未来不是梦，我们的心跟着希望在动。

乙：那么，我们怎样去实现自己的理想呢？

（请同学回答）

（1）珍惜时间，把握机会。

（2）态度决定一切。学会主动学习，自主学习，变"要我学"为"我要学"。

（3）自信是成功的基石，树立信心，再加上不懈努力，才是成功的前提。

（4）单丝不成线，独木不成林，同学之间要互相帮助，互相学习，共同提高。"三人行，必有我师焉，择其善者而从之，其不善者而改之。"取人之长补己之短，不失为一种明智的选择。

甲：我们必须从现在做起，珍惜时间，把握机遇，互相帮助，刻苦学习，我相信，在不久的将来，我和同学们一定能到达成功的彼岸，到那时我们再一起举杯共庆。

乙：成功无捷径，学习当奋斗。我们必须从现在做起，为实现理想而努力。

甲：我们不相信奇迹，但我们相信自信和汗水。我们拼搏，我们收获，把握今天，创造明天！

乙：在这次的模拟考试中，很多同学的付出得到了回报，取得了优

异的成绩,下面让我们用热烈的掌声请校长为我们宣读年级前10名的学生名单。

(背景音乐《我的未来不是梦》,进行颁奖。)

四、未来不是梦

(教师发言。)

寄语:梦想,让地球缩小;梦想,让高原变矮;梦想,让人在天空中翱翔……为了寻找未来,我们的脚步要一直不停歇。不管有什么样的风雨,我们都要勇往直前!相信,我们的未来一定不是梦!

乙:同样的土壤,同样的天空,我们可以播下不同的种子。

甲:同样的季节,同样的时间,我们将会有不同的收获。

乙:请同学们勇敢地踏上新的起跑线,迈开你矫健的步伐,大胆地放飞理想,勇敢地追求梦想。

合:请记住:我的未来不是梦!

(在背景音乐《我的未来不是么梦》中结束本次主题活动。)

五、教师总结明确

(1) 心中要有明确的奋斗目标。

一个人没有目标,人生必定以失败结局;有了目标;一切事情都会清晰、明朗地摆在面前,为什么而做,应该怎样做……人生就会变得充满意义。

(2) 要有锲而不舍的拼搏精神。

进取的力量能把一个弱者塑造为强者,因为进取能够迫使一个人做自己想做的事,并且浑身充满干劲。

(3) 要掌握正确的学习方法。

你可以创造生活中的奇迹,但无论如何运用它,它都会显现出一定的力量,我们应该不断总结正确的学习方法,为实现自己的远大理想铺平道路。

【活动拓展】

在班级中开展"我的未来我做主"名片设计比赛,在卡片上写明自己的理想以及为了实现理想自己现阶段应该怎样行动。请教师评出一、二、三等奖，获奖作品在班级的墙报开辟专栏展出。

【活动建议】

可以在课前告知学生他们的心里话，让他们有所准备。

【活动反思】

临近毕业，为激发学生的学习动力，我们根据班级特点召开"我的未来我做主"主题活动。活动形式活泼新颖，气氛热烈。同学们在活动中净化了心灵，陶冶了情操，并与老师进行了一次心与心的交流。同学们都受益匪浅，对自己的将来有了更好的规划，相信只要付诸努力，未来便不再是梦！

三、中小学生命教育课程实施的保障

生命教育课程的顺利实施还需要一些强有力的保障，这主要包括课程资源建设、师资培训、校园环境建设、家庭和社会的支持等方面。

1. 课程资源建设

课程资源的建设是顺利实施生命教育的重要保障。课程资源包括课程教材、案例、资料、相关的网站、视频以及生命教育相关活动，不仅能丰富学生的学习内容和方式，开拓视野，拓展对生命多元化的认识和体验，同时调动学生的自主性和创造性，发挥学生的聪明才智，自主搜集案例、编制教材、选择教育内容最终在实践的过程中真正体验生命的宝贵，建立正确的生命价值观，使自我生命得到成长和发展。

2. 校园环境建设

营造优美且充满生命情怀的校园自然环境和文化环境是实施生命教育课程必不可少的条件和保障。优美的校园自然景观使人身心愉悦，教学楼、体育场、图书馆等设施的合理布局，给人以美的享受；在文化环境方面，利用校园广播、橱窗、教室板报等资源，宣传生命教育的重要性和必要性，增强师生珍爱生命、敬畏生命、发展生命的意识。

3. 师资培训

教师是生命教育课程实施中最直接的参与者，要求教师不断升华自己的生命意识，并且具备反省自身生命的能力和习惯。生命教育涉及许多专业的理论知识，需要教师具有专业的知识素养。此外，在生命教育课程实施中运用的一些方法、策略也需要通过一定的培训，才能使教师掌握。因此，教育主管部门要重视和加强生命教育的师资培训，着力提高教师的人文素养和教学技能，培养教师的生命情怀，切实为中小学生生命教育课程的实施提供有力的人才保障。

4. 家庭和社会的支持

生命教育的实施是一个系统的工程，除了学校方面的努力，还需要家庭和社会的支持。只有学校、家庭和社会等多方面强有力的配合和支持，才能取得积极的效果。和谐的家庭环境，互助友爱、积极向上的社会环境都会对学生产生潜移默化的影响，有助于生命教育课程的顺利实施。

第二节　中小学生命教育课程的评价

生命教育课程的评价关系到整个生命教育课程开发的成功与否，对于课程评价的基本内涵、价值取向以及原则、方法的把握尤为显得重要。

一、课程评价的涵义与基本取向

评价是人类有意识活动的一个特征。美国"教育评价标准委员会"给评价下的定义就是对某一对象（方案、设计或者内容）的价值或优点所做的系统探查。我们也可以把评价简单地说成是通过一定的过程或者形式来决定某一事物的价值。

课程评价作为一个独立的研究领域得到系统研究则是20世纪以后的事情。美国进步教育协会在1934年至1942年进行的"八年研究"，标志着课程评价领域趋于成熟。在这以后的几十年里,课程评价领域发展迅猛,评价的方法和观念有了很大的转变,其在课程中的作用也越来越重。

课程评价是指研究课程价值的过程,是由判断课程在改进学生学习、教师教学以及教育行政人员工作等方面的价值的那些活动构成的。评价在课程中的作用包括[①]:诊断课程;修正课程;比较各种课程的相对价值;预测教育的需求;确定课程目标达到的程度等。早在1989年,在系统引介国外课程理论的力作《现代课程论》中,钟启泉先生就已断言:"评价这一概念本身含有复杂而广泛的意义。而且,由于以课程的计划、实施、评价的全过程为对象,其评价因素多样而复杂,所以,课程评价的概念不能说是明确的"[②]。伴随着我国近几年来课程改革的发展与深入,校本课程评价也逐渐更多地走进理论研究者的视线。吴刚平认为,校本课程开发的评价,包括准备阶段的背景性评价、设计阶段对设计本身的评价、使用阶段对有关实施条件及其绩效进行评价。[③] 林一刚认为,包括情景和目标定位、方案的可行性、教学过程、效果等的评价。[④] 李臣之也指出了背景、课程方案本身、过程、结果四个方面的评价。[⑤] 无论是最初的课程评价研究还是后来的校本课程评价研究,对于给出的课程评价的定义或研究结论,我们似乎还是很模糊。以下,我们通过课程评价的几种基本取向的梳理,来更进一步地认识课程评价的涵义。

课程评价的基本取向大致可以分为三类:科学主义取向和人文主义取向;内部评价与结果评价;形成性评价与总结性评价。[⑥]

[①] 施良方:《课程理论—课程的基础、原理与问题》,教育科学出版社1996年版,第149页。
[②] 钟启泉:《现代课程论》,上海教育出版社1989年版,第348页。
[③] 吴刚平:《校本课程开发》,四川教育出版社2002年版,第168—192页。
[④] 林一刚:《略论校本课程的评价》,《课程·教材·教法》2003年第9期。
[⑤] 李臣之:《校本课程开发评价:取向与实施》,《课程·教材·教法》2004年第5期。
[⑥] 施良方:《课程理论——课程的基础、原理与问题》,教育科学出版社1996年版,第151—154页。

科学主义取向和人文主义取向。科学主义取向的人们相信真正的实验，而实验通常集中在结果或影响上。科学主义取向的课程评价采用实验处理的方式，评价的目的是要了解经过实验处理后所产生的结果，而且为了达到实验所应具备的信度和效度，必须严格控制实验变量，同时，评价者应严格采取中立态度来进行实验及评价。相比而言，人文主义取向的人认为实验是无法接受的，因为在他们看来社会现象是非常复杂的，各种事物都是相互关联的，不可能把任一事物分割开来进行研究，所以他们主张评价者与实际情境的交互作用。课程评价者要从课程设计者和实施者的角度来看待课程计划、课程实施等环节。

内部评价与结果评价。评价者有时只关注评价课程计划本身，有时则可能只关注课程实施后的结果。前一种课程评价取向为内部评价，这种评价准则通常都直接指向课程计划本身，也即只是试图回答这样一个问题："这项课程计划好在哪里？"后者就是课程评价取向的结果评价，他们关注的不是"这项课程计划好在哪里"的问题，而是"课程达到目标的实际情况如何"的问题，即把重点放在考察课程实施对于学生所产生的结果上，有时也可以用来考察对教师和行政人员产生的结果。

形成性评价和总结性评价。形成性评价是指为改进现行课程计划所从事的评价活动，它是一种过程性评价，目的是要提供证据以便确定如何修订课程计划，而不是评定课程计划的优良程度。这种评价活动可以是在课程设计阶段和早期试验阶段，提供具体而又详细的反馈信息，以便让课程编制者随时了解问题之所在；也可以是在课程实施阶段，检查学生是否能够有效地掌握某一特定课程内容，或者提出为了达到目标还需要进一步学习那些内容。总结性评价或者称之为终结性评价，是在课程计划实施之后关于其效果的评价。它是一种事后的评价，目的是要获得对所编制出来的课程质量有一个整体的看法。它通常是在课程计划完成后，并在一定范围内实施后进行的。其焦点放在整个课程计划的有效性上，以便就这项课程计划是否有效做出判断性结论。

对于中小学生命教育课程评价而言，通过以上每一种课程评价取向的立足点和要达到的具体目标的分析,我们既然认定评价是一种价值或优点的判断,那么在生命教育课程评价中就要根据实际情况来寻找评价的尺度和平衡点。从上述三对评价取向我们可以看出,课程评价不单纯是技术性工作也并非仅仅是现象的叙述,同时评价也不能只把评价的标尺卡在课程计划及实施的结果上,更得把评价的形式贯穿在整个课程计划的实施过程中,如是,根据实际情况而择定的课程评价取向才是科学的、合乎逻辑的。

我们在生命教育课程开发实践中,重中之重就是要牢牢把握这种课程评价之尺度。课程评价是生命教育课程开发过程中的一个重要环节。它是根据预定的教学目标给予价值判断的过程,不仅是一种导向,还可以为调整和改进课程目标与内容提供依据。动态的课程评价,应该贯穿于课程开发的整个过程。生命教育评价应注重中小学生的生命认知、情感、价值观等多方面的评价,多种角度的课程评价会促进学生生命的多元发展。中小学生命教育课程评价要把科学评价与人文评价有机合理的结合起来进行,以内部评价和形成性评价为主,同时对于一些技能型及知识型的生命教育内容,适当地辅助以结果评价和总结性评价,如是才能构建科学、合理的生命教育课程评价体系。

二、中小学生命教育课程评价的原则

生命教育课程强调学生的主体地位,强调学生的整体性、多元性发展,强调学生生命体验的重要性,培养学生的生命情怀,这些理念在课程评价的原则中都有所体现。

1. 主体性

在课程评价中要强调学生的主体性原则,让学生掌握评价的主动权,把学生当作课程评价的主体。作为生命教育课程实施的主要参与者,学生有权进行自我评价,对课程目标、内容、方式等都有发言权,充分听取学生对生命教育课程开发的意见和建议,满足学生的不同需求,改变以往将学生排斥出评价主体的状况,有助于改进和完善生命教育课程目标和内容，提高生命教育的教学效果。

2. 整体性

促进学生的生命发展是生命教育的重要内容和目标，学生应知情意行并重，德智体美整体发展。因此，生命教育课程评价也同样应遵循整体性原则，强调对学生生命认知、生命情感、生命意志和生命实践的整体评价。在评价中，不仅注重学生的生命认知和技能，更要注重学生生命体验和情感、态度、价值观方面的发展，更不能忽视学生在生命成长中的进步，着眼于学生未来的生命发展。

3. 多元性

每个学生的生命发展具有多样性、差异性的特点，与此相对应的课程评价就不能采用单一的、一刀切的方式进行。生命教育课程评价要尊重学生生命发展的特点，遵循多元性的评价原则，即课程评价的内容、方法和标准的多元化。在评价的内容方面，"从横向来看，包括对课程方案本身的评价、教师教学评价以及学生学业成就评定。从纵向来讲，评价内容包括对课程目标定位、对方案的可行性、对实施过程以及教学效果的评价"[①]；评价方法上，应将多种方法综合运用，如观察法、问卷、访谈、测验等等。在评价的标准方面，尊重学生在认知、情感、能力等方面的差异性，确立不同的评价标准，促进学生生命的多元发展。

4. 体验性

体验是生命存在的重要方式，只要有生命存在，只要生命一天不停止活动，生命就会有感受和体验，可以说人活着，就体验着，它是人们认识事物的一种方式。学生通常是在亲历某一事件的过程中获得相应的认识和情感。生命教育课程评价尤其要重视学生的体验性，在真实的情境中，学生的表现才更具有真实性，更具有体验性，在生命教育课程评价中，必须要重视评价的体验性。

---

① 宫黎明：《试论校本课程评价的原则》，《现代教育科学》2004 第 6 期。

三、中小学生命教育课程评价的方法

课程评价是课程开发过程中的反馈环节，对课程开发运行的成效有很大影响，而选择恰当科学的评价方法则是进行生命教育课程评价的关键，同时也是保证反馈信息质量的重要因素。生命教育课程以人的生命为核心，生命的发展是多元性的，相对应的评价方法也应是多元化的、形成性的，从而促进学生生命多元、健康、和谐发展。

1. 参与式记录法

生命教育课程强调参与式的观察，教师需要全面了解学生，就要和学生一起学习、一起体验，在真实的课堂环境、真实的生命教育场景和实践活动过程中记录学生的多方面表现，记录学生的生命态度和生命行为，这样才能确保评价的真实性和全面性。此外，生命的成长发展是一个长期发展的过程，不仅要记录学生阶段性的成长和进步，也要分析学生成长中出现的问题和不足，通过评价达到促进学生生命发展的目的。

2. 档案袋法

成长记录袋是个人作品的系统收集。最初使用这种形式的是画家和后来的摄影家，他们把自己有代表性的作品汇集起来，向预期的委托人展示。把这种方法应用到教育上，档案袋评定也是汇集学生作品的样本，其内容和目的是为了展示学生的学习和进步情况。通常，档案袋内容的选择和提交是由被展示作品的作者与档案袋提交的对象，即由学生和教师共同决定的。制作档案袋的进程涵盖了一项任务从起始阶段到完成阶段的整个跨度。档案袋评定的主要意义在于，它为学生提供了一个学习的机会，使学生可以学习自己，判断自己的进步。在传统的评价中，测验或考试对于学生具有神秘性，从标准的制定、试题的选择直到分数的评判，学生都在隔绝在外。这是传统测验对客观性的追求所决定的。而档案袋评定要考察的是学生运用所学知识的表现，学生就成为选择档案袋内容的一个决策者，从而有了判断自己学习质量和进步的机会，使学生进行自我评定。

成长记录袋有三种主要使用目的。第一种是描述学生的进步，就是用成长记录袋收集一系列学生作品样本，以向学生、教师或家长提供学生学业进步或退步的有关证据。第二种使用目的是展示学生的成就，学生要选择最佳作品展示成果。第三种使用目的是评估学生的状况，也就是说确定学生是否达到预期的表现水平。使用各种各样的传统成长记录袋还是使用过程性成长记录袋取决于你想要达到的特定目的。传统记录袋通常由大量的优等作品构成，这些作品因为优秀而保留在最终的文件中。相比而言，过程性成长记录袋所选择的作品在数量和质量上范围更广，用于显示学生理解的深度、广度以及学生理解的成长过程。过程性成长记录袋显示了新想法及新理解的发展过程——成功的和不成功的。确定成长记录袋中收集材料的类型时，首先要与评价目的联系起来，只要它能描述学生的学习和发展，具有发展价值，与评价目的有关，就可以收进成长。其次要与评价内容结合起来，如果评价的内容是学生的实验技能，那么收集的材料就应主要是实验设计、实验报告、实验过程中的观察记录等；如果评价内容是学生的价值观，就应主要收集学生的访谈记录、调查问卷、行为观察记录等材料。第三，在确定收集材料过程中，既要面向全体，又要照顾个别。如果每个学生成长记录袋在内容和形式上全都一致，那么原本生动活泼的评价活动变得单调而乏味了。第四，要考虑到底应该把谁的评价放到成长记录袋里。

成长记录袋的评分包括两个方面：一是给成长记录袋中所收集的材料评分，即分项目评分；二是对成长记录袋进行总体评分，即综合评分。约翰逊指出："档案袋设计必须有思想以确保学生作业的更大进步。"[①] 档案袋设计绝不是价值中立的，任何档案袋都体现了对特定教育价值观的追求。要明确期望学生达到的效果，并确定判断学生优质作业的标准和准则。"对这一步骤的重要性无论如何强调也不过分：如果新的评定不尝试澄清对优质作业的期望是什么，我们很可能是在用新瓶

---

① [美]约翰逊：《学生表现评价手册》，李雁冰译，华东师范大学出版社2001年版，第71页。

装旧酒。"①

作为一种发展性的评价方式,档案袋法强调学生自己和自己的纵向比较,客观全面地进行评价。在生命教育课程中,教师需要收集学生的各个方面资料,从中来发现学生对生命认知、情感、体验、价值观等方面情况,对学生的生命成长进行客观评价,尊重每个学生的差异性,增强学生学习的积极性。

3. 反思性评价

关于反思性评价,我们首先要从反思这个词的概念入手,方能进一步体验反思性评价的意蕴。"反思至少包括经验性的和科学性的(这里的科学性是指研究性和实践性等意思)。经验性反思是个体对经历过的事情的反省性'回顾',有三个主要特征:一是个体性。经验性反思往往是单个主体的活动。二是内隐性。经验性反思存在于个体的内心世界,是内隐的心理活动。三是批判性。经验性反思在审视对象进行合理肯定的同时,进行必要的否定。这些说明,尽管经验性反思具有批判性质,但由于它是个体自我的心理行为,没有依靠实践的验证,因此它很难保证反思结果的合理性。也就是说,它可能导致不反思不错,越反思越错的现象。科学性反思除了批判性特征外,还有两个不同于经验性的鲜明特征:一是群体性。科学性反思是群体进行的反思活动,它虽然离不开个体,但不是个体反思的简单相加,而是主体间性作用下的集思广益。二是实践性。科学性反思不止于内隐的心理活动,而是发现问题提出假说通过实践(验)检验的完整过程。由于有实践检验作为反思的基础,因此反思的结果可能逐步趋于合理(不合理的结果在实践检验中被淘汰)。"②

反思性评价是建立在科学意义上的反思,它不否认经验性反思存在的必要性和一定的合理性,而且经常利用经验性反思的作用,但它注意

---

① [美]约翰逊:《学生表现评价手册》,李雁冰译,华东师范大学出版社 2001 年版,第 72 页。

② 熊川武:《反思性教学的理论与实践》,《上海教育科研》2002 年第 6 期。

避免经验性反思的局限性。它的具体的评价活动多数是由某个学生承担的，但整个过程如发现问题、总结经验以及提出感想等环节都是在整个课程与教学的过程中进行策划和实施的。生命教育课程开发评价中一个重要性原则，即尊重学生的主体性、体验性和感受性，强调学生对生命的热爱感和敬畏感。反思性评价在课程开发过程中，遵循生命教育课程的目标、模式，通过学生讲述发生在自己身上的生命故事，深入了解学生的内心，让学生在故事的讲述中感受生命、体验自我，并通过反思自我的方式来无限接近真实的自我。

对我而言,羔羊的生命和人类的生命一样的珍贵,我可不愿意为了人类的身体而取走羔羊的性命。我认为越是无助的动物,人类越应该保护它,使它不受人类的残暴侵害。

——甘地

生命在于运动。

——伏尔泰

第六章　中小学生命教育课程文本

上述五章基于当下中国转型的风险社会,立足生命哲学、发展心理学、社会学与教育学的理论基础,深入把脉中小学生命教育课程开发的实践基础,借鉴与超越课程开发的经典模式和流程,从自然生命与精神生命两个层面,以认识生命、敬畏生命、珍爱生命、发展生命与超越生命五个维度,构建起中小学生命教育课程开发模式、框架和实施路径,解决了生命教育课程设计与开发的重大理论与技术问题。本章仅以初中生为对象,以生命知识库、生命故事屋、生命活动角、生命美文欣赏、生命视频链接和生命感悟六个板块,开发中小学生命教育课程文本,文本注重中小学生的生命认知、情感与体验,知识与技能、过程与方法及情感、态度与价值观三维目标有机融合,图文并茂,文本资源与视频资源辅承,自主学习与交流分享互动,为中小学生命教育课程文本开发提供一个思路与范例。

第一节　认识生命

生命是什么?它是怎样产生的?人类的生命从哪里来的、怎样起源的?这些问题在人类历史发展长河中,无数次地被追问,无数次地被解答,既有各种神话传说,又有科学解答。下面,就跟我们一起来探索和学习吧!

一、揭露生命的奥秘

关于人类起源，从古至今世界各民族都流行着各种各样的神话和传说，归纳各种神话。人类的起源可以分为"呼唤而出"、"原本存在"、"植物变的"、"动物变的"和"泥土造的"五种。

英国的凯恩斯·史密斯归纳了生命起源的七条线索：[1]

第一条线索：来自生物学

第二条线索：来自生物化学

第三条线索：来自建筑业

第四条线索：来自绳索的性质

第五条线索：来自技术史

第六条线索：来自化学

第七条线索：来自地质学

生命到底是什么？至今为止，对于生命仍然没有一个统一的答案。但

---

[1] ［英］凯恩斯·史密斯：《生命起源的七条线索》，中国对外翻译出版公司1995年版，第151－155页。

是不管人们是如何定义生命的，毫无疑问的是，生命是这个宇宙中最大的奇迹，每天的每个时刻都可能有很多新的小生命来到世上，那么一个新生命是如何诞生的呢？

进化论是英国生物学家达尔文所创立的关于物种起源和发展变化规律的学说。按照进化论的观点，以下图片，母腹中的胎儿再现了从简单生命进化成人的过程。

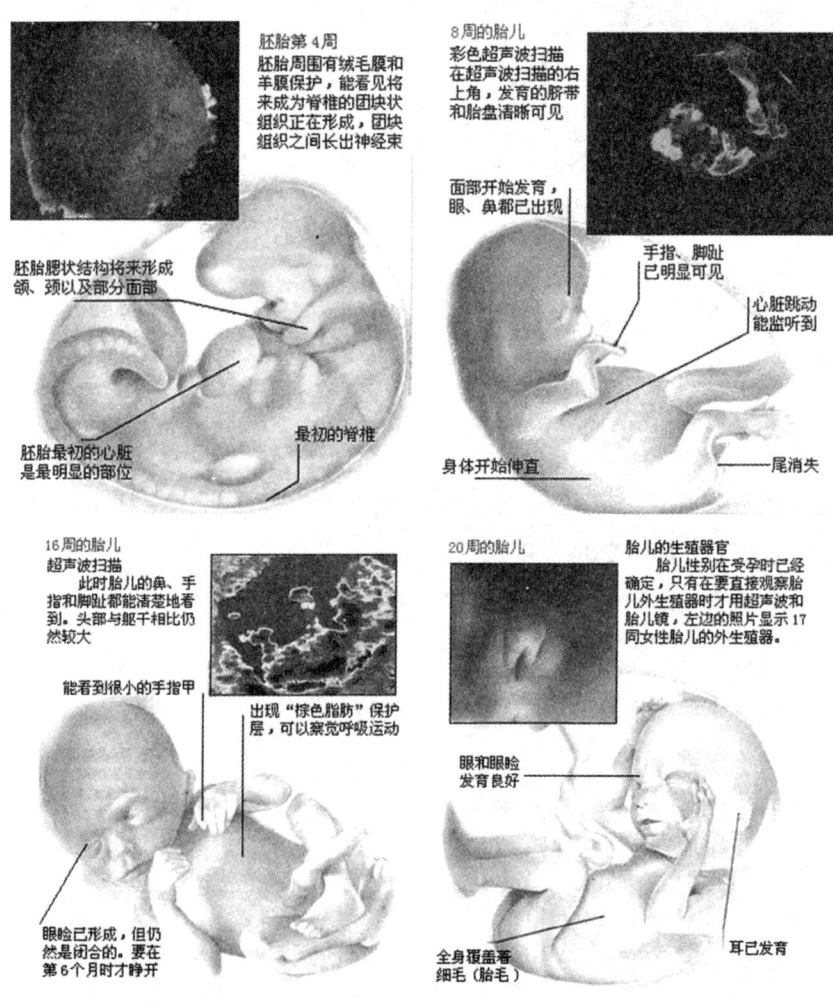

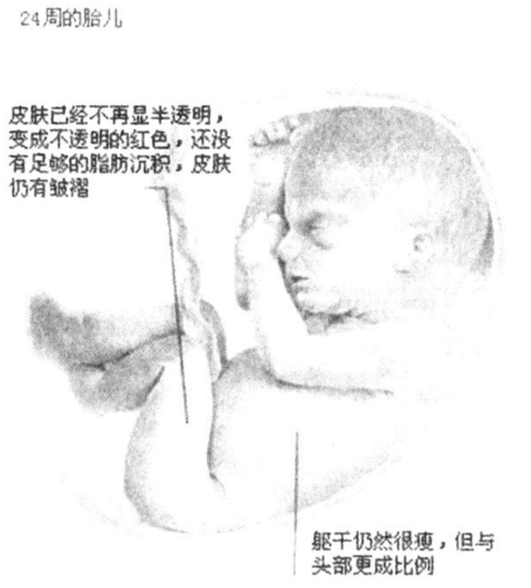

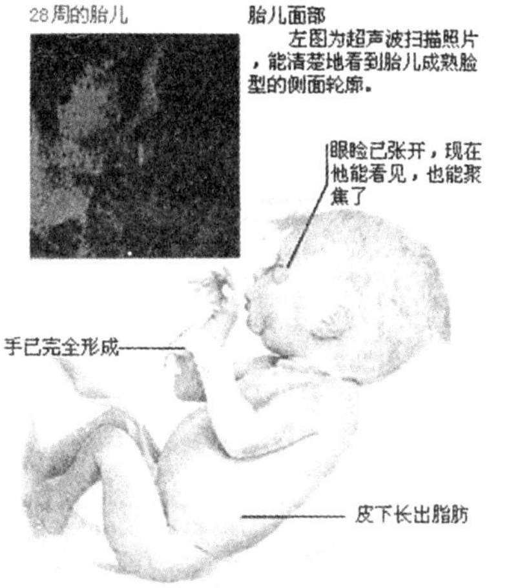

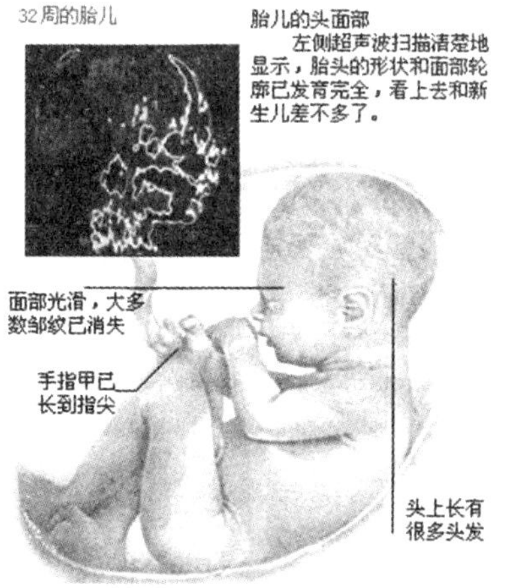

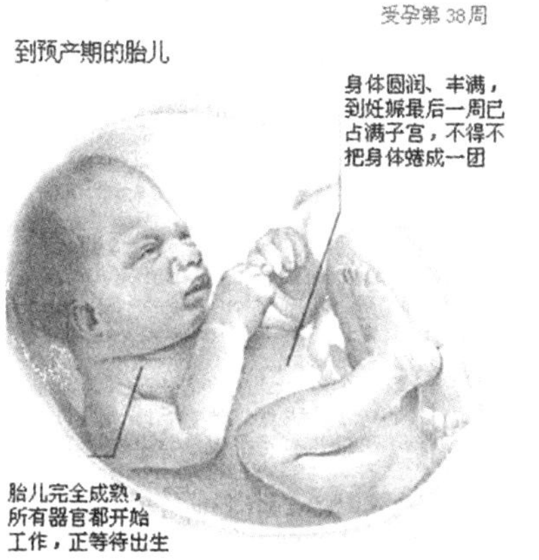

想一想

我们是怎样来到这个世界上的?

 生命故事屋

生命奥秘

——生命的产生就是最大的幸运

你是否还在因为幸运为何总不降临在自己的身上而沮丧?你是否还

在因为自己的生活不够精彩而感觉倦怠？如果真的是这样，亲爱的朋友，只能说明你还没有了解你自己所拥有的幸运。

当你听完我讲的生命奥秘的时候，你会发现原来如此，还有什么不知足的呀！

在人类的进化史上，我们的祖先用了40亿年，不断将自己的生命传承下来。如果他们中的任何一个在完成这场接力之前就死亡，那就没有了我们今天的存在。所以，亲爱的朋友，其实，我们每个生命的诞生就是相当于中了"亿万分之一"的大奖，这个幸运足够了吧。

所以，一个人最大的幸运那就是生命的存在。40亿年漫长的等待如同浩瀚的宇宙，而我们真正能掌握的时间，就只有短短的几十年。如果放任生命流逝，生命一如尘埃，如能善用，尘埃也能变成永恒。珍惜生命，珍惜我们拥有的那份幸运！

 生命活动角

感谢妈妈

活动内容：

1. 了解妈妈在怀孕期间的生理和心理变化。可以拟定一个提纲，向妈妈提问，并做好记录。提问可参考以下内容：

（1）妈妈怀孕期间有什么生理反应？

（2）妈妈的体重增加了多少？形体发生了怎样的变化？

（3）孕期大约是多长时间？为迎接我的出生，爸爸妈妈做了哪些准备？

（4）分娩时，从阵痛开始到我生出来大约经历了多长时间？

2. 通过这次谈话，你对妈妈怀孕、分娩有什么新认识？想对妈妈说什么？把你想说的话写在一张卡片上，送给妈妈。

生命美文欣赏

生命是一个奇迹[①]

[美] 比尔·布莱森

欢迎，欢迎。恭喜，恭喜。我很高兴，你居然成功了。我知道，来到这个世界很不容易。事实上，我认为比你知道的还要难一些。

首先，你现在来到这个世界，几万亿个游离的原子不得不以某种方式聚集在一起，以复杂而又奇特的方式创造了你。这种安排非常专门、非常特别，过去从未有过，存在仅此一回。在此后的许多年里，这些小粒子将任劳任怨地进行几十亿次的巧妙合作，把你保持完好，让你经历一次极其惬意而又赏心悦目的旅程，那就是生存。

形成你，对原子来说并不是一件心旷神怡的事情。尽管它们如此全神贯注，组成你的原子其实对你并不在乎———实际上甚至不知道你在哪里。它们实际上也不知道自己在哪里。它们毕竟是没有头脑的粒子，连自己也没有生命。然而，在你的生存期间，它们都担负着同一个任务：使你成为你。

原子很脆弱，它们的献身时刻倏忽而过——简直是倏忽而过，这是个坏消息。连寿命很长的人也总共只活大约100万个小时。而当那个不太遥远的终结点或沿途某个别的终点飞快地出现在你眼前的时候，由于未知的原因，你的原子们将宣告你生命的结束，然后散伙，悄然离去成为别的东西。你也就到此为止。

不管原子在宇宙的别的角落是不是形成生命，它们形成许多其他东西；实际上，除了生命以外，它们还形成别的任何东西。没有原子，就没有水，就没有空气，就没有岩石，就没有恒星和行星，就没有远方的

[①] [美]比尔·布莱森著，严维明、陈邕译：《万物简史》，接力出版社2005年版，第138—139页.

云团，就没有旋转的星云，就没有使宇宙如此动人、如此具体的任何别的东西。原子如此之多，如此必不可少，我们很容易忽视它们实际存在的必要性。

地球上的普通物种只能延续大约400万年，因此，若要在这里待上几十亿年，你不得不像制造你的原子那样变个不停。这说起来容易做起来难，因为变化的过程是无定规的。从"细胞质的原始原子颗粒"，到有知觉、能直立的现代人，要求你在特别长的时间里，以特别精确的方式，不断产生新的特点。因此，在过去38亿年的不同时期里，你先是讨厌氧气，后又酷爱氧气，长过鳍、肢和漂亮的翅膀，生过蛋，用叉子般的舌头舔过空气，曾经长得油光光、毛茸茸，住过地下，住过树上，曾经大得像麋鹿，小得像老鼠，以及超过100万种别的东西。这些都是必不可少的演变步骤，只要发生哪怕最细微的一点偏差，你现在也许就会在舔食长在洞壁上的藻类，或者像海象那样懒洋洋地躺在哪个卵石海滩上。

你不光自古以来一直非常走运，属于一个受到优待的进化过程，而且在自己的祖宗方面，你还极其——可以说是奇迹般地——好运气。想一想啊，在38亿年的时间里，你父母双方的哪个祖先都很有魅力，都能找到配偶，都健康得能生儿育女，都运气好得能活到生儿育女的年龄。这些跟你有关的祖先，一个都没有被压死，被吃掉，被淹死，被饿死，被卡住，早年就受了伤，以使这惟一可能的遗传组合过程持续下去，最终在极其短暂的时间里令人吃惊地——产生了你。

 生命视频连接

《生命的起源》

（2009年CCTV－10科教频道《科技之光》第249、250期）

生命感悟

二、我是谁——自我认识

生命知识库

"什么东西早晨用四条腿走路，中午用两条腿走路，晚上用三条腿走路？"你也许听说过这个谜语，但是未必知道它的由来和传说。它的深层寓意又是什么呢？那我们接下来就看看吧。

斯芬克斯是众神氏之一，她是传说中的一个奇特的生物——狮身人面。

在古希腊神话传说中，她作为神的使者带着神对人类的忠告："人，认识你自己。"从奥林匹斯山来到了人间，经过细心的筹划，她把那句神的箴言化作了一段谜语，
来盘问她所遇到的所有人。"什么东西早晨用四条腿走路，中午用两条腿走路，晚上用三条腿走路？"这就是斯芬克斯的谜语，每个路过的人都必须面对她来猜一猜她的谜语；而且，富有挑战和特殊意义的是，凡是猜不中的，都会为此而丧生，被斯芬克斯毫不留情地吃掉。后来，青年俄狄浦斯来到了斯芬克斯面前，并且解答出了斯芬克斯的谜语那就是人，那就是人本身！人小时，即生命的早晨，用四条腿走路即在地上

爬,长大了,即生命的中午,能够站立,用两条腿走路,人老了,即生命的晚上,用根拐棍帮助自己走路,即变成了三条腿。这个传说,通过这样的一个谜语,来告诫人类要对自己或自身进行认知和了解。

生命故事屋

高贵不论出生

——迈克尔·乔丹的故事

任何人都不能选择出生,但是未来可以掌握在自己手中。生命的开始既然是一个莫大的幸运,那么你就有理由用有限的生命存在去创造不一样的人生,甚至绽放永恒的辉煌。迈克尔·乔丹是1963年出生于纽约布鲁克林贫民区的黑人,这样的出生对于他来说,未来的道路可谓是一片漆黑,看不到什么希望。然而,20年后他的名字传遍了世界的每一个地方:1984年的NBA选秀大会,乔丹在首轮第3顺位被芝加哥公牛队选中;1986—1987赛季,乔丹场均得到37.1分,首次获得分王称号;1990—1991赛季,乔丹连夺常规赛MVP和总决赛MVP称号,率领芝加哥公牛首次夺得NBA总冠军;1997—1998赛季,乔丹获得个人职业生涯第10个得分王,并率领公牛队第六次夺得总冠军;2009年9月11日,乔丹正式入选NBA名人堂。时至今天仍然被无数篮球爱好者膜拜。

他的成长经历你知道?小时候他与父亲的关系很好,常常在父亲的修理铺里玩耍,他吐舌头的习惯就是和他父亲学的。当然,他的成功也离不开父亲的鼓励和帮助,下面这个小故事读完后你会有所收获。

父亲为了告诉小乔丹一个人生道理,有一天,他突然递给小乔丹一件旧衣服:"这件衣服能值多少钱?""大概一美元。"他回答。"你能将它卖到两美元吗?"父亲用探询的目光看着他。"傻子才会买!"他赌着气说。父亲的目光真诚又透着渴求:"你为什么不试一试呢?要是你卖掉了,也算帮了我和你的妈妈。"他这才点了点头:"我可以试一试,但是不一定能卖掉。"他很小心地把衣服洗干净，没有熨斗，他就用刷子把衣服刷平，铺在一块平板上阴干。第二天，他带着这件衣服来到一个人流密集的地铁站，经过六个多小时的叫卖，他终于卖出了这件衣服。

回到家后，父亲又递给他一件旧衣服："你能把他卖到两百美元吗？"父亲目光深邃，像一口老井幽幽地闪着光。这一回，他没有犹疑，他沉静地接过了衣服，开始了思索。

两个月后，当红电影《霹雳娇娃》的女主演拉佛西来到了纽约宣传，机会来了。记者招待会结束后，他猛地推开身边的保安，扑到了拉佛西身边，举着旧衣服请她签个名。拉佛西先是一愣，但是马上就笑了。没有人会拒绝一个纯真的孩子。拉佛西流畅地签完名。当天他通过现场叫卖，一名石油商人以一千两百美元的高价收购了这件运动衫。

回到家里，他和父亲，还有一大家人陷入了狂欢。父亲说道，"我只是想告诉你，一件只值一美元的旧衣服，都有办法高贵起来。何况我们这些活生生的人呢？我们有什么理由对生活丧失信心呢？我们只不过黑一点穷一点，可这又有什么关系？"就在这一刹那间，他的心中，有一轮灿烂的太阳升了起来，照亮了他的全身和眼前的世界。

生命活动角

背后留言

每个人一张16开白纸，在纸的最上面一行写下自己的姓名和对留言者说的一句话，大家相互帮助用大头针把纸固定到自己的后背上；接下来大家在同学的后背上写留言；十分钟之后，同学们再次围坐一起，拆开背后的纸条，看看同学们对自己背后的评价；团体分享"背后的留言"。

（1）人们因什么而欣赏你？因什么而不欣赏你？对别人的反应你认同吗？

（2）哪些评价让你感到新颖、好笑而又确实符合自己？

（3）你有没有看到自己潜在的优势或特长，可能你从未注意，而在

别人的眼中可能是那么的明显?

生命美文欣赏

论自己

朱自清

翻开辞典,"自"字下排列着数目可观的成语,这些"自"字多指自己而言。这中间包括着一大堆哲学,一大堆道德,一大堆诗文和废话,一大堆人,一大堆我,一大堆悲喜剧。自己"真乃天下第一英雄好汉",有这么些可说的,值得说值不得说的!难怪纽约电话公司研究电话里最常用的字,在五百次通话中发现三千九百九十次的"我"。这"我"字便是自己称自己的声音,自己给自己的名儿。

幼小时候有父母爱怜你,特别是有母亲爱怜你。到了长大成人,"娶了媳妇儿忘了娘",娘这样看时就不必再爱怜你,至少不必再像当年那样爱怜你。——女的呢,"嫁出门的女儿,泼出门的水";做母亲的虽然未必这样看,可是形格势禁而且鞭长莫及,就是爱怜得着,也只算找补点罢了。爱人该爱怜你?然而爱人们的嘴一例是甜蜜的,谁能说"你中有我,我中有你!"真有那么回事儿?赶到爱人变了太太,再生了孩子,你算成了家,太太得管家管孩子,更不能一心儿爱怜你。你有时候会病,"久病床前无孝子",太太怕也够倦的,够烦的。住医院?好,假如有运气住到像当年北平协和医院样的医院里去,倒是比家里强得多。但是护士们看护你,是服务,是工作;也许夹上点儿爱怜在里头,那是"好生之德",不是爱怜你,是爱怜"人类"。——你又不能老呆在家里,一离开家,怎么着也算"作客";那时候更没有爱怜你的。可以有朋友招呼你;但朋友有朋友的事儿,那能教他将心常放在你身上?可以有属员或仆役伺候你,那——说得上是爱怜么?总而言之,天下第一爱怜自己的,只有自己;自爱自怜的道理就在这儿。

再说，"大丈夫不受人怜。"穷有穷干，苦有苦干；世界那么大，凭自己的身手，哪儿就打不开一条路？何必老是向人愁眉苦脸唉声叹气的！愁眉苦脸不顺耳，别人会来爱怜你？自己免不了伤心的事儿，咬紧牙关忍着，等些日子，等些年月，会平静下去的。说说也无妨，只别不拣时候不看地方老是向人叨叨，叨叨得谁也不耐烦的岔开你或者躲开你，也别怨天怨地将一大堆感叹的句子向人身上扔过去。你怨的是天地，倒碍不着别人，只怕别人奇怪你的火气怎么这样大。——自己也免不了吃别人的亏。值不得计较的，不做声吞下肚去。出入大的想法子复仇，力量不够，卧薪尝胆地准备着。可别这儿那儿尽嚷嚷——嚷嚷完了一扔开，倒便宜了那欺负你的人。"好汉胳膊折了往袖子里藏"，为的是不在人面前露怯相，要人爱怜这"苦人儿"似的，这是要强，不是装。说也怪，不受人怜的人倒是能得人怜的人；要强的人总是最能自爱自怜的人。

大丈夫也罢，小丈夫也罢，自己其实是渺乎其小的，整个儿人类只是一个小圆球上一些碳水化合物，像现代一位哲学家说的，别提一个人的自己了。庄子所谓马体一毛，其实还是放大了看的。英国有一家报纸登过一幅漫画，画着一个人，仿佛在一间铺子里，周遭陈列着从他身体里分析出来的各种原素，每种标明分量和价目，总数是五先令——那时合七元钱。现在物价涨了，怕要合国币一千元了罢？然而，个人的自己也就值区区这一千元儿！自己这般渺小，不自爱自怜着点又怎么着！然而，"顶天立地"的是自己，"天地与我并生，万物与我为一"的也是自己；有你说这些大处只是好听的话语，好看的文句？你能愣说这样的自己没有！有这么的自己，岂不更值得自爱自怜的？再说自己的扩大，在一个寻常人的生活里也可见出。且先从小处看。小孩子就爱搜集各国的邮票，正是在扩大自己的世界。从前有人劝学世界语，说是可以和各国人通信。你觉得这话幼稚可笑？可是这未尝不是扩大自己的一个方向。再说这回抗战，许多人都走过了若干地方，增长了若干阅历。特别是青年人身上，你一眼就看出来，他们是和抗战前不同了，他们的自己扩大了。——这样看，自己的小，自己的大，自己的由小而大。在自己都是好的。

自己都觉得自己好，不错；可是自己的确也都爱好。做官的都爱做好官，不过往往只知道爱做自己家里人的好官，自己亲戚朋友的好官；这种好官往往是自己国家的贪官污吏。做盗贼的也都爱做好盗贼——好喽哆，好伙伴，好头儿，可都只在贼窝里。有大好，有小好，有好得这样坏。自己关闭在自己的丁点大的世界里，往往越爱好越坏。所以非扩大自己不可。但是扩大自己得一圈儿一圈儿的，得充实，得踏实。别像肥皂泡儿，一大就裂。"大丈夫能屈能伸"，该屈的得屈点儿，别只顾伸出自己去。也得估计自己的力量。力量不够的话，"人一能之，己百之，人十能之，己千之"；得寸是寸，得尺是尺。总之路是有的。看得远，想得开，把得稳；自己是世界的时代的一环，别脱了节才真算好。力量怎样微弱，可是是自己的。相信自己，靠自己，随时随地尽自己的一份儿往最好里做去，让自己活得有意思，一时一刻一分一秒都有意思。这么着，自爱自怜才真是有道理的。

《心中的小星星》（又名《地球上的星星》）

（国家：印度；导演：阿米尔·汗；时间：2007 年）

三、我和他们——"社会人"

我们生活在社会之中，就要与人交往，人际交往是每一个人都在面对和体验的。人际交往是与他人交流思想、情感的过程；是个人生存和发展的基本需要；是促进自己与社会发展的必要途径；是人类的基本活动之一。对于初中生而言，人际交往主要是指与同学、朋友、与老师、家长等的交往活动。

人际关系障碍归因十条

人际关系出现障碍的原因是多方面的。归纳整理一下有以下十条：

1、不尊重他人人格，甚至伤害他人；

2、忽视别人的处境和利益，置他人的困难于不顾；

3、企图操纵或驾驭他人，只顾个人私利，不顾别人的需要；

4、欺骗他人，不诚恳待人待事；

5、过分顺从以讨好他人，或欺上压下；

6、过分依赖别人，丧失自尊心，缺乏自主性；

7、嫉妒心太重，打击贬损他人，以不正当的手段赢得某种荣誉、职位、权力；

8、猜疑心太重，不信任他人，怀疑一切或心怀敌意；

9、自卑或丧失自尊心，对人际关系过于敏感，成绩过分夸大，对别人批评过严；

10、性情孤僻，心理过于内向。

生命故事屋

打往天堂的电话[①]

邵 云

　　一个夏日的下午,报亭主人文叔正悠闲地翻着杂志,这时一个身穿红裙子、十五六岁的小姑娘走到报亭前,她四处张望着,似乎有点不知所措,看了看电话机,又悄悄的走开了,然而不一会,她又来到报亭前。她忐忑不安的神情引起了文叔的注意,他抬头看了看女孩并叫住了她:"小姑娘,你要买杂志吗?"

　　"不,叔叔,我…我想打电话…"

　　"哦,那你打吧""谢谢叔叔,长途电话也能打吗?"

　　"当然可以!"小女孩小心翼翼的拿起话筒,认真的拨着号码,电话终于打通了:"妈…妈妈!我是小菊,您好吗?我随叔叔来到了乌镇,上个月叔叔发工资了,叔叔给了我50块钱,我已经把钱放在了枕头下面,等我凑足了500块,就寄回去给弟弟交学费,给爸爸买化肥。"

　　小女孩想了一下又说:"妈,我告诉你,我叔叔的工厂里每天都可以吃上肉呢,我都吃胖了,妈妈你放心吧,我能够照顾自己的。哦,对了,妈妈,前天这里一位阿姨给了我一条红裙子,现在我就是穿着这条红裙子给你打的电话…"

　　突然小女孩的语调变了,不停地用手揩着眼泪,"妈,你的胃还经常痛吗?家旁边的蔷薇花开了吗?我好想家,想弟弟,想爸爸,也想你,妈,我真的真的好想你,做梦都经常梦到你呀!妈妈……"女孩再也说不下去了。

　　[①] 转引自肖川,曹专:《生命的脆弱与灵动——生命教育中学生读本》,岳麓书社,第173-174页。

文叔爱怜地抬头看着她……女孩慌忙放下话筒。

"姑娘啊，想家了吧？别哭了，有机会就回家去看看爸爸妈妈。"

"嗯，叔叔，电话费多少钱呀？"

"没有多少，你可以跟妈妈多说一会，我少收你一点钱。"

文叔习惯性地往柜台上的话机望去，天哪，他突然发现话机的显示屏上竟然没有收费显示，女孩的电话根本没有打通！"哎呀，姑娘，你得重新打，刚才呀，你的电话没有接通…"

"嗯，我知道，叔叔。""其实…其实我的家乡根本就没有通电话。"

文叔疑惑的问道："那你刚才不是和你妈妈说话了吗？"

小女孩终于哭出了声："其实我没有了妈妈，我妈妈死了已经四年多了……每次看到叔叔和他的同伴给家里打电话，我真羡慕他们，我就是想和他们一样，给家里打电话，跟妈妈说说话……"

听了小女孩这翻话，文叔禁不住用手抹了抹眼镜后面的泪花："好孩子别难过，刚才你说的话，你妈妈她一定听到了，她也许正在看着你呢，有你这么懂事、这么孝顺的女儿，她一定会高兴的。你以后每星期六都可以来，就在这里给你妈妈打电话，叔叔不收你的钱。"

从此，这个乡下小女孩和这个古镇的报亭主，结下了一段"情缘"。

每周六下午，文叔就在这里等候小女孩，让小女孩借助一根电话线和一个根本不存在的电话号码，实现了把人间和天堂、心灵与心灵连接起来的愿望！

 生命活动角

风 雨 同 行

按7人一组分组，在7人中规定有2个"盲人"、2个"无脚人"、2个"无手人"、1个"哑巴"；在角色分配完成后，按要求"盲人"戴上眼罩、"哑巴"戴上口罩、"无脚人"捆绑双脚、"无手人"捆绑双手；

设计的起点与终点间的距离应该大于 20 米，并且设置障碍提高难度；把他们带到比赛起点，让小组成员把所有物品搬运到终点，以用时最少的组为胜；全班交流分享感受。

 生命美文欣赏

生命中的明灯

巴金

我的生命大概不会很长久罢，然而在短暂的过去的回顾中却有一盏明灯，照彻了我灵魂的深处，使我的生存有一点光彩，这盏灯就是友情。我应该感谢它，因为靠了它我才活到现在，而且把旧家庭给我留下的阴影扫除了的也是它。

朋友是暂时的，家庭是永久的。在好些他的行为里我发现了这个信条，这个信条在我实在是不可理解的。对于我，要是没有朋友，我现在会变成怎样可怜的东西，我自己也不会知道。

我的生活曾经是悲苦的、黑暗的。然而朋友们把多量的同情、多量的爱、多量的欢乐、多量的眼泪分了给我，这些东西都是生存所必须的。这些不要报答的慷慨的施舍，使我的生活里也有了温暖，有了幸福，我默默地接受了它们。我并不曾说过一句感激的话。我也没有做过一件报答的事，但是朋友们却不把自私的形容词加到我的身上，对于我，他们太慷慨了。

这一次我走了许多新地方，看见了许多新朋友，我的生活是忙碌的：忙着看，忙着听，忙着说，忙着走，但是我不曾遇到一点困难，朋友们给我准备好了一切，使我不会缺少什么，我每走到一个新地方，就像回到我那个在上海被日本兵毁掉的旧居一样。

每一个朋友，不管他自己的生活是怎样的苦，怎样简单，也要慷慨地分一些东西给我，虽然明知道我不能够报答他，有些朋友，连他们的

名字我以前也不知道,他们却关心我的健康,处处打听我的"病况",直到他们看见了我那被日光晒黑的脸和脖子,他们才放心地微笑了。这种情形的确值得人掉眼泪。

朋友们给我的东西是太多太多了,我将怎样报答他们呢?但是我知道他们是不需要报答的。

最近我在法国哲学家居友的书里读到了这样的话:"生命的一个条件就是消费……世间有一种不能跟生存分开的慷慨,要是没有了它,我们就会死,就会从内部干枯。我们必须开花。道德、无私心就是人生的花。"

在我的眼前开放着这么多的人生的花。我的生命要到什么时候才会开花?难道我已经是"内部干枯"了么?

朋友说过:"我若是灯,我就要用我的光明来照彻黑暗。"我不配做一盏明灯,那么就让我做一块木柴罢,我愿意把我从太阳那里受到的热放散出来,我愿意把自己烧得粉身碎骨给人间添加点点温暖。

生命视频连接

《花季雨季》

(国家:中国大陆;导演:戚健;时间:1997年)

生命感悟

四、活着的意义与价值

向您推荐一本书——《人是会思想的芦苇》,它源自法国十七世纪科学家、思想家布莱兹·帕斯卡尔1670年出版的散文集《思想录》,由艾柯翻译,文化艺术出版社出版。

帕斯卡尔的《会思想的芦苇》一书中有这样一段话:"人只不过是一根苇草,是自然界最脆弱的东西;但他是一根能思想的苇草。用不着整个宇宙都拿起武器来才能毁灭;一口气、一滴水就足以致他死命了。然而,纵使宇宙毁灭了他,人却仍然要比致他于死命的东西更高贵得多;因为他知道自己要死亡,以及宇宙对他所具有的优势,而宇宙对此却是一无所知。因而,我们全部的尊严就在于思想。正是由于它而不是由于我们所无法填充的空间和时间我们才必须提高自己。因此,我们要努力好好地思想。这就是道德的原则。"

思想之于人的伟大,乃在于世界万物中,唯有人可以借助自己的思想来反思自己的存在并自由地设计自己的一生,唯有人可以活在思想中并在思想中咀嚼人生的意味,也唯有人可以因思想而战胜死亡的恐惧无畏地向死……为此,希腊先哲苏格拉底告诫人们:未经思考的生活是不值得一过的。不过,所谓人生活在思想中并不是说人生天地就是书斋,人生岁月就是冥想,而是说人的生活以思想为基础,他必须以自己的思想来回答一系列人生的问题,否则他将寸步难行。这些问题大到"我为什么而活?"、"我要不要自杀?",小到"我到底上中文系还是上数学系?"、"我能不能爱别人的女朋友?",人生也可以说是对一系列问题的回答。人生的问题也许大体相似,而人生的回答却各不相同。

 生命故事屋

人生其实只有三天

—— 昨天是海—今天是帆—明天是太阳

看到这个标题也许有人会想到小品《昨天，今天和明天》，不错，在诙谐的笑语声中给我们留下的也许是那句：昨天买票，今天到这，明天走了。看到这个故事的副标题也许你得思考一会儿吧。人生说难很难，说简单又简单，三天啊，人人想做想实现的美好全在这三天，看看自己，很多的事还没做好，很多的愿还没实现。在这三天时间里，我们怎么合理安排才能最大限度地利用起来，让自己的人生轨迹画出不一样的绚丽风景呢？我先把人生这三天的故事各自说说。

昨天，逝者已矣，那种种的伤痛和不尽如人意都让昨天的时间带走了，本不应留在这里，然而有些人因之停止了前进的脚步，这种消极的处事态度只能得来更消极的结果。空悲切，只能蹉跎了岁月，白了少年头。万事皆有两面，都是相对的，我们不能完全对立极端的看待，只要你分两个方面来想，你会发现豁然许多。

今天，现在进行时，我们的每一份努力不一定就得到一份收获，但是我们一定要坚信当我们付出十份努力时那一份收获肯定会出现。当然，有些时候不管我们怎么的乞求上苍，给我们机会，但大局也许已经注定。此时，我们自己心中要有不灭的希望，用希望带动自己鼓起勇气、抚慰疲惫不堪的心灵，才能把握好下一个也许更好的机会。这样今天就没有虚度。

明天，无限的未知，它就像春天一样，一旦来临，百花齐放，勃勃生机来势凶猛。在这充满无限未知和变数的一天，所有曾经没有实现的梦想，我们都要好好计划和打算，然后按照已定的目标，锲而不舍的做下去，你定会有意外的惊喜。失败并不可怕，可怕是你拒绝站起来，不要让种种不如意，像细弦一样缠绕你的灵魂，让你的灵魂，最终被细弦

缠绕得败阵沦陷，最终走向灭亡。我们要心向光明，充满希望。

那么，当你读完讲的这三天的故事，你会发现人生其实很短暂，只有三天。昨天已去，成功与失败已然逝去，复归大海；今天正在，拼搏与努力至关重要，正待扬帆；明天未知，目标和计划锲而不舍，定见曙光。

昨天是海——包容，今天是帆——远航，明天是太阳——希望！

 生命活动角

全班学生分成若干个 6 人小组，每人发一张纸和笔；主持人要求大家把自己"生命中最重要的五样东西"写下来，小组内做一个交流；请每个人想一想，假如要从五样中划去一样，自己首先划去哪一样？划去的理由是什么？就这样依次再划去另一样……直到最后还剩一样；小组交流划去的顺序和理由，全班分享自己作出留与舍决定时的心理感受。

 生命美文欣赏

人的伟大

帕斯卡尔

人的伟大来源于思想。

人是自然界最脆弱的东西，犹如一根苇草。用不着整个宇宙都拿起武器来才能毁灭；一口气、一滴水就足以致他死地了。但是他是一根能思想的苇草，纵使宇宙毁灭了他，人却仍然要比致他于死命的东西更高贵得多，因为他知道自己要死亡，以及宇宙对他所具有的优势，而宇宙对此却是一无所知。

因而，我们全部的尊严就在于思想。正是由于它而不是由于我们所无法填充的空间和时间我们才必须提高自己。因此，我们要努力好好地思想，这就是道德的原则。

能思想的苇草——人绝不是求之于空间，而是求之于自己的思想的

规定。换一句话来说，就是应该追求自己的尊严。我占有多少土地都不会有用；由于空间，宇宙便囊括了我并吞没了我，犹如一个质点；由于思想，宇宙却被我囊括了。

人既不是天使，又不是禽兽；但不幸就在于想表现为天使的人却表现为禽兽。

人的尊严源于思想。

因此，思想由于它的本性，就是一种可惊叹的、无与伦比的东西。它一定得具有出奇的缺点才能为人所蔑视，然而它又确实具有，所以与其他事相比，这是最荒唐可笑的了。思想由于它的本性是何等的伟大啊！思想又由于它的缺点是何等的卑贱啊！

然而，这种思想又是什么呢？它是何等的愚蠢啊！人能够认识自己的可悲，所以认识伟大的；一棵树并不认识自己可悲，所以他不能与人比。

因此，认识自己的可悲乃是可悲的，然而，认识我们之所以为可悲却是伟大的。

这一切的可悲其本身，就证明了人的伟大。它是一位伟大君主的可悲，是一个失了位的国王的可悲。没有感觉，我们就不会可悲；一栋破房子就不会可悲。只有人才会可悲。

人的伟大——我们对于人的灵魂具有一种如此伟大的观念，以致我们不能忍受它受人蔑视，或不受别的灵魂尊敬，恰好给予人以全部的幸福。

很显然，人的伟大是那样地显而易见，甚至于从他的可悲里也可以得出这一点来。因为在动物身上是天性的东西，我们则称之为可悲；由此我们便可以认识到，人的天性既然有类似于动物的天性，那么人就是从一种为他自己一度所固有的更美好的天性里面堕落下来的。

如不是一个被废黜的国王的可悲，有谁会由于自己不是国王就觉的自己不幸呢？人们会觉得他保罗·哀米利乌斯不再任执行官就不幸了吗？正相反，所有的人都觉的他已经担任过了执行官乃是幸福的，因为他的情况就是不得永远担任执行官。然而，因为柏修斯的情况是永远要做国王的，所以人们觉得柏修斯不再做国王缺失如此之不幸，以至于人们对他居然能活下去感到惊异。谁会由于自己只有一张嘴而觉得自己不幸呢？谁又会由于自己只有一只眼睛而不觉得自己不幸呢？谁又会由于自己只有一只眼睛而不觉得自己不幸呢？谁又会由于自己没有三只眼睛而感到难过的呢？我们也许都不曾听说过，可是，若连一只眼睛都没有，那么怎么也无法慰藉了。

  在已经证明了人的卑贱和伟大之后，现在就让人尊重自己的价值吧。让他热爱自己吧，因为在他身上有一种足以美好的天性；可是让他不要因此也爱自己身上的卑贱吧。让他鄙视自己吧，因为这种能力是空虚的；可是让他不要因此也鄙视这种天赋的能力。让他恨自己吧，让他爱自己吧，他的身上有着认识真理和可以幸福的能力；然而无论是永恒的真理，还是满意的真理，他却根本没有获得过。

  因此，我要引人竭望寻找真理，并且只要他能发现真理，就准备摆脱感情而追随真理，既然他知道自己的知识是彻底地为感情所蒙蔽；我要让他恨自身中的欲念，因为欲念本身就限定了他。这样一来，欲念不至于使他盲目做出自己的选择，并且在他做出选择之后不至于妨碍他。

《听见天堂》

（国家：意大利；导演：克里斯提诺·波顿；时间：2006 年）

五、正视死亡 珍视生命

生命有它自己的逻辑,只要我们耐心地忍受,勇敢地坚持,一切恐惧都会过去的。对死亡态度的坦然,或者说一种安慰,也许就在于,死亡是必然的,也是自然的,就如同瓜熟蒂落。那么,当我们离去的时候,让我们感谢哺育过我们的大地吧![1]

一个人死了,就说他走了、不在了,国外亦是如此,在英语中对一个人死了的说法也有几十种。从医学角度出发,死亡的标准经历了一个发展变化的过程,由心肺死亡发展到现在被大多数人认可的脑死亡。心肺死亡的标准将死亡分为了两个阶段——临床死亡与生物学死亡,这一标准在医学界占据了长期的主导地位。美国哈佛医学院于1968年首次提出了脑死亡这一判断死亡的标准,随后世界卫生组织也颁布了这一标准。那么死亡究竟是什么呢,大家对于死亡又了解多少呢?

死亡是一个过程,因为死亡从细胞坏死开始,到组织器官受损,最终整体死亡,是有一个时间过程的。

1. 以心跳、呼吸停止为标志的死亡定义

在以脑死亡为标志的死亡定义产生之前,人类漫长的历史时期中不同民族、不同地域的人们,主要以呼吸心跳停止为死亡标志,因为呼吸是人们最易观察到的生命活动。中国古代医学在判断死亡时,用很轻的新蚕丝、新棉絮放在垂死者的口、鼻上来测,看是否摇动来判断死亡,称为"属纩"。后来人们才从脉搏的搏动,发展到贴耳胸前闻听心跳的情况来判断死亡。听诊器的发明,则使人们能够以心跳的存在与否作为判断死亡的主要方法之一。

---

[1] 何怀宏:《孩子我们来谈谈生命》,中国妇女出版社2009年版,第20页。

美国《布莱克法律辞典》的死亡定义为:"生命之终结,人之不存;在医生确定血液循环全部停止以及由此导致的呼吸脉搏等生物生命活动终止之时。"它从病理学的角度把血液循环的停止代表心脏跳动的停止,并置于呼吸心跳(脉搏)之前的地位,这是对死亡定义从体表征象向生理病理实质的一种进步。《Dorland's医学辞典》的死亡定义为:"死亡是由心跳和呼吸停止所显示的外在生命的消失。"

2. 心、肺、脑死亡定义

临床上所指的脑死亡,是指包括脑干在内的全脑功能丧失的不可逆转的状态。人脑是由延髓、脑桥、中脑、小脑、间脑和端脑等6个部分组成,延髓、脑桥和中脑合称脑干。人体的呼吸中枢位于脑干,因此脑干功能受损会直接导致呼吸功能停止。人体一些部位的细胞在受到伤害后可以通过再生来恢复功能,而神经细胞则不同:一旦坏死就无法再生。所以,当一个人的脑干遭受无法复原的伤害时,脑干就会永久性完全丧失功能,以致呼吸功能不可逆的丧失。随后,身体的其他器官和组织也会因为没有氧气供应,而逐渐丧失功能。随着医学科技的发展,病人的心跳、呼吸、血压等生命体征都可以通过一系列药物和先进设备加以逆转或长期维持。但是如果脑干发生结构性破坏,无论采取何种医疗手段均无法挽救患者的生命。因此,与心脏死亡相比,脑死亡显得更为科学。

 生命故事屋

死亡三次

死亡,这个令人望而生畏的词汇,对于它我们很多时候并不是很清楚。怎么定义死亡,在不同层面有着不同的解释,看完这个故事你也许会有更多的认识。

1985年11月10日,美国费城"飞行"球队的明星守门员Pelle Lindbergh，开车撞到了水泥墙上，导致大脑广泛受创，脊髓也受到严重损伤。第二天，《华盛顿邮报》以"飞行队守门员 Pelle Lindbergh 被宣布为脑死亡"为标题刊登了一段消息。同一天《纽约时报》报道说，Lindbergh"脑已死亡并且恢复无望"。在接下来的两天中对这一事情的报道继续称他"大脑死亡"，然而又说他在生命支持措施下"活着"，说他"在死亡的上空盘旋"并且"毫无生还机会"。另有一条新闻报道说他已经在星期一被宣布为"临床死亡"。最后，在事故发生并被明确宣布脑死亡之后两天的星期二的新闻报道中说："在他家人的请求下外科医生摘除了他的器官以供器官移植。不过，《时报》在星期三报道中说：Pelle Lindbergh 于昨天下午在历时5个小时的器官摘除手术结束时死亡"。

说一个人在星期日早晨被宣布为"脑死亡"，在星期一"临床死亡"，在星期二下午"死亡"，这意味着什么？如果他真的直到星期二下午才死亡，引起他死亡的原因是什么？是因为摘除了他的重要的器官吗？那么，是这些摘除他器官的外科医生杀死了他吗？[①]

死亡，我们需要正视它、了解它，才能更好地体会生命的存在和生命的意义及价值。

 生命活动角

绘制生命线

准备一张白纸和两支颜色的笔，一支较鲜艳，一支较暗淡，把白纸横放，画一道长长的横线，然后给这条线加上一个箭头，让它成为一条有方向的线。然后，在线条的左侧，写上"0"这个数字，在线条右方的箭头旁边，写上你为自己预计的寿数，在这条标线的最上方，写上你的名字，再写上"生命线"三个字。这张图即代表了你的生命线，这条

---

① 翟晓梅：《死亡的尊严》，首都师范大学出版社2002年版，第21页.

有箭头的线就代表了你的生命的长度。

按照你为自己规定的生命长度和比例，找到你目前所在的那个点。在你的标志左边，即代表着过去岁月的那部分，把对你有重大影响的事件用笔标出来，快乐的事情用鲜艳的笔写在上方，越快乐写的位置越高，痛苦的事则用暗淡的笔写在下方，越痛苦写的位置越低，看一看，在过去的重大事件中，位于横线之上的部分多，还是位于横线之下的部分多？

完成了过去时，即将进入将来时。在你的生命线上，把你这一生想干的事，都标出来，如果有可能尽量把时间注明。视它们带给你的快乐和期待的程度，标在线的上方。挫折和困难也不妨——用黑笔将它们在生命线的下方大略勾勒出来，这样我们的生命线才称得上完整。全部完成以后，这张表就代表了你的人生蓝图。

生命美文欣赏

谈 生 命

冰 心

我不敢说生命是什么，我只能说生命像什么。

生命像东流的一江春水，他从最高处发源，冰雪是他的前身。他聚集起许多细流，合成一股有力的洪涛，向下奔注，他曲折地穿过了悬崖峭壁，冲倒了层沙积土，挟卷着滚滚的沙石，快乐勇敢地流走，一路上他享受着他所遭遇的一切；有时候他遇到巉岩前阻，他愤激地奔腾了起来，怒吼着，回旋着，前波后浪地起伏催逼，直到他过了，冲倒了这危崖他才心平气和地一泻千里。

有时候他经过了细细的平沙，斜阳芳草里，看见了夹岸红艳的桃花，他快乐而又羞怯，静静地流着，低低地吟唱着，轻轻地度过这一段浪漫的行程。有时候他遇到暴风雨，这激电，这迅雷，使他心魂惊骇，疾风吹卷起他，大雨击打着他，他暂时浑浊了，扰乱了，而雨过天晴，只加给他许多新生的力量。有时候他遇到了晚霞和新月,向他照耀,向他投影,清冷中带些幽幽的温暖:这时他只想憩息,只想睡眠,而那股前进的力量,仍催逼着他向前走……

终于有一天,他远远地望见了大海,呵!他已到了行程的终结,这大海,使他屏息,使他低头,她多么辽阔,多么伟大!多么光明,又多么黑暗!大海庄严的伸出臂儿来接引他,他一声不响地流入她的怀里。

他消融了,归化了,说不上快乐,也没有悲哀!也许有一天,他再从海上蓬蓬的雨点中升起,飞向西来,再形成一道江流,再冲倒两旁的石壁,再来寻夹岸的桃花。然而我不敢说来生,也不敢相信来生!

要记住:不是每一道江流都能入海,不流动的便成了死湖;不是每一粒种子都能成树,不生长的便成了空壳!生命中不是永远快乐,也不是永远痛苦,快乐和痛苦是相生相成的。等于水道要经过不同的两岸,树木要经过常变的四时。在快乐中我们要感谢生命,在痛苦中我们也要感谢生命。快乐固然兴奋,苦痛又何尝不美丽?我曾读到一个警句,是"愿你生命中有够多的云翳,来造成一个美丽的黄昏"。世界、国家和个人的生命中的云翳没有比今天再多的了。

生命视频连接

《人生的最后一堂课》

(国家:美国;导演:兰迪·弗雷德里克·波许;时间:2007年)

 生命感悟

第二节 敬畏生命

生命是自然界最为神奇的创造，多种多样的生命体共同构成了我们美丽的生存家园。无论是一只渺小的虫子，还是一株矮小的草木，也无论是身体健全抑或是身患残疾的人，作为大自然中的一员，都应该得到尊重。我们应满怀一颗敬畏之心，和他人、自然、社会和谐相处，为我们的生存家园填涂上美好而绚丽的色彩。

一、敬畏生命——人类生存的家园

 生命知识库

世界地球日（World Earth Day）在每年的 4 月 22 日，是一项世界性的环境保护活动。该活动最初在 1970 年由美国盖洛德·尼尔森和丹尼斯·海斯发起，随后影响越来越大。活动旨在唤起人类爱护地球、保护家园的意识，促进资源开发与环境保护的协调发展，进而改善地球的整体环境。中国从 20 世纪 90 年代起，每年都会在 4 月 22 日举办世界地球日活动。改变世界，特别是在 4 月 22 日国际性地球日这个值得纪

念的日子里，行动起来。记得国际知名图画作家芭芭拉·库尼（Barbara Cooney）的名作《花婆婆（Miss Rumphius）》，故事中的小女孩对她爷爷说，我长大之后，要到很远的地方旅行，然后，我要住在大海边。她的爷爷说，这些都很好……但是，你还要再做一件事：让这个世界变得更美丽。

 生命故事屋

生态灾害正在向我们发出警报①

大连有着"北方明珠"的美誉。

每一位到大连的游客甚至大连本土居民在赞叹大连清洁美丽的时候，绝不可能想到，美丽繁华的大连城下面，海水正疯狂地吞噬着地下淡水资源。

多年从事大连海水入侵研究工作的水文地质专家痛心地说，目前，大连市海水入侵面积已达220平方公里（此外还有轻微海水入侵面积202平方公里），海水入侵面积已占了大连市区的1/8，最大海水入侵纵深已达8公里。若再不加以控制，整个大连市的地下淡水将全部被海水占领，"蓝城"将变成"咸城"。

大连已经到了最危急的时刻。

这一切始于20世纪60年代中期。

水文地质资料表明，20世纪60年代中期，大连市的地下水处于平衡状态，两种水相互依托，互不侵犯。

大连市位于辽东半岛南端，三面环海，淡水资源极为匮乏，年人均淡水资源不足800立方米，仅为全国平均水资源拥有量的1/4。

---

① 吴岗：《生态灾害正在向我们发出警报》，《读者》2004年第12期，第20页。

解放前，大连的城市规模不断扩大，人口的激增，地上水满足不了日益增长的人口的需求后，人们将目光瞄准了地下水。很凑巧，大连的地下水质很好，喝起来甘甜可口。人有时候喜欢凑热闹。张家打出的地下水很好喝，李家马上效仿。打井取水在当时成了一种时尚，你一口我一口，致使地下水开采全线失控。据老水文地质专家回忆，20世纪60年代，大连地面的井打到五十多米即可出水；到了70年代，井到打到80－100米才能见到水；现在，许多地区水井不打到百米以下决见不到水。40年功夫，大连的地下水水位下降了五十多米。

大连的海水入侵正是由于多年对地下淡水过量开采而致。资料显示，从1982年到2000年，十几年中，大连地下水储量由原来的6亿立方米骤然下降至2.4亿立方米，这期间，地下淡水的补给能力锐减3/5。如此大的空缺，只能任由海水补充了。海水的入侵给大连工农业及人民生活带来了极大的影响。

 生命活动角

可回收物品

1. 废纸：报纸、书本纸、包装用纸、办公用纸、广告用纸、纸盒等；注意纸巾和厕所纸由于水溶性太强不可回收；

2. 塑料：各种塑料袋、塑料泡沫、塑料包装、一次性塑料餐盒餐具、硬塑料、料牙刷、塑料杯子、矿泉水瓶等；

3. 玻璃：玻璃瓶和碎玻璃片、镜子、灯泡、暖瓶等；

4. 金属：易拉罐、铁皮罐头盒、牙膏皮等；

5. 布料：主要包括废弃衣服、桌布、毛巾、布包等。

 生命美文欣赏

生活在大自然的怀抱里

卢梭

为了到花园里看日出,我比太阳起得更早;如果这是一个晴天,我最殷切的期望是不要有信件或来访扰乱这一天的清宁。我用上午的时间做各种杂事。每件事都是我乐意完成的,因为这都不是非立即处理不可的急事,然后我匆忙用膳,为的是躲避那些不受欢迎的来访者,并且使自己有一个充裕的下午。即使最炎热的日子,在中午一时前我就顶着烈日带着芳夏特(芳夏特,卢梭养的一条狗的名字)出发了。由于担心不速之客会使我不能脱身,我加紧了步伐。可是,一旦绕过一个拐角,我觉得自己得救了,就激动而愉快地松了口气,自言自语说:"今天下午我是自己的主宰了!"从此,我迈着平静的步伐,到树林中去寻觅一个荒野的角落,一个人迹不至因而没有任何奴役和统治印记的荒野的角落,一个我相信在我之前从未有人到过的幽静的角落,那儿不会有令人厌恶的第三者跑来横隔在大自然和我之间。那儿,大自然在我眼前展开一幅永远清新的华丽的图景。金色的燃料木、紫红的欧石南非常繁茂,给我深刻的印象,使我欣悦;我头上树木的宏伟、我四周灌木的纤丽、我脚下花草的惊人的纷繁使我目不暇接,不知道应该观赏还是赞叹;这么多美好的东西争相吸引我的注意力,使我眼花缭乱,使我在每件东西面前留连,从而助长我懒惰和爱空想的习气,使我常常想:"不,全身辉煌的所罗门也无法同它们当中任何一个相比。"

我的想像不会让如此美好的土地长久渺无人烟。我按自己的意愿在那儿立即安排了居民,我把舆论、偏见和所有虚假的感情远远驱走,使那些配享受如此佳境的人迁进这大自然的乐园。我将把他们组成一个亲切的社会,而我相信自己并非其中不相称的成员。我按照自己的喜好建造一个黄金的世纪,并用那些我经历过的给我留下甜美记忆的情景和我

的心灵还在憧憬的情境充实这美好的生活,我多么神往人类真正的快乐,如此甜美、如此纯洁,但如今已经远离人类的快乐。甚至每当念及此,我的眼泪就夺眶而出!啊!这个时刻,如果有关巴黎、我的世纪、我这个作家的卑微的虚荣心的念头来扰乱我的遐想,我就怀着无比的轻蔑立即将它们赶走,使我能够专心陶醉于这些充溢我心灵的美妙的感情!然而,在遐想中,我承认,我幻想的虚无有时会突然使我的心灵感到痛苦。甚至即使我所有的梦想变成现实,我也不会感到满足:我还会有新的梦想、新的期望、新的憧憬。我觉得我身上有一种没有什么东西能够填满的无法解释的空虚,有一种虽然我无法阐明、但我感到需要的对某种其他快乐的向往。然而,先生,甚至这种向往也是一种快乐,因为我从而充满一种强烈的感情和一种迷人的感伤——而这都是我不愿意舍弃的东西。

　　我立即将我的思想从低处升高,转向自然界所有的生命,转向事物普遍的体系,转向主宰一切的不可思议的上帝。此刻我的心灵迷失在大千世界里,我停止思维,我停止冥想,我停止哲学的推理;我怀着快感,感到肩负着宇宙的重压,我陶醉于这些伟大观念的混杂,我喜欢任由我的想像在空间驰骋;我禁锢在生命的疆界内的心灵感到这儿过分狭窄,我在天地间感到窒息,我希望投身到一个无限的世界中去。我相信,如果我能够洞悉大自然所有的奥秘,我也许不会体会这种令人惊异的心醉神迷,而处在一种没有那么甜美的状态里;我的心灵所沉湎的这种出神入化的佳境使我在亢奋激动中有时高声呼唤:"啊,伟大的上帝呀!啊,伟大的上帝呀!"但除此之外,我不能讲出也不能思考任何别的东西。遗忘,但他们肯定不会把我忘却;不过,这又有什么关系?反正他们没有任何办法来搅乱我的安宁。摆脱了纷繁的社会生活所形成的种种尘世的情欲,我的灵活就经常神游于这一氛围之上,提前跟天使们亲切交谈。并希望不久就将进入这一行列。我知道,人们将竭力避免把这样一处甘美的退隐之处交还给我,他们早就不愿意让我呆在那里。但是他们却阻止不了我每天振想象之翼飞到那里,一连几个小时重尝我住在那里时的喜悦。我还可以做一件更美妙的事，那就是我可以尽情的现象。假如我设想我现在就在岛上，我不是同样可以遐想吗？我甚至还可以更近一步，在抽象的单调的遐想的魅力之外，再添上一些可爱的形象，使得这一遐想更为生动活泼。在我心醉神迷的时这些形象所代表的究竟是什么，连我的感官也时常是不甚清楚的。现在的遐想越来越深入，它们也就被勾画的越来越清晰了。跟我当年真在那里时相比，我现在时常是更融洽地生活在这些形象之中，心情也更加舒畅。不幸的是，随着想象力的衰退，这些形象越来越难以映入脑际，而且也不能长时间的停留。唉！正在一个人开始摆脱他的躯壳时，他的视线却被他的躯壳阻挡的最厉害！

生命视频连接

《海底总动员》

（国家：美国；导演：安德鲁·斯坦顿·昂克里奇；时间：2003年）

生命感悟

二、低碳生活 从我做起

生命知识库

所谓低碳生活，就是尽可能地减低由于生活中所耗用的能量而导致的二氧化碳的排放量。低碳生活，对于我们普通大众来说是一种环保意识的体现，也是一种生活态度。

怎么办啊？

●用手帕代替纸巾：不知道还有多少人记得，曾经的我们无论是抹眼泪还是擦嘴角，用的都是手帕。不要觉得那是上世纪的古老玩意儿，这是环保的象征。纸巾也是树木的产物，纸巾的利用率比打印纸还要低，很可能只是用到了中间那一小块，然后就被丢弃了。请在口袋里预备一块手帕吧。

●拒绝一次性筷子：生活中和树木有关的东西到处都是。一次性筷子和树木的联系尤为密切，随着保护森林意识的增强，一次性筷子的使用量不断下降。

●拒绝塑料袋：随着"限塑令"的出台，使用塑料袋的人越来越少了，取而代之的是可重复利用的购物袋，都应继续坚持下去！

●节约用水：要学会重复利用水，比如，洗菜的水可以用来冲厕所，淘米水对洗去碗的油污有一定效果，洗衣服的水正好可以洗拖把……只要我们愿意多转一个弯，就能合理地利用好每滴水。

●节约用电：节约用电，一般都是体现在细节处。比如：人走出屋子，就随手把开关关上；用节能灯泡替换普通灯泡，瓦数不要太亮，只要能不损伤视力就行；不要频繁地开冰箱；买空调选节能型的，夏天把空调温度调高一些，既

减排又能避免空调病；如果居住楼层较高，安装太阳能热水器……

生命故事屋

生命是一张美丽的网

世间万物相互关联，人只不过是天地间的一分子，与植物、动物、微生物等其它生生不息的万物一起共同构成了这个丰富多彩的世界，编织成一张生命之网。如此，人的生命在这个网中只不过是一个节点或者一根线。但我们人类的活动会影响到整个网络的发展，最终同样也会影响到我们人类自己。

有这样一组数据，"现在每天都有一百多个物种从地球上消失，另有145种哺乳动物、437种鸟类、69种两栖类、400多种无脊椎动物和250种植物正处在灭绝的边缘。"这些现象的出现源于人类对环境的破坏和污染，如珠峰雪样中含汞含锰，大西洋底有铅铬沉积，南极企鹅体内含苯，北极云雾在加浓变酸等，这些都是人类对地球环境消极影响造成的恶果。

然而，更让人痛心的是，人们还未充分意识到问题的严重性，生命之网面临着巨大的人为灾难，地球人的生存已岌岌可危。更少有人想到过要敬畏生命、爱惜自然，维护生命之网的长治久安。

生命是一张美丽的网，世间万物皆在其中。看完这个生命之网面临的危险和挑战，作为分子的你有什么想法呢？低碳生活，保护自然，这是我们每一个人都可以做到的，而且是在平常的生活中都能做到的，为了美丽的生命之网，也为了我们自己赶快行动起来吧。

 生命活动角

你知道吗？

少搭乘1次电梯，就减少0.218kg的碳排放量；少开冷气1小时，就减少0.621kg的碳排放量；少吹电扇1小时，就减少0.045kg的碳排放量；少看电视1小时，就减少0.096kg的碳排放量；少用灯泡1小时，就减少0.041kg的碳排放量；少开车1公里，就减少0.22kg的碳排放量；少吃1次快餐，就减少0.48kg的碳排放量；少烧1kg纸钱，就减少1.46kg的碳排放量；少丢1kg垃圾，就减少2.06kg的碳排放量；少吃1kg牛肉，就减少13kg的碳排放量；省一度电，就减少0.638kg的碳排放量；省一吨水，就减少0.194kg的碳排放量；省一度天然气，就减少2.1kg的碳排放量；

如果一天做到每一项，那么我们可以每天减少21.173kg的碳排放量；如果全中国每个人每一天都能做到每一项，那么我们每天可以减29642200000kg的碳排放量，约合3×10^7吨。如果全世界每一人每一天都能做到每一项，那么我们每天可以减少1058650000000kg的碳排放量，约合1.1×10^8吨。

活动内容：请结合低碳生活的观点和理念，将这些具体可以实施的措施融入到你的一日生活中，最终整理出一份对你行之有效且可以执行的"低碳清单"，从而为我们共同生活的家园做出自己的贡献。

 生命美文欣赏

低碳生活标准[①]

1、少用纸巾，重拾手帕，保护森林，低碳生活；

[①] 生活百科：《低碳生活50条准则》，《青海国土经略》2010年第2期，第64页.

2、每张纸都双面打印，双面写，相当于保留下半片原本将被砍掉的森林；

3、随手关灯、关开关、拔插头；不坐电梯爬楼梯，省下大家的电，换自己的健康；

4、绿化不仅是去郊区种树，在家种些花草一样可以，还无须开车；

5、一只塑料袋5毛钱，但它造成的污染可能是5毛钱的50倍；

6、浴室未必一定要有浴缸；已经安了，未必每次都用；已经用了，请用积水来冲洗；

7、关掉不用的电脑程序，减少硬盘工作量，既省电也维护电脑；

8、比起开车来说，骑自行车上下班一不用担心油价上涨，二不用担心体重增加；

9、没必要一进门就把全部的灯打开；

10、考虑到坐公交为世界环境做的贡献，至少可以抵消一部分开私家车带来的优越感；

11、请相信，痴迷皮草那不过是一种反祖冲动；

12、可以这么认为，气候变暖一部分是出于对过度使用空调或暖气的报复；

13、尽量少使用一次性用品，因为制造他们所使用的石油也是一次性的；

14、如果你知道西方一些海洋博物馆里展出中国生产的鱼翅罐头，还会有这么好的食欲吃鱼翅捞饭么；

15、未必红木和真皮才能体现居家品味；建议使用竹制家具，因为竹子比树木长得快；

16、利用太阳能这种环保能源最简单的方式，就是尽量把工作放在白天做；

17、过量食肉至少伤害三个对象：动物、自己和地球；

18、婚礼仪式不是你憋足28年劲甩出的面子，更不是家底积累的PK；

19、认为把水龙头开到最大才能把蔬菜盘碗洗得更干净，那只是心理作用；

20、可以理直气壮地说，衣服攒够一桶再洗不是因为懒，而是为了节约水电；

21、一个孩子从婴儿期养到学龄前，花费确实不少，部分玩具、衣物、书籍用二手的；

22、如果堵车的队伍太长，还是先熄火安心等待吧；

23、定期检查轮胎气压，气量过低或过足都会增加油耗；

24、定期清洗空调，不仅健康而且省电；

25、一般的车用93♯油就够了，盲目使用97♯可能既废油，还伤发动机；

26、跟老公交司机学习如何省油：少用急刹，把油门松了，靠惯性滑过去；

27、洗澡时不要浪费淡水资源；

28、勤俭节约需要科学的方法：剩菜冷却后，用保鲜膜包好再送进冰箱；热汽不仅增加冰箱做功，还会结霜，双重费电；

29、空调外机是防水设计，给它罩上外套只会降低散热效果，当然费电；

30、洗衣粉出泡多少与洗净能力之间无必然联系，而低泡洗衣粉可以比高泡洗衣粉少漂洗几次，省水省电省时间；

31、洗衣机开强档比开弱档更省电，还能延长机器寿命；

32、电视机在待机状态下耗电量一般为其开机功率的10%左右，这笔帐算起来还真不太小；

33、如果只用电脑听音乐，显示器就可以调暗，或者干脆关掉；

34、如果热水用得多，不妨让热水器始终通电保温，因为保温一天所用的电，比一箱凉水烧到相同温度还要低；

35、洗干净同样一辆车，用桶盛水擦洗只是用水龙头冲洗用水量的1/8；

36、可以把马桶水箱里的浮球调低 2 厘米，一年可以省下近 4 立方水；

37、建立节省档案，把每月消耗的水电煤气也记记账，做到心中有数；

38、买电器看节能指标是最简单的方法了；

39、实验证明，中火烧水最省气；

40、10 年前乱丢电池还可以能是无知，现在就完全是不负责任了；

41、随身常备筷子或勺子，已经是环保人士的一种标签；

42、冰箱内存放物品的量以占容积的 80％为宜，放得过多或过少，都费电。

 生命视频连接

《小战象》

（国家：泰国；导演：克恩卡尔德；时间：2006 年）

 生命感悟

三、我的生活充满阳光

人的一生中最受用的四句话:第一句,我真的很棒;第二句,有理不在身高;第三句,一切都会过去;第四句,每天前进一步。当我们的生活充满这些振奋人心的话语时,恰如我们的生活充满阳光。

生命知识库

关于艾滋病的知识你知道多少呢?

艾滋病,全称为获得性免疫缺陷综合征,英文名称 Acquired Immune Deficiency Syndrome,AIDS。它是人类因为感染人类免疫缺陷病毒(Human Immunodeficiency Virus,HIV)后导致免疫缺陷,并发一系列机会性感染及肿瘤,严重者可导致死亡的综合征。

2004年国务院防治艾滋病工作委员会办公室、联合国艾滋病中国专题组发布的艾滋病防治评估报告指出我国艾滋病出现、传播的三个阶段:国外病例传入期(1985—1988)、散播期(1989—1993)和高速增长期(1994—现在)。截止到2004年12月中国的艾滋病感染者估计已达到84万人,而且艾滋病由高危人群向一般人群扩散的态势仍在继续。①

请你了解以下的艾滋病预防常识并告诉他人:

1. 艾滋病是一种病死率极高的严重传染病。目前还没有治愈的药物和方法,但可预防。

2. 艾滋病病毒主要存在于感染者的血液、精液、阴道分泌物、乳汁等体液中,所以通过性接触、血液和母婴三种途径传播。绝大多数感染者要经过5—10年时间才发展成病人,一般在发病后的2—3年内死亡。

3. 与艾滋病人及艾滋病病毒感染者的日常生活和工作接触(如握手、拥抱、共同进餐、共用工具、办公用具等)不会感染艾滋病,艾滋

---

① 国务院防治艾滋病工作委员会办公室、联合国艾滋病中国专题组:《2004年中国艾滋病防治联合评估报告》,2004年12月1日发布.

病不会经马桶圈、电话机、餐饮具、卧具、游泳池或公共浴室等公共设施传播，也不会经咳嗽打喷嚏、蚊虫叮咬等途径途径传播。

4. 洁身自爱、遵守性道德是预防经性途径传染艾滋病的根本措施。

5. 正确使用避孕套不仅能避孕，还能减少感染艾滋病、性病的危险。

6. 及早治疗并治愈性病可减少感染艾滋病的危险。正规医院能提供正规、保密的检查、诊断、治疗和咨询服务，必要时可借助当地性病、艾滋病热线进行咨询。

7. 共用注射器吸毒是传播艾滋病的重要途径，因此要拒绝毒品，珍爱生命。

8. 避免不必要的输血、注射、使用没有严格消毒器具的不安全拔牙和美容等，使用经艾滋病病毒抗体检测的血液和血液制品。

9. 关心、帮助和不歧视艾滋病人和艾滋病病毒感染者，他们是疾病的受害者，应该得到人道主义的疼情和帮助。家庭和社会要为他们营造一个友善、理解、健康的生活和工作环境，鼓励他们采取积极的生活态度，改变危险行为，配合治疗，有利于提高他们的生命质量、延长生命，也有利于艾滋病的预防和维护社会安定。

10. 艾滋病威胁着每一个人和每一个家庭，预防艾滋病是全社会的责任。

 **生命故事屋**

安逸、平静的生活是每一个人都想过的，突来的困难和磨难降临时，人的本能是心生抱怨，这无可厚非，除非你是圣人。然而在承受住生活赋予你的悲欢离合时，蓦然回首，原来一切还是过来了，其中不乏生命的韧性与力量、爱情、友谊等组成人之为人的重要元素淋漓尽致地展现。"生活是属于每个人自己的感受，不属于任何别人的看法"，这是

余华 2007 年在其著作《活着》的麦田新版自序中的一句话，现在品味一下，想到很多。让我们的生活充满阳光，更多地说的是一种生命的态度，穷也一天富也一天，苦也一时甜也一时。《活着》中的福贵在读者看来除了苦难还是苦难，别的什么也没有剩下。然而在福贵从自己的角度去讲述时，他的生活充满了幸福和快乐，相信自己的妻子是世界上最好的妻子，子女是最好的子女，他泪水濡湿的瞳孔深处涌动着的是对生活的渴望，至爱被一一夺去，他仍活着，在阳光下歌唱……

福贵的故事似乎很辛酸，但又具有生命的顽强和亲切，看了不由得要思索，包含着远远比小说本身更重要的东西，它表现的是生命状态和人生形态，难以轻松。在这篇小说里，我们随处可以感到人、时间和命运的巨大力量。福贵历尽沧桑仍有滋有味地活着的意义在于：人生之中，我们应该学习他怎样在血泪之中活下去的力量。这些人物身上并没有太多的奇特之处，或许他就是我们生活中的某一位，或许他的人生正是我们不得不过的人生，或许他的悲欢、期望和无奈也和我们一样。

你读过余华的《活着》吗？有时间你可以读一下，去体味一下福贵的人生百态、酸甜辣苦。

 生命活动角

人体"拷贝"

全班分为若干个组，要求每组 10 人以上；每组一路纵队站好，主持人将写有一个数字的纸条让每组的第一个人看一眼，然后请他通过身体扭动把信息传给后面一个，依次"拷贝"传动；最后一位同学跑到主持人处，写出"拷贝"的数字；一般各组"拷贝"三位数，主持人宣布各组的"拷贝"结果；小组合作集体造型，完成一组 6 位数表演；全班交流，分享感受。

注意事项：

1. 避免各组之间的影响，各组"拷贝"的数字不要相同。

2. 在"拷贝"传递时,只允许两个人之间发生联系,不能集体参谋、交流。

3. "拷贝"的三位数,如 0.18、8.69、578、328、542、235 等,身体扭动幅度较大的为宜。

4. 强调不准发出声音,要求只在两个人之间传递信息,已传递完信息的和还未传递信息的学生都是背对两个正在传递信息的学生。

5. 除了考虑立体数字表达,还可以提示学生做平面的表达。可以是阿拉伯数字表达,也可以是中文数字的表达。

生命美文欣赏

生命的绝唱[①]

聂永清

蝉是季节的歌手。整个夏天,只要有绿树,就会有蝉。而只要有蝉,就能听到蝉在歌唱。对如歌的蝉声,从童年开始就耳熟能详了。

整个夏天,它们都在拼命地唱,在撕肝裂肺地唱,它们生存的唯一目的乃是歌唱。我尽管无数次专心倾听过蝉的歌唱,却无法知悉它们为什么要歌唱,更无法知悉那蕴含在声音中的意义。直到我读过一组关于"蝉"的文章,才知道这与蝉的苦难蜕变历程有关。

蝉是从成虫蜕变而成的。蝉从幼虫到成虫,至少要在黑暗的地穴中韬光养晦五年。蝉在地下几乎把所有的精力都用在了如何修建一条完美的隧道上。它要建设的隧道至少有半米,有的长达一米多,而且完全是封闭的。对于一只小小的幼蝉来说,这的确是一个庞大的工

[①] 转引自肖川,曹专:《生命的脆弱与灵动——生命教育小学生读本》,岳麓书社,第267—269页。

程。何况，它还要面临突如其来的灾难，大雨可能淹没它的洞穴，老鼠等各种土栖的食虫类动物会把它当成一块点心。它没有任何支援者，可以利用的材料也只有身边的泥土，一切都必须依靠自己的智慧与力量来完成。当隧道打通，成虫便钻出地面，爬到植物茎干、篱笆、墙壁或石块上，从胸部背后裂开一条缝，依靠体内的血液冲涨和肌肉的收缩，便脱出原来幼虫期的旧壳，变成一只长着透明翅膀的成虫——蝉。这个过程就叫做"金蝉脱壳"，也称蜕变，又叫羽化。佛教中，蝉被称作复活的象征。

　　蝉就是从黑暗中的泥土里倔强地走出来的。因为寂寞，因为苦难，它才获得了一双飞翔的翅膀，要与绿树与阳光与生命相依。它表达的方式唯有歌唱，唯有热情的歌唱才能证明它们对命运不屈的抗争。这激越的声音是长期被压抑生命选择的释放和迸发，是显示自己生命存在价值的浑厚的争鸣，是大自然的天籁。蝉将生命幻化成一曲张扬、挥洒的绝唱。它们尽力、尽情、尽心地歌唱着，狂热、虔诚，振聋发聩，不绝于耳。每一只蝉都是一个不知疲倦的歌者，它用一生的歌唱来展示生命的存在。

 生命视频连接

《网络妈妈》

　　（国家：中国大陆；导演：周勇；时间：2007年）

四、向您致敬

生命知识库

中国全国助残日是中国残疾人节日。1990年12月28日审议通过的《中华人民共和国残疾人保障法》第48条规定:"每年五月第三个星期日为全国助残日。"《中华人民共和国残疾人保障法》从1991年5月15日开始实施,"全国助残日"活动即从当年开始进行。全国每年都进行"助残日"活动,每年助残日活动的主题,都是依据当年残疾人事业发展的重点工作确立的。

以下是1991年以来的助残日主题:

1991年第1个全国助残日主题是:宣传残疾人保障法;

1992年第2个全国助残日主题是:走进每个残疾人家庭;

1993年第3个全国助残日主题是:扶助共进;

1994年第4个全国助残日主题是:我们同行——为远南残疾人运动会献爱心;

1995年第5个全国助残日主题是:一助一,送温暖;

1996年第6个全国助残日主题是:预防残疾,增进健康;

1997年第7个全国助残日主题是:助残与自强;

1998年第8个全国助残日主题是:扶贫解困;

1999年第9个全国助残日主题是:无障碍与视觉第一;

2000年第10个全国助残日主题是:志愿者助残;

2001年第11个全国助残日主题是:宣传贯彻保障法,携手迈入新世纪;

2002年第12个全国助残日主题是:关注基层残疾人工作,保障残

疾人基本生活；

2003年第13个全国助残日主题是：发展残疾人事业，共同奔赴小康；

2004年第14个全国助残日主题是：情系我的兄弟姐妹，帮扶贫困残疾人；

2005年第15个全国助残日主题是：平等共享，促进残疾人就业；

2006年第16个全国助残日主题是：真实的了解，真挚的关爱；

2007年第17个全国助残日主题是：保障残疾人的权益，共建和谐社会；

2008年第18个全国助残日主题是：牵手残疾人，走进残奥会；

2009年第19个全国助残日主题是：关爱残疾孩子，发展特殊教育；

2010年第20个全国助残日主题是：关爱帮扶农村贫困残疾人；

2011年第21个全国助残日主题是：改善残疾人民生 保障残疾人权益；

2012年第22个全国助残日主题是：加强残疾人文化服务、保障残疾人文化权益；

2013年第23个全国助残日主题是：帮扶贫困残疾人；

2014年第24个全国助残日主题是：关心帮助残疾人，实现美好中国梦；

2015年第25个全国助残日主题是：关注孤独症儿童，走向美好未来。

 生命故事屋

把爱写在左手

记得看过这样一句话，"之前我一直在抱怨自己没有鞋子穿，直到

一天我在街头看见一个没有脚的人……"生活中也许我们会遇到很多阻力、磨难，甚至有些时候想起了放弃，心生抱怨。当你发现一些残疾人在极端艰难的条件下取得难以想象的成功时，如2015四川攀枝花无臂考生彭超高考交出603的满意答卷，你会作何感想？我们身体健全，又做的怎样呢？对于他们我们应该心怀敬意，无论是成功的残疾人还是生活在这个世界上平凡普通的残疾人，他们身上体现的那种毅力、坚强和微笑面对生活的精神，都是值得钦佩的。

身患残疾的人能够生存下来，这本身就证明了他们的坚强，残疾对于他们来说并不可怕，最为让他们感到害怕的是正常人投来的异样或者怜悯乃至别的什么目光。倘若我们心怀敬意，正常的看待他们，我想这本就是对他们最大的鼓励和安慰。我认识一个失去右手的朋友，说完他的故事，你也许会明白很多。

刚开始接触他时，你发现他打篮球的方式很奇特，用左手运球，用单手过人并能准确地投篮。其实，他这样做的原因并不是显摆什么，而是因为他只有一只手。更让我吃惊的是他这只左手居然还能写一手好字，甚至能在钢琴上演奏出动听的乐曲。更让我敬佩的，是他对生活乐观的态度和健康的心态，言语亲切、工作努力，与同事朋友的关系融洽。……见过许多因为身体残疾而心理也一同"残疾"的人，所以一直不理解他的"健康"。有一天，当我见到了他的家人，我才幡然大悟。

那天，我和一个朋友去他家看他，他的父母非常热情，请我们留下吃饭。他们一家人都很热情，谈起他的时候，言语之中总透露着无尽的温情爱意与骄傲、自豪。聊了半个钟头之后，晚餐准备好了，大家就围坐在桌前，品尝起他母亲做的美味佳肴，我也成了左撇子……

我从来都没有想象过，这个世界原来还有这样真挚而细致的爱。一家人为了给自己残疾的只有一只左手的亲人一个平和而正常的环境，一齐改掉自己坚持了几十年的使用右手的生活习惯。当然，生活中我们也许不能向那位朋友家人那样对待身边的残疾人，但是我们要怀着一颗敬意之心。

 生命活动角

"盲人"旅行

在背景音乐声中,每个人戴上眼罩扮演一个盲人,先在室内独自一人穿越障碍旅程,体验盲人的无助、艰辛、甚至恐惧;所有学生中一半人继续扮演盲人,另一半人扮演帮助盲人的"拐棍",由"拐棍"帮助盲人完成室外有障碍的旅行。完成后交换角色重新体验;所有学生均扮演盲人,并两个盲人相互帮助到室外走过一段障碍旅程;学生们交流在不同情况下,扮演不同角色的感受。

注意事项:

1. 障碍旅程的设计,应该有跨越、钻圈、下蹲、上攀、独木桥、上下楼等多种障碍。

2. "盲人"旅行过程中不允许用语言交流,最好配置适当的背景音乐。

3. 在角色互换的旅行中"盲人"与"拐棍"最好不要选择同一人,以陌生的对象为好。

 生命美文欣赏

活着的一万零一条理由[①]

不知是由于天性中的忧郁、孤独,还是因为成长的挫折、痛楚,有一段时间,我心里时常会冒出许多有关生命的疑惑。而那时,我的外祖母已年届九十,银发飘飘,说话气喘吁吁,走路时双手不停地哆嗦,像

---

① 肖川、曹专选编:《生命的脆弱与灵动——生命教育中学生读本》,岳麓书社2010年版,第30—32页。

被巨大的无形之手牵引着。但她却像一棵顽强的老树，勤勉地活着，将慈爱的笑容给予她所爱的人。

外祖母常说活着的理由有一万零一条，所以她才留恋生命，留恋那晒进来的满房间阳光。当我追问她究竟那一万零一条理由是什么时，她总是笑而不答，并让我自己去寻找答案。

我果真准备了个本子，到处找人攀谈，请他们说出活着的理由。有人说活着是为了亲人，他爱他们，要与他们厮守，共度长长的一生；有个邻居是大学生，他说活着是为了荣誉和生命的尊严；我还问过一位陌生的过路人，他说活着是为了不白白来人世一趟，他要到处走走，看看，跋山涉水，去领略生命中许多潜藏的景观，这就是他活着的理由。

最难忘的是一个身患绝症的少女，她长着圆圆的、白白的脸，走路都已经不稳了，还常常出来坐在树下，倾听鸟儿的歌唱。她起初不知晓自己的病情，后来有人说话不慎露了口风，少女却没有为此哭泣，而是更长久地坐在树下，抱住她爱的树。很久很久以后，人们才发现她在树干上刻下三个字：我要活。

渐渐地，我那本子上记载的理由已有数百条了，过了一年，又变成了数千条。虽然远不及外祖母说的那么多，但字里行间的真挚动人，却足以说明：热爱生活，善待他人，怀有追求，是多么明智和高尚的选择。

随着阅历的增加，那个本子密密麻麻地记载了无数个活着的理由，它层层叠叠，甚至有的还相互重合，但它们中间灿灿闪光的便是：希望，有了希望就有了黎明，有了期盼，有了转机，有了续写未来的可能，有了对生命价值的思索，有了创造奇迹的起点。

然而，并非人人都能眺望到希望，因为希望总在遥远的远方，具备放眼长望的能力的人才能看到它。我曾听一位身世坎坷的少女谈及，十六岁那年她遭受了一次巨大的不白之冤，她发誓说，如果第九十九天她还讨不回清白，就毁灭自己。可到第九十天时，她看到了希望，及时修正了誓言。结果，她抗争了整整一年，终于得到了公正的结局。

断断续续好几年，我都认真地搜集着一条条"理由"，终于有一天，我不再热衷于这个方面的抄录，而且，我估计，也许那儿的理由已达到了一万条。

就在这时，外祖母病危，我赶到医院去看她。当时，她定定地睁着眼，侧着双耳，专注而又陶醉地聆听着什么，我悄声问她在听什么美妙的声音。

外祖母喃喃地说："我在听心跳的声音。"

这何尝不是世上最美的仙乐呢？生命多么辉煌灿烂，多么值得去珍惜。

我流着泪，郑重地将这第一万零一条活着的理由镶刻在心中，永远永远……

 生命视频连接

《隐形的翅膀》

（国家：中国；导演：冯振志；时间：2007年）

 生命感悟

第三节 珍爱生命

在平时的生活中，我们或是听闻或是亲历一些危险，既有地震、海啸、泥石流等自然灾害，也有火灾、交通事故等人为灾害，这些都给我们的生命安全造成了威胁。作为一名中学生，珍爱生命要做到了解和掌握自救、逃生、防身等方面的知识；做到在帮助他人之时，也要保护自身安全；重视心理健康，使自己成为一个身心健康发展的人。

一、偶遇危险会自救

●遇到坏人怎样保护自己？

对于中学生来说，学会识别身边的好人与坏人，做好自身的安全防范，更显重要。

从表面上看，坏人与常人没有什么不同，坏人脸上没有写字，坏人没有一定的模样。坏人做坏事时，总是事先选择好作案的时间，以便能达到目的，不被人发觉，而且易于逃跑。

1. 一般来说，坏人绑架拐卖儿童多发生在学生上下学的途中、中午家中没有家长以及学生傍晚单独外出玩耍时。侵犯女生的违法犯罪分子则往往选择在清晨、黄昏或深更半夜，也有时趁白天家中无人，尾随入室。入室盗窃、抢劫等往往选择父母上班时间或白天家中无人时。

2. 坏人作案前，善于伪装。实施不同的侵害，方法也不尽相同。可能以如下方式接近中小学生，并趁其不备加以侵害，假装遇到困难，向中小学生求助，如问路、帮助找人、帮忙拿东西等。

3. 假装学校教师、警察或其他执法管理人员，声称学生违反校规、犯法等，强行带走，进行绑架，或抢劫学生钱财，对女生非礼等。

4. 伪称是推销员、送货员、水电工、修理人员等要求孩子开门。故意施以小恩小惠，以糖果、食品、玩具、钱物以及做游戏等名义来诱骗中学生。请您顺便搭车或带您出去玩等趁机拐走。

●如何避免被人拐骗、绑架呢？

1. 外出游玩时要征得家长同意并将行程去处告诉父母或其他家人，说明大概的返家时间。

2. 养成进出家门随手关门的习惯。

3. 不单独与素不相识的人同乘无人看管的电梯。

4. 上下学外出游玩、购物时，最好不单独行动，要与同学、朋友等结伴同行。

5. 不搭陌生人的便车，不接受陌生人的物品馈赠。

6. 不独自通过狭窄街巷、昏暗地小道，不独自去偏远的公园、无人管理的公厕，一人独处空屋时要关好门窗。

7. 不要在外人或朋友面前炫耀父母的地位或财富。陌生人伴称家中有紧急事情时，可立即报告老师、并与父母取得联系，以确认是否属实。

8. 为避免路上被劫尽可能与同学、朋友结伴同行。

9. 穿着打扮要朴素，不戴名牌手表，不穿名牌衣服等。

10. 晚上、清晨外出时要走灯火明亮、宽敞的街道，不要走偏僻的小径或荒地。

●遇到火灾时的逃生要点有哪些？

安全穿越烟雾区

用湿毛巾捂住口鼻，采用低姿行走或匍匐逃离火区。实验表明，一条普通的毛巾如被折叠了16层，烟雾消除率可达90%以上。

熟悉环境，记住出口

当处在陌生的环境时，如入住酒店、商场购物、进入娱乐场所时，为了自身安全，务必留心疏散通道，安全出口及楼梯方位等，以便关键时候能尽快逃离现场。

扑灭小火

当发生火灾时,如果发现火势并不大,且尚未对人造成很大威胁时,应奋力将小火控制、扑灭。千万不要惊慌失措地乱叫乱窜,置小火于不顾而酿成火灾。

明辨方向,脱离火区

突遇火灾,面对浓烟和烈火,要保持镇静,迅速判断危险地点和逃脱的路线,千万不要盲目随人流乱冲乱窜。

冷静机智,速离险境

身处险境,应尽快撤离,不要顾及生命之外任何财产包括贵重物品。

就地打滚,先灭身火

从大火中跑出时,如衣服着火,不要站着,不要奔跑,跑动会扇起火势。正确的做法是在地面滚动,用毯子、大衣等物裹住身体以窒熄火苗。如他人逃出大火时衣服已着火,将其推倒在地,用同样方法使火苗缺氧自然熄灭。不要抱住他们,否则会引火上身。

切勿大喊,敲击代替

不要在火灾现场大声呼喊,防止呼吸道烧伤。

生命故事屋

英国11岁女孩成功"拯救"百余海啸游客获嘉奖

在日常生活中,我们要养成积累生活小常识的习惯,这不仅可以丰富自己的知识储备,而且在有些特殊情况下可以拯救自己的生命,甚至更多人的生命。我们的生活中到处充满着未知的隐患,你能想到乘坐扶梯会失去双腿乃至生命?你能想到乘坐电梯时遭遇危险?如果你知道这些突发的状况的应急处理防范,很可能你就会挽救自己生命,拯救别人

的生命。之前有报道一个新闻,当即将海啸发生时,一个11岁女孩成功拯救百余游客:

"2004年圣诞期间一名英国小女孩蒂利,与家人前往泰国普吉度假,在12月26日那天,她们一家在碧波荡漾的海中玩耍时,蒂利突然发现海水冒起泡沫,就像啤酒表面一样,警觉的她马上意识到这就是发生海啸的征兆。在去泰国前两星期,她的老师在课堂上播放了一段夏威夷海啸的影片,她说我记住了那些场面。蒂利随即警告父母和7岁的妹妹及其他游客逃离现场,最初大家都不相信这个小女孩的话。可是当蒂利变得歇斯底里后,人们才开始明白事情的严重性,并迅速撤离。100多名游客全部安全返回,该海滩没有一个人死亡。由于蒂利的英勇表现,英国海事学会(Marine Society)特别向她颁发了奖状。"①

生命活动角

安全演练

下面的交通标志你认识吗?说说看。

安全标志	你知道这些标志表示的意思吗	安全标志	你知道这些标志表示的意思吗

---

① http://news.sohu.com/20050910/n226919889.shtml.

生命美文欣赏

生活是美好的——对企图自杀者进一言

[俄] 契可夫

生活是很不欢快的笑话，不过要使它美好却也并不很难。为了做到这点，光是中头彩赢了 20 万的卢布、得了"白鹰"勋章、娶了漂亮的老婆、以好人出名，还是远远不够的——这些福分都是没有规律的，而且很容易习以为常。为了不断地获得幸福的感觉，甚至在苦恼和忧愁的时候也能感到幸福，那就要：一非常满足于现状，二很高兴地感到，"事情还可能更糟呢。"

如若火柴在你的衣袋里燃烧起来了，那你自然应当高兴，而且感谢上苍：多亏你的口袋不是火药仓库。

若有穷亲戚上别墅寻找你，那你不要脸色发白，而要喜气洋洋地叫道："挺好，还好来的不是警察！"

要是你的手指头扎了一跟刺，那你应该高兴："挺好，多亏刺不是扎在眼睛里！"

如果你的爱人或者小姨子练钢琴,那你不要生气,而要感谢这份福运:你是在聆听音乐,而不是听狼嗥或者猫的演唱会。

你该高兴,因为你居然可以不用读《公民报》,不用坐在垃圾车上,不必一下子跟三个人结婚。……

朋友,照着我的劝告去做吧,你的生活就会其乐无穷。

生命视频连接

《丛林赤子心》

(国家:美国;导演:乔·坎普;时间:1987年)

生命感悟

二、地震自救与互救

地震又称地动、地振动,是地壳快速释放能量过程中造成振动,期间会产生地震波的一种自然现象。全球每年发生地震约五百五十万次。

生命知识库

地震,是地球内部发生的急剧破裂产生的震波,在一定范围内引起

地面振动的现象。地震就是地球表层的快速振动，在古代又称为地动。它就像海啸、龙卷风、冰冻灾害一样，是地球上经常发生的一种自然灾害。大地振动是地震最直观、最普遍的表现。在海底或滨海地区发生的强烈地震，能引起巨大的波浪，称为海啸。

一、地震前如何预防

（1）准备足够的食品和饮料，特别要在床头、课桌、办公桌及其他常待的学习生活场所常备饮用水和必要的食物。

（2）检查并及时消除家里不利防震的隐患，加固住房：看一看自家住房有没有不利抗震的地方？住房的建造质量好不好？是否已年久失修？不宜加固的危房要及时撤离。

（3）合理放置家具、物品：把墙上的悬挂物取下来或固定住，防止掉下来伤人；清理杂物，让门口、楼道畅通；对阳台护墙进行清理，将花盆杂物拿下来；固定高大家具，防止倾倒砸人；家具物品摆放要做到"重在下、轻在上"；把牢固的家具清空，以备震时藏身。

（4）准备好必要的防震物品；练习"一分钟紧急避险"；进行紧急撤离练习。

二、震时应急主要措施

破坏性地震从人感觉振动到建筑物被破坏平均只有12秒钟，在这短短的时间内千万不要惊慌，应根据所处环境迅速作出保障安全的抉择。

（1）遇震时一定要镇静，选择室内结实、能掩护身体的物体下（旁），或易于形成三角空间的地方和开间小、有支撑的地方，如跨度小的厨房、厕所、墙角或桌子、床等家具下进行躲避。

（2）如果住的是平房，应该迅速跑到门外。如果住的是楼房，千万不要跳楼！不要站在窗边和阳台上。绝对不可以使用打火机或蜡烛，因为空气中可能含有易燃易爆气体。

（3）避开高大建筑物，如楼房、特别是有玻璃幕墙的高层建筑、立交桥、高烟囱及桥梁、隧道、峭壁陡坡或海边等；避开危险物，如变压器、电线杆、路灯、广告牌、吊车等，更不要在狭窄的巷道和楼梯上停留。

（4）遇到山崩、滑坡，要横着与滚石前进方向跑，切不可顺着滚石方向往山下跑；也可躲在结实的障碍物下，或蹲在地沟、坎下；特别要保护好头部。

（5）处于泥石流区域时，应迅速向泥石流沟两侧跑离，切记不能顺沟向上或向下跑动。要避开山脚、陡峭的山坡、山崖等。

（6）实施平时设想好的各种避震方式方法，带上必要的救护药品及避震器物。

（7）迅速切断电源和煤气管道，迅速远离易燃易爆及有毒气体源。

 生命故事屋

一定记住我爱你

"亲爱的宝贝，如果你能活着，一定要记住我爱你"，这是一位母亲留给女儿的最后一句话，是在生命的最后一刻编辑在手机短信上的内容。这是在2008年汶川大地震时发生的让人难忘的震撼心灵的感人故事，在灾难带给无数人的痛苦的同时，那位母亲的伟大让人潸然泪下难以忘记，纵然是见惯生死的抢救医生在看到手机的刹那间也泪流不止。

当人们小心地把挡着她的废墟清理开时，在她的身体下面躺着她的孩子，包在一个红色带黄花的小被子里，大概有3、4个月大，因为母亲身体庇护着，他毫发未伤，抱出来的时候，他还安静的睡着，他熟睡的脸，让所有在场的人感到很温暖。随行的医生过来解开被子准备做些检查，发现有一部手机塞在被子里，医生下意识的看了下手机屏幕，发

现屏幕上是一条已经写好的短信"亲爱的宝贝，如果你能活着，一定要记住我爱你"。

地震来临，她是在经历怎样的痛苦与挣扎才为自己的孩子撑起一片生存的空间呢？抢救人员找到她时：双膝跪着，整个上身向前匍匐着，双手扶着地支撑着身体，有些象古人行跪拜礼。正是这样她为孩子的生争取了空间、争取了时间，母爱的伟大力量在此显示出惊人的相似。

 生命活动角

模拟地震自救与互救

 生命美文欣赏

因为我们都是一家人

2008年5泺12汶川里氏8.0级地震，摇动了我国大半个土地，同时也牵动了每一个国人的心。

地震，带着前所未有的破坏力，顷刻间，房屋变成废墟，道路塌陷掩埋，交通堵塞，通讯基本中断；无辜的百姓被掩埋，人们无家可归，妻离子散，一个个鲜活的生命消逝在废墟里。灾难面前，显示出人类的脆弱和渺小的同时也体现出我们坚强的意志和同舟共济的精神。在地震发生后的第一时间，十万武警官兵开赴灾区，全国千万的志愿者奔赴灾区，物资与爱心源源不断的送进灾区，这些都汇入了那片满目疮痍的土地，形成一股强大的力量，它拨开悲痛的雾霾发出振奋人心的响声：我们都是汶川人，我们都是一家人。

那个五月，悲伤的泪水、感动的泪水、振奋的泪水洒满了整个汶川大地；那个五月，我们坚强，忍耐，不屈不挠，收获着太多的力量，太多的勇气；那个五月有太多让我们感动的人、感动的事。那个五月，在

无情的灾难面前我们有退缩,而且谱写了一曲曲激动人心的赞歌。

　　我们虽然没有亲历灾难,但我们感同身受;我们虽然没有失去亲人,但我们同样悲痛;我们虽然没有奔赴灾区,但我们随时待命。我们知道天灾可以夺取同胞的生命,但不能夺取我们的意志。天灾可以摧毁我们的家园,但不能摧毁我们的毅力。中国以自己的行动捍卫了生命的伟大,中国更以自己的凝聚力向世界展现了她的不屈不挠。当地震撼天动地,我们众志成城,中国挺起了她的脊梁,因为在大的困难,除以13亿,都会变得微不足道!灾难深重的中华民族是不可战胜的,不屈不挠的中国是最有力量的,因为中华儿女已经团结起来,凝成一股绳,因为我们都是一家人!

 生命视频连接

《唐山大地震》

（国家：中国大陆；导演：冯小刚；时间：2010 年）

 生命感悟

三、科学护理你的大脑

大脑是人的高级神经中枢，每一个人都要学会用脑和护脑。

大脑是我们人类最好的财富，巴甫洛夫把它称为"自然界的皇冠"。据估计，大脑能容纳的知识总量，相当于当今世界上最大的图书馆——美国国会图书馆全部藏书——1000万册的50倍，即5亿本书的知识。

大脑中蕴藏了无比巨大的潜能，那么我们在日常生活中，对于这与生俱来的宝藏又开发利用了多少呢？美国心理学家奥托认为："在正常情况下，一个人所发挥出来的能力，只占他全部能力的4％。"心理学实验表明，人类对大脑潜力的开发利用最多不过20％左右。

尽力而为还不够

比尔·盖茨，这个名字对我们来说并不陌生。在他11岁的时候曾经完整地背出《圣经·马太福音》中第五章到第七章的全部内容，这几万字的内容对于一个成人来说也并不能轻易完成，但他做到了。据说当时，西雅图教会学校戴尔·泰勒牧师是这样激励孩子们的：谁要是能完整背出《圣经·马太福音》中第五章到第七章的全部内容，他就邀请谁去西雅图的"太空针"高塔餐厅参加免费聚餐会。而且在此之前他给全班同学讲了这样一个故事：猎人和狗的故事。

猎人带着猎狗去打猎，猎人一枪击中了一只兔子的后腿，受伤的兔子拼命地逃生，猎狗在其后穷追不舍。可是追了一阵子，兔子跑得越来越远了。猎狗知道实在是追不上了,只好悻悻地回到猎人身边。猎人气急败坏地说:"你真没用,连一只受伤的兔子都追不到!"

猎狗听了很不服气地辩解道:"我已经尽力而为了呀!"

兔子带着枪伤成功地逃生回家了,兄弟们都围过来惊讶地问它:"那只猎狗很凶呀,你又带了伤,是怎么甩掉它的呢?"兔子说:"它是尽力而为,我是竭尽全力呀!它没追上我,最多挨一顿骂,而我若不竭尽全力地跑,可就没命了呀!"

就这样几天后,小盖茨胸有成竹地站在泰勒牧师的面前,从头到尾地按要求背诵下来,竟然一字不漏,没出一点差错,而且到了最后,简直成了声情并茂的朗诵。泰勒牧师在赞叹男孩那惊人记忆力的同时,不禁好奇地问:"你为什么能背下这么长的文字呢?"

小盖茨不假思索地回答道:"我竭尽全力。"

体 验 放 松

1. 热身"过电"游戏

全体同学以圈形站立,伸出左手手心向下,伸出右手食指向上与相邻同学的左手手心接触。主持人随机喊一些数字,当喊尾数是7的数字(如27、37、47……107……)时,学生要设法左手抓,右手逃,以体验心理紧张的感觉,可反复几次。

2. 让学生体验肢体紧张的感觉,体验的顺序依次为手臂部、头部、躯干部、腿部。

(1)手臂部的紧张。伸出右手,握紧拳,紧张右前臂;伸出左手,握紧拳,紧张左前臂;双臂伸直,两手同时握紧拳,紧张手和臂部。

(2)头部的紧张。皱起前额肌肉,像老人那样皱起眉头;皱起鼻子和脸颊(可咬紧牙关,使嘴角尽量向两边咧,鼓起两腮,仿佛在极痛苦状态下使劲一样)。

(3) 躯干部位的紧张。耸起双肩,紧张肩部肌肉;挺起胸部,紧张胸部肌肉;拱起背部,紧张背部肌肉;屏住呼吸,紧张腹部肌肉。

(4) 腿部的紧张。伸出右腿,右腿向前用力像在蹬一堵墙,紧张右腿;伸出左腿,左腿向前用力像在蹬一堵墙,紧张左腿。

3. 通过游戏宣泄自己的压力,同时认识到生活中每一个人都有压力。

程序：1、在一张白纸上把自己的烦心事都写下来。

2、把写好的压力纸揉成团,扔向教室各个角落。

3、每人到与自己所扔纸团不同的方向捡拾他人扔的纸团。

4、小组内读一读令其他人感到压力的烦心事。

5、交流：读完别人的烦心事你有何感想？

4. 学生分享体验感觉。

 生命美文欣赏

高考，我不爱你，但是谢谢你

高考前夜①

莫听高考苦闷声，何妨笑傲且相应。

雄心壮志压力微，满腹经纶活似氓。

莫谈高考综合症，指日可待终成功。

翘首前方两日路，也无悬念也无疼。

黑色的六月，这是很多人对高考的评价。经历过十年寒窗苦读，来到命运的第一次重要转折点时，无疑带给悻悻学子们的是巨大压力，因为，走进一所好的大学，一般意味着可以找到一份还算好的工作，甚至

---

① http://www.kaixin001.com/repaste/5128834_2166646955.html

有着更好地发展机会。

　　作为高考过来人，我每每听到或者看到那些对高考的指责之声，最多的是激起自己走过的高中岁月的记忆。我们作为考试的机器，错过了犯错，错过了早恋，错过了人生最美好的年华，长期处于异常紧张的备考状态，从这个意义上说高考并不那么受人喜欢。但是，对于自己来说，知识也在一定程度上改变了一些人的命运，也包括自己，这得感谢高考，感谢高考给了我们一些社会阶层流动的机会。

　　有人或许在问：那些经历的苦，到底有没有意义？其实，能有机会坐在教室里，能有机会去上大学，毫无疑问和那些没有机会上学的孩子相比，我们是不是更幸运呢？

　　当一切过去之后，高考已经成为了你人生所经历的一道不可抹去的风景。

　　高考，我不爱你，但是谢谢你！

 生命视频连接

《如何在学习中科学用脑》

（王金战：《教育方案（方法篇）》）

 生命感悟

四、珍惜生命　热爱生活

 生命知识库

珍爱生命，健康成长

朱自清曾说过这样一句话："燕子去了，有再来的时候；杨柳枯了，有再青的时候；桃花谢了，有再开的时候。但是，聪明的你告诉我，我们的日子为什么一去不复返呢？"是啊！落叶可以重获新生，但人生的四季却是在希望与失望中穿梭，却不能像落叶那样等待绿意，是不能周而复始的。

珍爱生命，健康成长，是追求破茧成蝶的过程，而不是守候翩翩起舞的美丽；是流星划过后的辉煌，而不是星空闪烁的浪漫。珍爱生命，健康成长，是繁琐的城市中闪动的灵魂，是热闹生活中的一曲阳春白雪。珍爱生命，健康成长，是要有两颗心，一颗化成顽石，拒绝生活中的伤悲，一颗化成爱心，珍惜身边的一切。

当我们珍爱生命，健康成长时——便拥有整个世界……

 生命故事屋

永不放弃生的希望

如果我们清清楚楚地看到了死神正一步步向你走来，最先垮下来的或许就是精神。这时你最需要的是要有生的希望和动力，支撑自己勇敢地走下去。不轻言放弃，生命来之不易，也是最不应该放弃的。珍惜生命，热爱生活，任何困难面前我们都要坚信奇迹终会出现，没有什么糟

糕的事情不能过去的。读完下面的伐木工人的故事，你会明白。

早晨，一个伐木工人照常去森林里伐木。他用电锯将一棵粗大的松树锯倒时，树干反弹重重地压在他的腿上。剧烈的疼痛使他觉得眼前一片漆黑。此时，他只知道，自己首先要做的是保持清醒。他试图把腿抽出来，可办不到。于是，他拿起手边的斧子狠命地朝树干砍去，砍了三四下后，斧柄断了。他又拿起电锯开始锯树。但是，他很快发现：倒下的松树呈45度角，巨大的压力随时会把电锯条卡住；如果电锯出了故障，这里又人迹罕至，别无他路。他狠了狠心，拿起电锯对准自己的右腿，自行截肢……伐木工人把腿简单的包扎了一下，决定爬回去。一路上，他忍着剧痛，一寸一寸地爬，一次次地昏迷过去，又一次次的苏醒过来，心中只有一个念头：一定要活着回去。

生命活动角

欣赏歌曲《你是我的眼》

生命美文欣赏

假如给我三天光明

海伦·凯勒

第一天，我要看人，他们的善良、温厚与友谊使我的生活值得一过。首先，我希望长久地凝视我亲爱的老师，安妮·莎莉文·梅西太太的面庞，当我还是个孩子的时候，她就来到了我面前，为我打开了外面的世界。我将不仅要看到她面庞的轮廓，以便我能够将它珍藏在我的记忆中，而且还要研究她的容貌，发现她出自同情心的温柔和耐心的生动迹象，她正是以此来完成教育我的艰巨任务的。我希望从她的眼睛里看到能使她在困难面前站得稳的坚强性格,并且看到她那经常向我流露的、对于全人类的同情。

......

有视觉的第二天,我要在黎明前起身,去看黑夜变为白昼的动人奇迹。我将怀着敬畏之心,仰望壮丽的曙光全景,与此同时,太阳唤醒了沉睡的大地。

......

我重见光明的第二晚,我要在剧院或电影院里度过。即使现在我也常常出席剧场的各种各样的演出,但是,剧情必须由一位同伴拼写在我手上。然而,我多么想亲眼看看哈姆雷特的迷人的风采,或者穿着伊丽莎白时代鲜艳服饰的生气勃勃的弗尔斯塔夫!我多么想注视哈姆雷特的每一个优雅的动作,注视精神饱满的弗尔斯塔夫的大摇大摆!因为我只能看一场戏,这就使我感到非常为难,因为还有数十幕我想要看的戏剧。

......

下一天清晨,我将再一次迎接黎明,急于寻找新的喜悦,因为我相信,对于那些真正看得见的人,每天的黎明一定是一个永远重复的新的美景。依据我虚构的奇迹的期限,这将是我有视觉的第三天,也是最后一天。我将没有时间花费在遗憾和热望中,因为有太多的东西要去看。第一天,我奉献给了我有生命和无生命的朋友。第二天,向我显示了人与自然的历史。今天,我将在当前的日常世界中度过,到为生活奔忙的人们经常去的地方去,而哪儿能像纽约一样找得到人们那么多的活动和那么多的状况呢?所以城市成了我的目的地。

......

我的这一番如何度过重见光明的三天的简述,也许与你假设知道自己即将失明而为自己所做的安排不相一致。可是,我相信,假如你真的面临那种厄运,你的目光将会尽量投向以前从未曾见过的事物,并将它们储存在记忆中,为今后漫长的黑夜所用。你将比以往更好地利用自己的眼睛。你所看到的每一件东西,对你都是那么珍贵,你的目光将饱览那出现在你视线之内的每一件物品。然后,你将真正看到,一个美的世界在你面前展开。

 生命视频连接

《家有杰克》

(国家:美国;导演:富朗西斯·福特·科波;时间:1996年)

 生命感悟

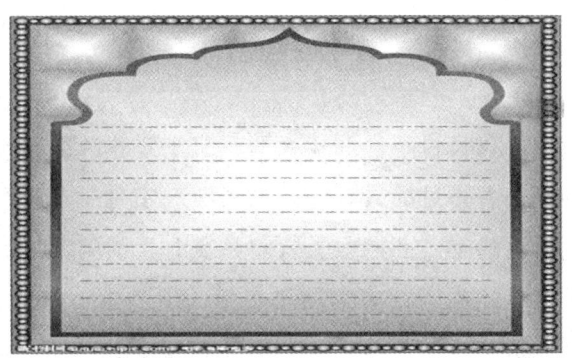

五、心理健康很重要

所谓心理健康是指不仅没有心理疾病或变态,而且在身体上、心理上以及社会行为上均能保持最高、最佳的状态。

生命知识库

如何预防和调节考试焦虑[①]

（一）考前调整

1、抛开各种杂念干扰，减少不必要的精神负担。作为学生，只要是在教师的指导下，平时认真学习，复习准备充分，就应该对自己充满信心。不要多想考试结果，不要老是想考不好怎么办。观念上的转变，将使你振作精神，重获自信。把考试当作对自己的挑战，就不再是威胁。

2、提高对考试的适应性。如参加一些有针对性的模拟考试，熟悉考题类型、题量大小、答题要求等；考前到考场去走走看看，熟悉环境。这样可使自己在心理上对考试有个适应与缓冲的过程，降低考试时可能产生的焦虑。

3、注意劳逸结合，合理安排复习。

4、营造一个舒适的复习氛围。

5、保持乐观而自信的心境。

（二）考场应对

1、自我激励法。坚信慌乱是可以克服的，树立定能考好的信心。配合用言语激励自己，如"我已作了充分准备"，"我一定可以考好"等，充分调动自控力战胜怯场。

2、言语暗示法。如反复地自言自语"我现在很镇定"，"我感到很轻松"等，可以在一定程度上抑制焦虑带来的神经紊乱。

3、闭目养神法。拿到考卷，不妨先闭目静坐一会儿，等到紧张心情缓和下来以后，再聚精会神答题。

[①] 黄希庭：《中学生心理健康学生读本》，新华出版社1999年版，第12—14页.

4、其他方法。如深呼吸，默默数数等调节方法，只要对自己行之有效，均可使用。

（三）考后恢复

1. 主动转移对考试的注意。
2. 及时调整心情。

 生命故事屋

简单的心灵

牛顿曾说，"把复杂的现象看得简单，可以发现新定律"。我们的生活也应如此，难得简单。简单可以避免无限的勾心斗角的心机凝结，简单可以让人活的轻松自在，简单可以得到很多意想不到的收获。在面试等候的走廊上，别人绞尽脑汁思考如何应对主考官的责难时，你无意间把一张废纸捡起并扔到垃圾桶，而恰好面试官经过，这一简单的举动很可能让你得到一份工作，这是现实中发生的事情。我们总是认为机构与功能的进步可以解决很多问题，由是我们的心灵也开始变得越来越复杂。曾几何时，脸上总是充满自由自在的笑容，然而今天随着年龄的增长缺越发少见。你听过这样的一个故事吗？

哲人把小孩、数学家和物理学家同时请到一个房间里。黑暗中，哲人吩咐他们："请你们用最廉价又最能使自己快乐的方法，尽快把这个房间装满东西。"物理学家马上伏在桌上画这个房间的结构图，然后埋头分析这个季节哪里是最佳的光照方位，在哪堵墙哪个位置开窗最合适。草图画了一大堆，绞尽脑汁的物理学家还是不能确定在哪堵墙上开窗，他陷入了深深的苦恼中。而数学家在听了吩咐后，立即找来卷尺测量墙的长度和高度，又在苦苦思索能用什么最廉价的东西恰到好处地把房间迅速填满。只有那个小孩子不慌不忙，他找来一根蜡烛，从口袋里

掏出火柴点亮它——昏暗的房间一下子明亮了。在物理学家和数学家还皱着眉头设计种种方案时，小孩已经在屋里围着摇曳的烛光幸福地跳舞和歌唱了。哲人问物理学家和数学家："你们难道没听过用烛光盛满屋这个民间故事吗？"数学家和物理学家回答："我们知道，可我们是数学家和物理学家啊，怎么会用这么简单的方法。"哲人叹了口气："简单的心一旦复杂起来，欢乐和幸福就离你们越来越远了。"

是的，简单的心一旦复杂起来，我们将会失去生命中很多美妙的东西！

生命活动角

你的气质类型属于哪一种？

气质类型测试：胆汁质、多血质、黏液质、抑郁质。

胆汁质类型特点：精力充沛、情绪发生快而强、言语动作急速而难于控制；热情、显得直爽或胆大、易怒、急躁等等。

多血质类型特点：活泼好动、敏感、情绪发生快而多变、注意和兴趣容易转移、思维言语动作敏捷、善于交际、亲切、有生气，但也往往表现出轻率、不真挚等。

粘液质类型特点：安静、沉稳、情绪发生慢而弱、言语动作和思维比较迟缓、注意稳定、显得庄重、坚忍，但也往往表现出执拗、淡漠。

抑郁质类型特点：柔弱易倦、情绪发生慢而强、体验深沉、言行迟缓无力、胆小、忸怩，善于觉察到别人不易觉察到的细小事物，容易变得孤僻。

 生命美文欣赏

微笑着面对生活

微笑是人间最真实的语言，微笑更是一种生活态度！在大喜大悲后的微笑，显示的是一种镇定；在得到与失去后的微笑，绽放的是一种修养。古人云，"不以物喜，不以己悲。"凡事皆有出现的可能，当我门用一颗平常的心态来面对时，你会发现别样的人生境界。

面对一次成功，我们微笑，这是在经历风雨与磨难后对自己付出而取得回报的一种肯定。我仍应百尺竿头，在成功里找到让自己继续前进的自信心，为自己树立下一个更加高远的目标，并朝着目标勇往直前，在最终达到目的，我们最后仍会为自己付出而得来的喜悦微微的一笑。因为，人生不仅仅只有一次成功。

面对一次失败，我们更得微笑，这是在失败中体会到了人世间酸甜苦辣后的一个慰藉。我们在失败后永不退缩，仅仅让自己更深入地了解自己，看到自己的不足，在下次避免走上次同样的弯路，这样似乎每一次失败在生活中都起到了重要作用。失败得越多，我们离成功的距离就越近，最后我们肯定会通过风雨而走向一条平坦无阻的成功大道。

微笑，对于自己是一种鼓励，对于别人也会是一种安慰。面对生活赋予我们的荣辱得失，微笑而过，总会有意想不到的收获！

 生命视频连接

《心灵点滴》

（国家：美国；导演：汤姆·沙迪亚克；时间：1998年）

 生命感悟

第四节　发展生命

一、学会做人

日常生活中，我们经常会开这样一个玩笑，甲问乙："你是什么东西啊？"乙准会不高兴地说："我是人，你才是东西呢！"这时甲进一步地说："这样说来，你不是东西了？"乙就会更加不高兴，甚至还认为甲在骂他。撇开甲乙的具体关系不说，从这个玩笑中我们可以感到，要解释清楚人是什么还真不容易。

 生命知识库

社会主义荣辱观——八荣八耻

以热爱祖国为荣、以危害祖国为耻，
以服务人民为荣、以背离人民为耻，
以崇尚科学为荣、以愚昧无知为耻，
以辛勤劳动为荣、以好逸恶劳为耻，

以团结互助为荣、以损人利己为耻，
以诚实守信为荣、以见利忘义为耻，
以遵纪守法为荣、以违法乱纪为耻，
以艰苦奋斗为荣、以骄奢淫逸为耻。

 生命故事屋

永 远 不 要 说 谎

谎言是一个很可怕的东西，一句谎言可能还需要十个、百个甚至更多尾随其后的谎言来圆说。人立于世间，无信则不成。

很多时候，我们实话实说带来的效果并不比遮蔽掩饰的结果差。我们来分享一下美国第一任总统乔治·华盛顿小时候的故事。

一天，父亲送给他一把小斧头。那小斧头新崭崭的，小巧锋利。小乔治可高兴啦！他想父亲的大斧头能砍倒大树，我的小斧头能不能砍倒小树呢？我要试一试。他看到花园边上有一棵樱桃树，微风吹得它一摆一摆的，好像在向他招手："来吧，小乔治，在我身上试试你的小斧头吧！"小乔治高兴地跑过去，举起小斧头向樱桃树砍去，一下，两下……樱桃树倒在地上了。他又用小斧头将小树的枝叶削去，把小树棍往两腿间一夹，一手举着小斧头，一手扶着小树棍，在花园里玩起了骑马打仗的游戏。

一会儿，父亲回来了，看到心爱的樱桃树倒在地上，很生气。他问小乔治："是你砍倒了我的樱桃树吗？"

小乔治这才明白自己闯了祸，心想：今天准得挨爸爸揍啦！可他从来不爱说谎，就对父亲说："爸爸！是我砍倒你的樱桃树。我想试一下小斧头快不快。"

父亲听了小乔治的话，不仅没有打他，还一下把他抱起来，高兴地说："我的好儿子，爸爸宁愿损失一千棵樱桃树，也不愿你说一句谎话。

爸爸原谅诚实的孩子。不过,以后再也不能随便砍树了。"

读完后,你有何感想呢?

生命活动角

我是"追星族"

要求每个同学讲一个古今中外自己所崇拜的人的故事;请其他同学用以一句话概括这个人身上的闪光点。在全班同学讲述的名人中,评选10个我们最崇拜的人,把他们的事迹做成手抄报,张贴在墙上。

生命美文欣赏

1000元的道德底线

我们每个人都不是圣人,在一些利益和诱惑面前都会有所动摇。然而,做人,我得时刻想着我们自己的道德底线在哪?不是自己的东西坚决不拿,违背正常道德原则的事情坚决不做。这样的人生,才能坦坦荡荡,问心无愧。

大学入学那年我到财务科交书本费和住宿费。交完500多书本费后,收费老师给了我一张500元的书费收据和一张1000元的住宿费收据,我也就稀里稀里糊涂地收下了,到另一个房间办其他入学事情了。但是我知道我还有1000元的住宿费没有交,于是我就问另一个同学到哪里交住宿费,他诧异地看着我手里的收据说:"你不是已经交过了吗?"我立刻反应过来,是收费的人弄错了。

我当然知道1000元对于我这种从山里走出来的穷学生意味着什么,几乎是四个月的生活费用,对我来说是一种巨大的诱惑。那个时候,在几秒钟的时间内犹豫了一下,然后做出决定,这1000元钱我必须交给那个老

师。我转身去找弄错收据的那个人，他在弄清楚情况之后，然后说："你很诚实，谢谢你，不然我自己得把这1000元补上了。"我微笑着说了一声"应该的"，可是我心里想的是："其实我并非诚实，我也没那么高尚。"

现在想想那时我在几秒钟的所思所想。在通常的观点上，这件事会有两个相反的结果：坏的结果是谁没交学费最终被查出来，那当然是一件面上极端难看的事情；好的结果是1000元归我所有，那笔钱足够我半年的生活费。可是，在深层含义上，这两个结果所面对的道德处境都是我不能承受的。前者意味着在众人眼中的道德败坏，后者呢？后者意味着我在学校学习，在宿舍住着都将受到良心的拷问和谴责，因为它严重越过了我心中的道德底线。

事后很多人说："学校那么有钱，能缺你那1000元？要是我就不给了。"可是我知道事情不是这样看的。现在回想起来，对于当时的决定我感到很轻松，很为自己骄傲，因为我没有因为1000元而丢失了做人的基本道德底线。

《榜样的力量·全国道德模范故事汇演》

（2012年10月31日 CCTV－12《道德观察》）

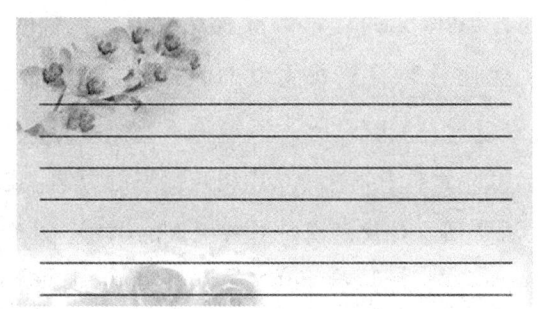

二、我的学习风格

学习风格是人们进行思维、信息处理和如何学习的独特方式。每个人都有自己的学习风格。一个人能学到多少就要看他的学习实践是否与他的个人学习风格相匹配。人类拥有五种感知能力：视觉、听觉、触觉、味觉和嗅觉。我们通过这些能力来获取周围的信息。但通常情况下，我们并不需要同时依赖所有这些感知能力，而且对各种能力的依赖程度也不同。在获取知识方面也是如此。

要学会学习，首先要了解自己的学习风格，根据自己的风格发展才会使自己能更好地进步。美国心理学家加德纳认为人的智能是多元的，他将人的智能分为七类：

第一种，语言能力。这种类型的学习者喜欢读、写、讲故事。他们记忆地点、时间、人名或者细节方面比较轻松，能够较准确地复述别人所讲的。这种类型的学习者最好的学习方式是通过说、听和读，鼓励他们多写作。

第二种，逻辑思维能力。这类的学习者偏爱数学，喜欢解决难题，特别是与数学有关的。他们总喜欢思考各种关于如何工作、什么关系等问题。这类的学习者最好通过分类、归类或者通过抽象的样式和事物间的关系等方式来学习。在学习中可以尝试制作图表或者指出事物间的关系。

第三种，空间能力。这类学习者是视觉型的人，在色彩和图画上颇有些天分，他们花费很多时间在白日梦、看电影、电视上，善于幻想，近乎脱离现实。如果他们看上去低落，可以让他们画一幅画，通过画可以让人更了解这种类型的人。这方面的学习者，比较鼓励发展自己的感觉和开发艺术方面的潜能。这种类型的学习者在思考解决难题上可能非常困难，但却能自如地讲这些问题以图画的方式体现在纸上。

第四种，音乐能力。如果一个人很喜欢听音乐学习，或许他就是这种类型的学习者。他们擅长将抽象的化为具体。这样的学习者，如果能将学习的内容和音乐性的东西结合起来，这或许会使他们学习得更好。

第五种，英文称为"Bodily"，就是这类的孩子会比较好动，比如到处走，碰这碰那的，他们在用身体语言表达他们的感受。与要他们坐下来读书相比，他们更愿意体育运动或者动手做个手工什么的。对这类的学习者，可以在动中学，他们或许属于那种同时会做好些事的人。不过真要把这类的学习者这方面过强的智能结合进辅导中，还真是不容易。每次学习 10－20 分钟，也就是短时间段学习，主题变化要快，还有跨学科的课业对他们来说非常合适。

第六种，人际交往能力。这类的学习者总能很快适应各种社会环境，有很多朋友，或许可以成为一个很好的领导者，他们有耐心，懂得理解，感情投入，往往很受他所在的群体的喜欢。这类学习者在小组环境中做得更好。不过没有小组，他们也能自己创造出来一个。

第七种，自我能力。这类学习者喜欢一个人做事情，他们对自己有较深刻的了解，追求独立和原创。很多有这方面能力的人都会比较坚强，但又显得沉默。

 生命故事屋

天下第一好事，还是读书

季羡林

古今中外赞美读书的名人和文章，多得不可胜数。张元济先生有一句简单朴素的话："天下第一好事，还是读书。""天下"而又"第一"，可见他对读书重要性的认识。

为什么读书是一件"好事"呢？

也许有人认为，这问题提得幼稚而又突兀。这就等于问"为什么人要吃饭"一样，因为没有人反对吃饭，也没有人说读书不是一件好事。

但是，我却认为，凡事都必须问一个"为什么"，事出都有因，不应当马马虎虎，等闲视之。现在就谈一谈我个人的认识，谈一谈读书为什么是一件好事。

人类千百年以来保存智慧的手段不出两端：一是实物，比如长城等等；二是书籍，以后者为主。在发明文字以前，保存智慧靠记忆；文字发明了以后，则使用书籍。把脑海里记忆的东西搬出来，搬到纸上，就形成了书籍，书籍是贮存人类代代相传的智慧的宝库。后一代的人必须读书，才能继承和发扬前人的智慧。人类之所以能够进步，永远不停地向前迈进，靠的就是能读书又能写书的本领。我常常想，人类向前发展，犹如接力赛跑，第一代人跑第一棒；第二代人接过棒来，跑第二棒，以至第三棒、第四棒，永远跑下去，永无穷尽，这样智慧的传承也永无穷尽。这样的传承靠的主要就是书，书是事关人类智慧传承的大事，这样一来，读书不是"天下第一好事"又是什么呢？

小组合作学习

小组合作学习是一种重要的学习方式，为更好、更有效地开展小组合作学习，特制定如下实施方案：

1、确定小组合作的内容、任务和目标。

2、小组组建——按照组间同质、组内异质的原则组建小组。

3、小组管理——小组及小组成员自我管理，责任明确。

4、组建方法：

（1）每个小组按成绩、能力、兴趣、心理的不同划分小组。

（2）各小组成员之间既要有一定的差异性又有一定的互补性。

（3）优劣兼顾、男女比例平衡，每小组为5人。

5、小组成员分工：

组内成员是一个整体，小组是一个团队，组内对于各种任务要有明确分工，并且要明确落实到人。

（1）正组长：在以身作则的同时，在整体上对组员的学习、行为等进行监督、督促和指导。

（2）纪律监督员：负责本小组的课堂纪律维护，协助组长处理组内一切事务，同组长一起加强组内的向心力和凝聚力。

（3）学科组长：分管各科作业的收交、检查、记录，并及时将作业完成情况汇总公布，记录小组成员的平时表现。

6、小组讨论：

（1）小组讨论规则：在独立思考后，仍有疑惑需要解决，需两人之间的讨论，如还有困难，再扩展到全组讨论，如有需要各小组之间也可进行讨论。

（2）小组讨论形式：

①自由发言式：学生可以在小组中自由发言，小组成员各抒己见。

②轮流发言式：这一方式就是小组成员围绕一个中心问题依次发言。

7、小组合作学习评价：

（1）导向性、激励性评价相兼顾。

（2）终结性评价、过程性评价并重。

经过一段时间学习后，小组及小组成员之间分享小组合作学习的体会。

生命美文欣赏

论读书

培根

读书足以怡情,足以傅彩,足以长才。其怡情也,最见于独处幽居之时;其傅彩也,最见于高谈阔论之中;其长才也,最见于处世判事之际。练达之士虽能分别处理细事或一一判别枝节,然纵观统筹,全局策划,则非好学深思者莫属。读书费时过多易惰,文采藻饰太盛则矫,全凭条文断事乃学究故态。读书补天然之不足,经验又补读书之不足,盖天生才干犹如自然花草,读书然后知如何修剪移接;而书中所示,如不以经验范之,则又大而无当。狡黠者鄙读书,无知者羡读书,惟明智之士用读书,然书并不以用处告人,用书之智不在书中,而在书外,全凭观察得之。读书时不可存心诘难作者,不可尽信书上所言,亦不可寻章摘句,而应推敲细思。书有可浅尝者,有可吞食者,少数则需咀嚼消化。换言之,有只须读其部分者,有只须大体涉猎者,少数则须全读,读时须全神贯注,孜孜不倦。书亦可请人代读,取其所作摘要,但只限题材较次或价值不高者,否则书经提炼犹如水经蒸馏,味同嚼蜡矣。

读书使人充实,讨论使人机智,笔记使人准确。因此不常笔记者须记忆特强,不常讨论者须天资聪颖,不常读书者须欺世有术,始能无知而显有知。读史使人明智,读诗使人灵秀,数学使人周密,科学使人深刻,伦理学使人庄重,逻辑修辞之学使人善辩;凡有所学,皆成性格。人之才智但有滞碍,无不可读适当之书使之顺畅,一如身体百病,皆可借相宜之运动除之。滚球利睾肾,射箭利胸肺,漫步利肠胃,骑术利头脑,诸如此类。如智力不集中,可令读数学,盖演题须全神贯注,稍有分散即须重演;如不能辨异,可令读经院哲学,盖此辈皆吹毛求疵之人;如不善求同,不善以一物阐证另一物,可令读律师之案卷。如此头脑中凡有缺陷,皆有特药可医。

 生命视频连接

《录取通知书》

（国家：美国；导演：斯蒂夫·平克；时间：2006年）

 生命感悟

_____
_____
_____
_____
_____
_____

三、锻炼身体

 生命知识库

奥林匹克运动会简称"奥运会"，是由国际奥林匹克委员会主办的世界性综合运动会。奥林匹克运动会起源于古希腊，因举办地点在奥林匹克而得名。传说古代奥运会是由众神之王宙斯所创始的。第一届古代奥运会在776年举行，到公元394年共举行了293届。运动会每隔1417天即4年举行一届。后来人们将这一周期称为奥林匹克周期。随着近代体育的兴起，希腊人民希望恢复古代奥运会。在1859—1889年，希腊曾举办过4届奥运会，做了初步尝试。自1883年开始，法国人顾拜旦致力于古代奥运会的复兴。经他与若干代人的努力，国际奥林匹克委员会于1894年6月23日成立。顾拜旦制订的第一部奥林匹克宪章强调了

奥林匹克运动的业余性，规定在奥运会上只授予优胜者荣誉奖，不得以任何形式发给运动员金钱或其他物质奖励。1896年4月6—15日，第一届奥林匹克运动会在雅典举行。

长跑的起源

长距离跑简称长跑，英文是long—distance running。最初项目为3英里、6英里跑，从19世纪中叶开始，逐渐被5000米跑和10000米跑替代。据记载，现代最早的正式长跑比赛是1847年4月5日在英国伦敦举行的职业比赛，英国的杰克逊以32分35秒0的成绩夺得6英里跑冠军。奥运会比赛项目男、女均为5000米跑和10000米跑。男子项目1912年列入；女子5000米跑1996年列入，10000米跑1988年列入。

还有很多运动的起源与发展，留给大家自己去了解吧！

 生命故事屋

我喜欢的一项运动

生命在于运动。这句话非常经典，生活中很多人都知道，然而真正选择一项运动并作为一种习惯去坚持的人非常少。毛主席坚持洗冷水浴，每天早晨天蒙蒙亮的时候他就来到水井旁，把打上来的水一桶一桶地从头浇到脚淋遍全身，然后用毛巾擦干，擦了再淋，如此反复，即使在寒冷的冬天他也坚持如此，用他的话说就是一个经常注意锻炼身体的人，不会为风雪的寒威所吓倒，他的毅力和坚持是常人难以企及的。如果说要选择一项运动，我选择篮球。篮球带给我不仅仅是运动中的快乐和锻炼，而且更多地是给我一种精神的指引和向导。

篮球是一件静物，当你拿起它的时候，你就付予了它生命。只有当你精神集中在它身上时，人和球才能完全配合。篮球不但练习人的腰

力、臂力和腿力，更锻炼人的意志、耐心、合作能力。因为篮球不是一个人的运动，需要每个队友之间默契的配合，只有充分借助团队的力量，才能取得胜利的喜悦。

我爱上篮球应该是在高中时候，那个时候学习时间比较紧，一周很少有时间玩上一次，然而偶尔的机会摸到篮球，已经让我心满意足啦。到了大学，时间多了，几乎每天下午上完专业课后，都能看见篮球场上我的身影。在赛场上，每一次轻松的运球带球，每一次漂亮的过人扣篮，都能让自己身心愉悦，更在"嗖"的一声投进篮筐时，别说那份自豪和骄傲。当然，在赛场上也收获了很多友谊，直到现在仍然存在的友谊。

 生命活动角

制定"我的运动处方"

当前，国内外提倡在锻炼中实行"运动处方"的方法。运动处方是指针对个人的身体状况，采用处方的形式规定健身者锻炼的内容和运动量的方法，其特点是因人而异，对"症"下药。

姓名		性别		年龄	
健康状况					
身体素质状况					
锻炼目的					
锻炼内容					
锻炼中应达心率					
每次锻炼时间					
每周锻炼次数					
注意事项					

 生命美文欣赏

体育颂①

〔法〕皮埃尔·德·顾拜旦

啊,体育,天神的欢娱、生命的动力!你猝然降临在灰蒙蒙的林间空地,受难者,激动不已,你像是容光焕发的使者,向暮年人微笑致意。你像高山之巅出现的晨曦,照亮了昏暗的大地。

啊,体育,你就是美丽!你塑造的人体变得高尚还是卑鄙,要看它是被可耻的欲望引向堕落,还是由健康的力量悉心培育。没有匀称协调,便谈不上什么美丽。你的作用无与伦比,可使二者和谐统一;使人体运动富有节律;使动作变得优美,柔中含有刚毅。

啊,体育,你就是正义!你体现了社会生活中追求不到的公平合理。任何人不可超过速度一分一秒,逾越高度一分一厘,取得成功的关键,只能是体力与精神融为一体。

啊,体育,你就是勇气!肌肉用力的全部含义是敢于搏击。若不为此,敏捷、强健有何用?肌肉发达有何益?我们所说的勇气,不是冒险家押上全部赌注似的蛮干,而是经过慎重的深思熟虑。

啊,体育,你就是荣誉!荣誉的赢得要公正无私,反之便毫无意义。有人要弄见不得人的诡计,以此达到欺骗同伴的目的。他的内心深处却受着耻辱的绞缢,有朝一日被人识破,就会落得名声扫地。

啊,体育,你就是乐趣!想起你,内心充满欢喜,血液循环加剧,思路更加开阔,条理愈加清晰。你可使忧伤的人散心解闷,你可使快乐的人生活更加甜蜜。

啊,体育,你就是培育人类的沃地!你通过最直接的途径,增强人民体质,矫正畸形躯体;防病于未然,使运动员得到启迪;希望后代茁

---

① 〔法〕皮埃尔·德·顾拜旦:《体育颂》,1912.

壮有力，继往开来，夺取桂冠的胜利。

啊，体育，你就是和平！你在各民族间建立愉快的联系。你在有节制、有组织、有技艺的体力较量中产生，使全世界的青年学会相互尊重和学习，使不同民族气质成为高尚而和平竞赛的动力。

生命视频连接

《翻滚吧，阿信》

（国家：台湾；导演：林育贤；时间：2011年）

生命感悟

四、我的美丽，这里起航

究竟什么才是真正的美啊？究竟什么样的人生才叫作美？美是人们创造生活、改造世界的能动活动及其在现实中的实现或对象化，是一个真与善相统一的，能够激起人们感情愉悦的感性形象。

生命知识库

美的三原色——自然美、社会美、艺术美①。学过美术，你就知道颜料有三种基本的颜色：红、黄、蓝，对这三种颜色进行不同的排列组合，即可造就异彩纷呈、美不胜收的图画。千姿百态的美呢，它的基本形态原来也是三个——自然美、社会美和艺术美。自然美与社会美，又可以总称为生活美。生活美是现实的美，艺术美则是对现实美的提炼加工，是生活美的一种反映。自然美、社会美、艺术美可以称之为"美的三原色"。

对于美各有所见，有人说，鲜花最美，美的让人爱不释手；有人说山上的青松最美，美的高风亮节。每个人都拥有自己独特的美丽，也都有各自衡量美的不同标准。我们无须苟同于他人对美的定义，也不必强求他人认同自己对美的看法。但无论是谁，都应当深信自己拥有与众不同的美丽。这种美丽只需在自己心中蕴藏，而无需在别人眼里搜寻。因为，美并不全在别人眼里。

那么我们看看一些名人是怎么定义美的呢？

1. 美是和谐。——毕达哥拉斯
2. 美即有用。——苏格拉底
3. 美是物体的属性。——博克
4. 美是关系。——狄德罗
5. 美是理念的感性显现。——黑格尔
6. 美是意志的充分客观化。——柏格森
7. 美是生活。——车尔尼雪夫斯基
8. 美是成功的表现。——克罗齐
9. 美是移情。——立普斯
10. 美是客观化了的快感。——桑塔耶纳

---

① 金功发、钟梅森、宋晓明：《美育漫话》，安徽教育出版社1997年版，第27页。

11. 美是有意味的形式。——贝尔
12. 美是典型。——蔡仪
13. 美是主客观的统一。——朱光潜

生命故事屋

昂起头来真美

这个世界上，总有一些人非常在乎别人对自己的看法，甚至达到歇斯底里的程度。今天我穿的衣服漂亮吗？我刚才说的话会不会让别人误会？我当时的行为是不是不太雅观……其实，多数情况下别人并不是太在意那些所谓的关于你自己的东西，但你自己却无形中陷入烦恼、忧虑中，久而久之甚至演变成一种扭曲的心理病态。美，确实有着很多的定义。有一种美，不需要任何浮夸的装饰和精心的设计，只要你自信地站在别人面前就足够了。而且，很多别的事情也是一样的道理。下面的故事就是一个很好的解释：

珍妮是个总爱低着头的小女孩，她一直觉得已长得不够漂亮。有一天，她到饰物店去买了只绿色蝴蝶结，店主不断赞美她戴上蝴蝶结挺漂亮，珍妮虽不信，但是挺高兴，不由昂起了头，急于让大家看看，出门与人撞了一下，蝴蝶结掉在了地上她都没注意到。珍妮走进教室，迎面碰上了她的老师，"珍妮，你昂起头来真美！"老师爱抚地拍拍她的肩说。那一天，她得到了许多人的赞美。她想一定是蝴蝶结的功劳，可往镜前一照，头上根本就没有蝴蝶结，一定是出饰物店时与人一碰弄丢了。

你想到什么了？自信原本就是一种美丽，而很多人却因为太在意外表而失去很多快乐。无论贫穷还是富有，无论美丽还是相貌平平，只要你昂起头来，那种美就会让人震撼让人心悦诚服！

 生命活动角

你在我心中最美

在班级中先随机找一名男生,蒙上眼睛,让全班女生起立,老师开始问男生:你喜欢一米六以上还是一米六以下?不符合的就坐下,在剩下的女生中,再找出一个不同的特点,如衣服的颜色?是否戴眼镜?是否是长发?是否穿牛仔裤?等等,依次问男生,最后选出一个女生。再选出最美的男生。每个人都可以选自己心中最美的人。

 生命美文欣赏

微笑之美[①]

今天你微笑了吗?无论在外面在家,微笑是快乐的音符,让身边气氛更融洽。脸上溢满了"永恒的微笑"。对所有人微笑,献出你的真诚潇洒,对烦心事微笑,从容化解阴错阳差。

不由得想起了《蒙娜丽莎》,想起那朵"永恒的微笑"。想当年,初读《蒙娜丽莎》,只觉得春风拂面,让人心旷神怡。如今,趟过了岁月的河流,再读《蒙娜丽莎》,才隐隐约约明白:宽容是土壤,智慧是肥料,真情是水源,培育出来的花朵,才会永恒。就像母亲的微笑,无论我近在咫尺,还是远在天涯,都永远开放在我的心中!

泰戈尔说,"美的东西都是有色彩的。"微笑同样也是有色彩的。微笑不是刻意的模仿,更不是矫揉做作;微笑是一种发自内心的快乐和幸福,更是一种阅尽了风雨的洒脱——风雨过后的彩虹总是很美的。

我们可以拒绝平庸,可以拒绝风雨。但我们却无法拒绝真诚,无法

---

① http://zhidao.baidu.com/question/271044187.html.

拒绝那一朵朵发自内心深处的微笑。因为微笑可以让我们敞开心扉，去激荡春风，融化自私和狭隘；微笑可以让我们放飞心灵，去唱响生活的歌谣，吹散心头的悲伤和郁闷；微笑还可以让我们去蓝天拥抱白云，把大写的"人"字贴上蓝天。

今天你微笑了吗？让笑感染你我他，你笑我笑他也笑，笑成和谐传佳话。微笑似花。用感激去点缀昨天，用真诚去把握今天，用信心去点燃明天，趟过了人生的四季，我们才蓦然惊觉：微笑着生活是多么的美好！

 生命视频连接

《生命最后一个月的花嫁》

（国家：日本；导演：广木隆一；时间：2009 年）

 生命感悟

　　杜鹃说："动听的歌声是最美的！"
　　孔雀说："漂亮的外衣是最美的！"
　　蔬菜说："长得鲜嫩是最美的！"
　　　　　你认为什么是美呢？

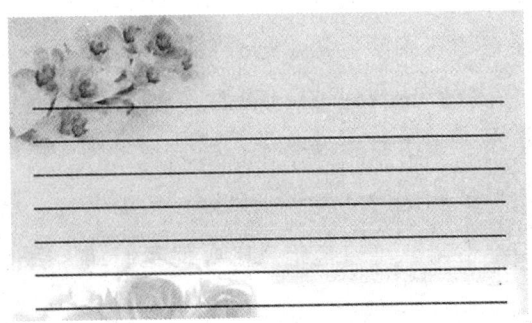

第五节　超越生命

一个人要想获得成功，就要有顽强的意志、坚强的品格，在困难面前不低头，勇于迎接挑战；一个人要想使自己的人生变得精彩斑斓，明确生命的意义与价值并为之努力奋斗是不可或缺的。

一、迎接挑战　克服困难

励志名言我知道

★天行健，君子以自强不息。　　　　　　　　——《周易·乾·象》

★天将降大任于斯人也，必先苦其心志，劳其筋骨，饿其体肤，空乏其身，行拂乱其所为。　　　　　　　　　　——《孟子·告子下》

★锲而舍之，朽木不折；锲而不舍，金石可镂。

——《荀子·劝学》

★绳锯木断，水滴石穿。　　　　　　　　　　——《鹤林玉露》

★日日行，不怕千万里；常常做，不怕千万事。

——《格言联璧·处事》

★生活就像海洋，只有意志坚强的人，才能到达彼岸。

—— 马克思

★成功并不能用一个人达到什么地位来衡量，而是依据他在迈向成功的过程中，到底克服了多少困难和障碍。　　　　—— 布克·华盛顿

★生命有如铁砧，愈被敲打，愈能发出火花。　　　—— 伽利略

 生命故事屋

奋飞的翅膀不能施舍

"破茧成蝶"讲诉的就是一种挑战生命的极限,那种生命的力量和毅力是非常震撼人心的。生命的铸就,本身就离不开挑战和困难,正是这些所谓的挑战和困难才缔造了生命的本色。在蛾子的世界里,也有着同样的故事。

有一种蛾子叫"帝王蛾"。帝王蛾的幼虫时期是在一个洞口极其狭小的茧子中度过的,这命中注定的狭小通道,对幼虫来讲无疑成了鬼门关,因为这是它们生命飞跃的关键节点。那娇嫩的身躯必须拼尽全力才可以冲过那到鬼门关,太多太多的幼虫在往外冲杀的时候力竭身亡,成为悲壮勇士。然而,有人动了恻隐之心,想通过外力来帮助它们顺利快速地通过,于是他用剪刀将洞口剪大,这样,茧中的幼虫不必费多大的力气,轻易就从那个牢笼里钻了出来。让人意想不到的是,所有得到救助而见到天日的蛾子都不是真正的"帝王蛾"——它们无论如何也飞不起来,只能拖着丧失了飞翔功能的累赘的双翅在地上笨拙地爬行!

你知道吗?那"鬼门关"般的狭小茧洞恰是帮助帝王蛾幼虫两翼成长的关键所在,穿越的时刻,通过用力挤压,血液才能顺利送到蛾翼的组织中去,惟有两翼充血,帝王蛾才能展翅飞翔。人为地将茧洞剪大,蛾子的翼翅就失去充血的机会,生出来的帝王蛾便永远与飞翔无缘。

奋飞的翅膀不能施舍,没有谁能够施舍给帝王蛾一双奋飞的翅膀,那样只能是让它成为一个生命的弱者。

 生命活动角

巧渡"小河"

每组8人,推荐产生1名组长,游戏可以两组同时开始进行比赛,主持人请助手负责计时。所谓的"小河"是宽约3米的路或沟,两块木板(2米长,0.15米宽)。8名游戏者要巧妙地运用这两块木板来渡过这条"小河",以用时最少的队为胜;如果有队员掉到"小河"里,全体队员需要重新开始;全班交流,分享感受。在开始渡"河"前,组长负责进行讨论,确定队员分工和行动方案,中途出现困难或"落水"情况时要及时商定新方案。

 生命美文欣赏

上帝给他的另一双手

"我觉得我的人生中只有两条路,要么赶紧死,要么精彩地活着。"这是2010年中国达人秀总冠军刘伟在回答高晓松评委的一句话。何等的口气?何等的壮丽?但让你更想不到的是,这句话是出自一个失去双手的残疾人。命运对这个年轻人来说真的很是不公,人世间诸多的磨难莫过于他所承受的。

10岁时的他因触电意外失去双臂,伤愈后他为了今后的生计加入北京市残疾人游泳队,通过努力他在2002武汉举行的全国残疾人游泳锦标赛上获得了两金一银,并在2005年、2006年连续两年获得了全国残疾人游泳锦标赛百米蛙泳项目的冠军,而且还对母亲许下承诺:在2008年的残奥会上拿一枚金牌回来。然而命运对这位年轻人的残酷更加无情,为了参加奥运会,高强度的体能消耗导致了免疫力的下降,并且高压电对于他的身体细胞有过严重的伤害,不排除以后患上白血病的

可能，所以他无奈放弃了体育，并且不顾家人劝阻，选择了放弃高考，学习钢琴。我们知道用脚弹琴是艰难的，这需要勇气和想象力，许多人用手弹都需要很多年才有起色，何况是脚。他每天练琴时间超过7小时。终于在脚趾头一次次被磨破之后，他逐渐摸索出了如何用脚来和琴键相处。这真是精神和体力的双重考验。他取得的成绩也让我们目瞪口呆。奥运会时，北京电视台的《唱响奥运》节目中，只学了一年钢琴的他当着刘德华的面弹了一曲《梦中的婚礼》，随后，他弹着钢琴与刘德华合唱了一首《天意》。

走过这么多磨难和不幸，他并没有被命运的无情和残酷打到，相反他取得了常人难以实现的辉煌。如果上帝关上了一扇门，肯定会给你打开另一扇窗。失去了双手，上帝给了他另一双无形的手。

2010年8月，在《中国达人秀》的现场，他带着空袖管走了上来，坐到钢琴前。那首《梦中的婚礼》响了起来。曲子结束，全场起立鼓掌……

 生命视频连接

《摇滚夏令营》

（国家：美国；导演：马修·戴蒙德；时间：2008年）

 生命感悟

二、生命意义与价值的实现

生命知识库

向您推荐一本书,《钢铁是怎样炼成的》。这本书是前苏联作家尼古拉·奥斯特洛夫斯基根据自己亲身经历写成的一部小说。主人公保尔·柯察金所走过的道路,反映了苏联第一代革命青年不怕困难、艰苦奋斗、勇于胜利的大无畏精神,鼓舞了一代又一代有志青年去实现自己的理想。在书中,你也许可以找到一些关于生命的意义和价值的答案。

生命的真正意义是活得充实,活出自我,活出平安。奥斯特洛夫斯基说:"人的一生应当这样度过:当回忆往事的时候,他不致因为虚度年华而悔恨,也不致因为过去的碌碌无为而羞愧;这样在临死的时候,他能够说:我的整个生命和全部精力,都已经献给世界上最壮丽的事业——为人类的解放而斗争。"

有的人,把自己的生命视为一支蜡烛,一生为了燃烧自己,照亮别人,常给人以光明,人们感谢他;有的人,把自己的生命视为一头奶牛,一生为了多吃草,多耕地,给别人多挤出些牛奶,多创造些丰硕的果实,给人以力气与健康,人们感激他;有的人,把自己的生命视为一本书,一生辛勤耕耘,积累知识,吃尽了苦头,榨干了自己的心血,为的是给别人增加营养和智慧,人类记住他。当然,也有一些人反其道而行之,那是社会不可容忍和接纳的。

不管你身在何处,在自己的有限生命中活出自己的精彩即可,贡献自己最大的能量,让生命绽放火花,回报社会,实现自己最大的价值。

 生命故事屋

青春因奋斗而美好

青春,人生最美好的年华!有人说世界上最珍贵的东西就是青春,那么是不是每个人都能拥有那份珍贵呢?答案是否定的,我们只有奋发图强、努力拼搏才能做到无愧于青春,才能拥有一个充实而完美的青春。

青春在奋斗中展现美丽,青春的美丽永远展现在她的奋斗拼搏之中。青春因奋斗而美好,青春虽然只是漫漫人生路中的一小段,但当你白发苍苍回首时,你会发现曾经拥有的青春依然会在记忆中闪烁着动人的光彩。

当你看完美国汽车大王亨利·福特的青春故事后,你会明白他的美丽青春如何实现的。

亨利·福特,在12岁的那一年,随着父亲驾着马车到城里,偶然间见到一部以蒸汽做动力的车子,他觉得十分新奇,并在心中想着:既然可以用蒸汽做动力,那么用汽油应该也可以,我要试试!虽然是个遥不可及的梦想,但是从那时候起,他便为自己立下了10年内完成一辆以汽油做动力的车子的目标。他告诉父亲说:"我不想留在农场里当一辈子农民,我要当发明家。"然后他离开家乡到工业大城底特律去,当一名最基本的机械学徒,逐渐对于机械有了更深入的认识。工作之余,他一直没有忘记他的梦想,每天劳累地从工厂下班后,仍孜孜不倦地从事他的研发工作。29岁那一年,他终于成功了。在试车大会上,有记者问他说:"您成功的要诀是什么?"福特想了一下说:"因为我有远大的奋斗目标,而且用我们全部的心思去拼搏,所以我成功了。"

青春因奋斗而美好，纵使前方布满荆棘，我们仍要持之以恒，奋斗不息。让我们用奋斗的足迹谱写美好青春的赞歌吧！

生命活动角

价值拍卖

将拍卖的东西事先写在硬纸板上（最好是不同的颜色），以增加拍卖的趣味性及方便拍卖进行。每个学生手中有 5000 元（道具钱），它代表了一个人一生的时间和精力。每个人可以根据自己对人生的理解随意竞买下表中的东西。每样东西都有底价，每次出价都以 500 元为单位，价高者得到东西，有出价 5000 元的，立即成交。有的同学可能会重复使用自己手中的代币券，主持人应注意提醒这些学生购买所付出的钱不能超过 5000 元。

1. 爱情 500 12，金钱 1000；
2. 友情 500 13，欢乐 500；
3. 健康 1000 14，长命百岁 500；
4. 美貌 500 15，豪宅名车 500 ；
5. 礼貌 1000 16，每天都能吃美食 500；
6. 名望 500 17，良心 1000；
7. 自由 500 18，孝心 1000；
8. 爱心 500 19，诚信 1000；
9. 权力 1000 20，智慧 1000；
10. 拥有自己的图书馆 1000 21，名牌大学录取通知书 500；
11. 聪明 1000 22，冒险精神 1000

举行拍卖会：由主持人或学生主持拍卖；按游戏方式进行，直到所有的东西都拍卖完为止，然后请学生认真考虑买回来的东西。讨论交流：

（1）你是否后悔你买到的东西？为什么？

（2）在拍卖的过程中，你的心情如何？

（3）有没有同学什么都没有买？为什么不买？

（4）你是否后悔自己刚才争取的东西太少？

（5）争取过来的东西是否是你最想要的？

（6）钱是否一定会带来快乐？

（7）有没有一种东西比金钱更重要、或比金钱带来更大的满足感呢？

（8）你是否甘愿为了金钱、名望而放弃一切呢？有没有除了比上面所说的这些更值得追寻的东西呢？

 生命美文欣赏

时 间 即 生 命

梁秋实

最令人怵目惊心的一件事，是看着钟表上的秒针一下一下的移动，每移动一下就是表示我们的寿命已经缩短了一部分，再看着墙上挂着的可以一张张撕下的日历，每天撕下一张就是表示我们的寿命又缩短了一天，因为时间即是生命没有人不爱惜他的生命，但很少有人珍视他的时间，如果想在有生之年做一点什么事，学一点什么学问，充实自己，帮助别人，是生命成为有意义，不虚此生，那么就不可浪费光阴，这道理人人都懂，可很少人真能积极不懈的善于利用他的时间。

我自己是浪费了很多时间的一个人，我不打麻将，我也不经常地听戏看电影，几年中难得一次，我不长时间的看电视，通常只看半个小时，我也不串门子闲聊天，有人问我："那么你大部分时间都做了些什么呢？"我痛自反省，我发现，除了职务上的必须及人情上所不能免的活动之外，我的时间大部分都浪费了，我应该集中精力，读我

所未读过的书，我应该利用所有时间，写我所要写的东西，但是我没能这样做，我的好多时间都稀里糊涂的混过去了，"少壮不努力，老大徒伤悲。"

例如我翻译莎士比亚，本来计划于课余之暇每年翻译两部，二十年即可完成，但是我用了三十年，主要的原因是懒，翻译之所以完成，主要是因为活得相当长久，十分惊险，翻译完成之后，虽然仍有工作计划，但体力渐衰，有力不从心之感，假使年轻的时候鞭策自己，如今当有较好或较多的表现，然而悔之晚矣。

再例如，作为一个中国人，经书不可不读，我年过三十才知道书自修的重要，我批阅，我圈点，但是恒心不足，时做时辍，五十以学易，可以无大过矣，我如今年过八十，还没有接触过易经，说来惭愧，史书也很重要，我出国留学的时候，我父亲买了一套同文石印的前四史，塞满了我的行箧的一半空间，我在国外混了几年之后又把前四史原封带回来了，直到四十年后才鼓起勇气读了"通鉴"一遍，现在我要读的书太多了，深感时间有限。

无论做什么事，健康的身体是基本条件，我在学校读书的时候，有所谓的"强迫运动"，我踢破过几双球鞋，打断过几只球拍，因此侥幸维持下来最低限度的体力，老来打过几年太极拳，目前则是以散步活动筋骨而已，寄语年轻朋友，千万要持之以恒的从事运动，这不是嬉戏，不是浪费时间，健康的身体是作人做事的真正的本钱。

生命视频连接

《当幸福来敲门》

（国家：美国；导演：加布里尔·穆奇诺；时间：2006 年）

 生命感悟

三、坚定信念　走向成功

 生命知识库

经典六句

1、记住该记住的，忘记该忘记的。改变能改变的，接受不能接受的。

2、每个人都有潜在的能量，只是很容易被习惯所掩盖，被时间所迷离，被惰性所消磨。

3、生命中，不断地有人离开或进入。于是，看见的，看不见的；记住的，遗忘了。生命中，不断地有得到和失落。于是，看不见的，看见了；遗忘的，记住了。然而，看不见的，是不是就等于不存在？记住的，是不是永远不会消失？

4、我不去想是否能够成功，既然选择了远方，便只顾风雨兼程；我不去想，身后会不会袭来寒风冷雨，既然目标是地平线，留给世界的只能是背影。

5、后悔是一种耗费精神的情绪。后悔是比损失更大的损失，比错误更大的错误，所以不要后悔。

6、日出东海落西山，愁也一天，喜也一天；遇事不钻牛角尖，人也舒坦，心也舒坦。

生命故事屋

人的潜力不可限量

每个人的成功绝非偶然，背后都需要付出艰辛的努力。成功与失败很多时候的较量就在最后一步，失败的人大多数没有跨过最后一步，相比之下，成功的人只是多走了那最后一步，得到结果天壤之别。人都有一种畏难的心理，都喜欢做简单的和不用耗费太多脑力的事情。所以，信念对于成功来说必不可少，只有坚定信念才能走向成功。坚定信念，坚持到底，我们的潜力才能发挥到极至。有些事情，在不清楚它到底有多难时，我们往往能够做得更好。数学王子高斯在解决一道二千年都没有找到答案的数学题时，如果他提前知道，可能他就不能在一夜时间找到答案，然而正是他的不怕困难、坚定信念，最终成就了他的伟大。我们一起回忆一下高斯的故事：

高斯像往常一样，前两道题目在两个小时内顺利地完成了。第三道题写在一张小纸条上，是要求只用圆规和一把没有刻度的直尺做出正17边形。高斯绞尽脑汁，也想不出现有的数学知识对解开这道题有什么帮助。困难激起了青年的斗志：我一定要把它做出来！他拿起圆规和直尺，在纸上画着，尝试着用一些超常规的思路去寻求答案。终于，当窗口露出一丝曙光时，青年长舒了一口气，他终于做出了这道难题！见到导师时，青年感到有些内疚和自责。他对导师说："您给我布置的第三道题我做了整整一个通宵，我辜负了您对我的栽培……"

导师接过青年的作业一看，当即惊呆了，叫青年当着他的面做一个正17边形。青年很快地做出了一个正17边形。导师激动地对青年说：

"你知不知道,你解开了一道有两千多年历史的数学悬案?阿基米德没有解出来,牛顿也没有解出来,你竟然一个晚上就解出来了!你真是天才!"多年以后,这个青年回忆起这一幕时,总是说:"如果有人告诉我,这是一道有两千多年历史的数学难题,我不可能在一个晚上解决它。"

 生命活动角

"优点大轰炸":即"收集优点",在1分钟之内看哪个小组写的赞扬别人的话最多。"交流优点":各组之间派代表进行词语大比拼,每组说一个他人的优点,中间不能重复,停顿不能超过5秒钟,最后决出优胜组。"组内轰炸":在小组内选择一名同学,大家对他进行优点轰炸,比一比看谁说的多。"班内轰炸":各小组在班内寻找一名普通同学,对他进行优点轰炸,比一比看哪组说的多。

 生命美文欣赏

依靠坚定的信念战胜一切困难[①]

俄国数学家索菲娅带着刚出生不久的女儿富法来到柏林,她们住进了魏尔斯特拉斯为他们安排的公寓。为了更多地将精力放在数学上,她们还带去了一位保姆。索菲娅常与魏尔斯特拉斯一起研究光折射方面的问题,继续进行电学方面的实验。他们不辞劳苦地翻阅了大量的有关著作和资料,以期找到合适的突破。

索菲姬过着很艰辛的生活。为了养活孩子和保姆的开支需要,她宁愿接受一切工作。由于生活的困苦不堪,她的研究工作被迫时断时续。

---

① 转引自赵丁:《把握人生的三把金钥匙:关于理想、信念、爱的人生智慧》,地震出版社2004年版,第90—92页。

而且，魏尔斯特拉斯教授认为，这样下去将会对索菲娅的事业带来不良影响。他还认为，索菲娅离开数学太久，她至少应该把正在进行的研究项目完成一项。索菲娅表示答应听取魏尔斯特拉斯的意见，决定暂时不去应聘以赚取收入，而是将时间与精力主要用于研究上。虽然生活十分困难，但没有动摇索菲娅决定献身数学的决心。她认为迄今为止还没有任何妇女在数学学科上留下姓名，而她决心要成为第一位。

为了研究数学，索菲娅经历了焦虑、忧愁、痛苦、不幸的一生，她奋勇进击、磨练意志、锻炼成才，这对一位妇女来说尤其可贵，是值得今人借鉴的。索菲娅冒着风险、顶着压力、付出代价、做出牺牲建立数学新理论。她所建立的数学新概念、新定理、新理论和新分支都浸透了数学家奋斗的心血。

生命视频连接

《狮子王》

（国家：美国；导演：罗杰·艾勒斯；时间：1994年）

生命感悟

附 录

1.《辽宁省中小学生命教育专项工作方案》（辽教发（2004）137号，2004年11月22日）：http://www.zgsmjy.com/List.asp?C-6-4.html

2.《上海市中小学生命教育指导纲要（试行）》（沪教委德（2005）21号，2005年6月17日）：http://wenku.baidu.com/view/1fa801d4360cba1aa811dade.html

3. 中国生命教育网（北京师范大学生命教育研究中心主办）：http://www.zgsmjy.com

4. 华夏生命教育网：http://www.hxsmjy.com/templet/default.asp

5. 全国生命教育网：http://www.pleedu.com

6. 中华青少年生命教育网：http://www.lifedu.com.cn

7. 国立台湾大学生命教育研发育成中心：http://www.lec.ntu.edu.tw

8. 美国阿南达（生命教育）学校（Ananda Schools）：http://livingwisdom.org

9. 英格兰西米德兰兹郡生命教育（Life Education of West Midlands）：http://www.lecwm.org.uk

10. 澳大利亚生命教育网（Life Education of Australia）：http://www.lifeeduca.org.au

参考文献

一、著作类

1. 陶行知：《陶行知文集》，江苏教育出版社 2008 年版。

2. 冯建军：《生命与教育》，教育科学出版社 2004 年版。

3. 刘济良：《生命教育论》，中国社会科学出版社 2004 年版。

4. 李家成：《关怀生命：当代中国学校教育的价值取向探析》，教育科学出版社 2006 年版。

5. 冯建军：《生命化教育》，教育科学出版社 2007 年版。

6. 李萍：《生命教育的本体及其三个维度》，中华书局 1991 年版。

7. 钮则诚：《生命教育：学理与体验》，（台北）扬智文化事业公司 2004 年版。

8. 张淑美：《生命教育研究、论述与实践：生死教育的取向》，高雄复文图书出版社 2005 年版。

9. 牟宗三：《中西哲学会通十四讲》，台湾学生书局 1996 年版。

10. 董德福：《生命哲学在中国》，广东人民出版社 2001 年版。

11. 韦森：《大转型：中国社会的现状、问题与选择》，中信出版社 2012 年版。

12. 彭运石：《走向生命的巅峰：马斯洛心理学述评》，湖北教育出版社 1999 年版。

13. 何伦、施卫星：《生命的困惑：临床生命伦理学导论》，东南大学出版社 2004 年版。

14. 徐宗良、刘学礼、瞿晓敏：《生命伦理学：理论与实践探索》，上海人民出版社 2002 年版。

15. 孙春晨：《生死论》，中国青年出版社 2001 年版。

16. 晓明女子高级中学：《生命教育：教孩子走人生的路》，晓明之星出版社 2000 年版。

17. 郝德永：《课程研制方法论》，教育科学出版社 2000 年版。

18. 孙幕义：《新生命伦理学》，东南大学出版社 2003 年版。

19. 张曙光：《走向本真的存在：生命存在哲学》，云南人民出版社 2001 年版。

20. 高崇明、张爱琴：《生物伦理学》，北京大学出版社 1999 年版。

21. 辛继湘：《教学价值的生命视界》，湖南师范大学出版社 2006 年版。

22. 郑晓江：《生命教育演讲录》，江西人民出版社 2008 年版。

23. 张拥军：《小学生命教育主题活动设计》，中国轻工业出版社 2013 年版。

24. 毕义星：《中小学生命教育论》，天津教育出版社 2006 年版。

25. 吴增强、高国希：《上海市中小学生命教育研究》，上海教育出版社 2006 年版。

26. 何仁富：《生命教育引论》，中国广播教育出版社 2010 年版。

27. 冉乃彦：《生命教育课：探索教育的根本之道》，同心出版社 2007 年版。

28. 孙效智：《打开生命的 16 封信》，中国青年出版社 2011 年版。

29. 肖川、曹专：《生命的脆弱与灵动：生命教育中学生读本》，岳麓书社 2010 年版。

30. 肖川、曹专：《生命因成长而美丽：生命教育小学生读本》，岳麓书社 2010 年版。

31. 叶华松：《大学生生命教育》，浙江大学出版社 2011 年版。

32. 欧巧云：《当代大学生生命教育研究》，知识产权出版社 2008

年版。

33. 郑晓江、张名源：《生命教育公民读本》，人民出版社 2010 年版。

34. 何怀宏：《孩子，我们来谈谈生命》，中国妇女出版社 2009 年版。

35. 熊子荣：《课程编制原理》，福建教育出版社 2009 年版。

36. 倪胜利：《大德曰生：教育世界的生命原理》，广西师范大学出版社 2006 年版。

37. 高伟：《生存论教育哲学》，教育科学出版社 2006 年版。

38. 李霞：《生死智慧—道家生命观研究》，人民出版社 2004 年版。

39. 汪民安：《尼采与身体》，北京大学出版社 2008 年版。

40. 陈伯海：《回归生命本原》，商务印书馆 2012 年版。

41. 张田勘：《生命存在的理由》，北京大学出版社 2011 年版。

42. 成复旺：《走向自然生命：中国文化精神的再生》，中国人民大学出版社 2004 年版。

43. 郭思乐：《教育激扬生命：再论教育走向生本》，人民教育出版社 2006 年版。

44. 刘铁芳：《古典传统的回归与教养性教育的重建》，北京师范大学出版社 2010 年版。

45. 余英时：《中国思想传统的现代诠释》，江苏人民出版社 1989 年版。

46. 朱哲：《先秦道家哲学研究》，上海人民出版社 2000 年版。

47. 张智彦：《老子与中国文化》，贵州人民出版社 1996 年版。

48. 杨启亮：《道家教育的现代诠释》，湖北教育出版社 1996 年版。

49. 陈鼓应：《老子注译及评介》，中华书局 1984 年版。

50. 张祥龙：《海德格尔思想与中国天道》，北京三联书店 1996 年版。

51. 郭吉军：《自然的信仰》，中国社会科学出版社 2003 年版。

52. 韦政通：《中国思想史》，上海书店出版社2003年版。

53. 张华：《经验课程论》，上海教育出版社2001版。

54. 江光荣：《人性的迷失与复归：罗杰斯的人本心理学》，湖北教育出版社2000年版。

55. 方展画：《罗杰斯"学生为中心"教学理论述评》，教育科学出版社1990年版。

56. 郝德永：《课程与文：一个后现代的检视》，教育科学出版社2002年版。

57. 冯建军：《当代主体教育论》，江苏教育出版社2001年版。

58. 刘云杉：《学校生活社会学》，南京师范大学出版社2000年版。

59. 周浩波：《教育哲学》，人民教育出版社2000年版。

60. 丁钢：《历史与现实之间：中国教育传统的理论探索》，教育科学出版社2002年版。

61. 吴国盛：《自然哲学》（第2辑），中国社会科学出版社1996年版。

62. 胡文耕：《生物学哲学》，中国社会科学出版社2002年版。

63. 李勉映：《生命：意志与历史》，广西师范大学出版社2009年版。

64. 李超杰：《理解生命：狄尔泰哲学引论》，中央编译出版社1994年版。

65. 李鹏程：《当代文化哲学沉思》，人民出版社1994年版。

66. 谢选骏：《荒漠·甘泉：文化本体论》，山东文艺出版社1987年版。

67. 郭于华：《在乡野中阅读生命》，上海文艺出版社2000年版。

68. 颜青山：《生命之轻：生命科学与人文精神》，安徽教育出版社2002年版。

69. 张曙光：《生存哲学：走向本真的存在》，云南人民出版社2001年版。

70. 雷体沛：《存在与超越：生命美学导论》，广东人民出版社2001年版。

71. 那薇：《道家与海德格尔互相诠释》，商务印书馆2004年版。

72. 何怀宏：《生命与自由：法国存在哲学研究》，湖北教育出版社2001年版。

73. 章启群：《意义的本体论：哲学诠释学》，上海译文出版社2002年版。

74. 何颖：《非理性及其价值研究》，中国社会科学出版社2003年版。

75. 傅道彬：《歌者的乐园：中国文化的自然主义精神》，东北林业大学出版社1996年版。

76. 祁志祥：《佛学与中国文化》，学林出版社2000年版。

77. 李泽厚：《中国思想史论》，安徽文艺出版社1999年版。

78. 张汝伦：《现代西方哲学十五讲》，北京大学出版社2003年版。

79. 王一川：《意义的瞬间生成》，山东文艺出版社1988年版。

80. 欧阳谦：《20世纪西方人学思想导论》，中国人民大学出版社2002年版。

81. ［美］赖特·米尔斯：《社会学的想象力》，陈强、陈永强译，三联书店2005年版。

82. ［美］埃利希·弗洛姆：《健全的社会》，欧阳廉译，中国文联出版公司1988年版。

83. ［德］米夏埃尔·兰德曼：《哲学人类学》，张乐天译，上海译文出版社1988年版。

84. ［法］萨特：《存在主义是一种人道主义》，周煦良、汤以宽译，上海译文出版社1988年版。

85. ［德］费迪南·费尔曼：《生命哲学》，李健鸣译，华夏出版社2000年版。

86. ［法］萨特：《存在与虚无》，陈宣良译，三联书店1987年版。

87. 〔美〕马斯洛:《人性能达的境界》,林方译,云南人民出版社1987年版。

88. 〔美〕布勒:《人本主义心理学导论》,陈宝恺译,华夏出版社1990年版。

89. 〔德〕叔本华:《爱与生的苦恼》,金玲译,光明日报出版社2006年版。

90. 〔美〕拉尔夫·泰勒:《课程与教学的基本原理》,罗康、张阅译,中国轻工业出版社2008年版。

91. 〔奥〕路德维希·冯·贝塔朗菲:《生命问题:现代生物学思想评价》,吴晓江译,商务印书馆1999年版。

92. 〔法〕柏格森:《创造进化论》,华夏出版社1999年版。

93. 〔德〕格奥尔格·西美尔:《生命直观》,刁承俊译,三联书店2003年版。

94. 〔美〕赫舍尔:《人是谁》,贵州人民出版社1994年版。

95. 〔法〕阿尔贝特·史怀泽:《敬畏生命》,陈泽环译,上海社会科学院出版社1996年版。

96. 郭思乐:《教育走向生本》,人民教育出版社2001年版。

97. 金生鈜:《德性与教化》,湖南大学出版社2003年版。

98. 卢风:《启蒙之后》,湖南大学出版社2003年版。

99. 顾肃:《自由主义基本概念》,中央编译出版社2003年版。

100. 〔英〕阿伦·布洛克:《西方人文主义传统》,董乐山译,三联书店1997年版。

101. 〔美〕列奥·施特劳斯:《自然权利与历史》,彭刚译,三联书店2003年版。

102. 车玉玲:《总体性与人的存在》,黑龙江人民出版社2001年版。

103. 孙利天:《死亡意识》,吉林教育出版社2001年版。

104. 孙正聿:《超越意识》,吉林教育出版社2001年版。

105. 程亚林：《悲剧意识》，吉林教育出版社2001年版。

106. 贺来：《宽容意识》，吉林教育出版社2001年版。

107. ［西班牙］乌纳穆诺：《生命的悲剧意识》，北方文艺出版社1987年版。

108. 段德智：《死亡哲学》，湖北人民出版社1997年版。

109. 李向平：《死亡与超越》，上海文艺出版社1997年版。

110. ［英］伯特兰·罗素：《走向幸福》，上海人民出版社1998年版。

111. ［英］伯特兰·罗素：《自由之路》，李国山等译，文化艺术出版社1998年版。

112. ［美］P. 蒂里希：《存在的勇气》，成穷、王作虹译，贵州人民出版社1998年版。

113. 王珉：《终极关怀：蒂里希思想引论》，新华出版社2000年版。

114. ［美］埃里希·弗洛姆：《逃避自由》，国际文化出版公司2002年版。

115. ［美］威廉·巴雷特：《非理性的人：存在主义哲学研究》，商务印书馆1995年版。

116. 肖厚国：《自然与人为：人类自由的古典意义》，华东师范大学出版社2006年版。

117. 张琨：《教育即解放：弗莱雷教育思想研究》，福建教育出版社2008年版。

118. 王晓华：《西方生命美学局限研究》，黑龙江人民出版社2005年版本。

119. 陈其荣：《自然哲学》，复旦大学出版社2004年版。

120. ［英］欧内斯特·盖尔纳：《理性与文化》，周邦宪译，贵州人民出版社2009年版。

121. ［德］鲍吾刚：《中国人的幸福观》，严蓓雯等译，江苏人民出版社 2004 年版。

122. 尤西林：《人文精神与现代性》，陕西人民出版社 2006 年版。

123. 李建会：《生命科学哲学》，北京师范大学出版社 2006 年版。

124. 张倩仪：《另一种童年的告别：消逝的人文世界最后回眸》，商务印书馆 2001 年版。

125. 刘铁芳：《生命与教化：现代性道德教化问题审理》，湖南大学出版社 2004 年版。

126. 孙云晓：《捍卫童年》，江苏教育出版社 2007 年版。

127. 曹永国：《自我与现代性的教育危机》，福建教育出版社 2010 年版。

128. 张惠红：《野外生存生活训练指导手册》，人民教育出版社 2002 年版。

129. ［美］派克著，于海生译：《少有人走的路：心智成熟的旅程》，吉林文史出版社 2007 年版。

130. ［美］威尔：《不抱怨的世界》，鲍温著，陈敬旻译，陕西师范大学出版社 2009 年版。

131. 傅伟勋：《死亡的尊严与生命的尊严——从临终精神医学到现代生死学》，台北正中书局 1996 年版。

132. 刘长林：《中国人生哲学的重建——陈独秀、胡适、梁漱溟人生哲学研究》，华东师范大学出版社 2001 年版。

133. 索甲仁波切：《西藏生死书》，郑振黄译，台北张老师文化事业有限公司 1997 年版。

134. ［美］肯内斯·克拉玛：《宗教的死亡艺术——世界各宗教如何理解死亡》，方惠玲译，台北东大图书股份有限公司 1997 年版。

135. 刘明德、王心慈：《生死教育——生命总会找到出路》，扬智文化事业股份有限公司 2003 年版。

136. 纪洁芳：《台湾地区生命教育资源手册》，吴凤技术学院彰化师范大学 2005 年版。

137. 钱穆：《人生十论》，广西师范大学出版社 2004 年版。

138. ［法］莫洛亚、弗洛姆亚：《人生五大问题》，伯拉编译，上海三联书店 2008 年版。

二、论文类

1. 楚江亭：《风险社会视野中大学生自杀问题的省思》，《人文杂志》2010 第 1 期。

2. 冯建军：《论生命化教育的要义》，《教育研究与实验》2006 第 5 期。

3. 盛天和：《港台地区中小学生命教育及其启示》，《思想·理论·教育》2005 第 9 期。

4. 孙效智：《生命教育的内涵与实施》，《哲学杂志》2001 第 35 期。

5. 罗生全：《我国地方课程开发的模式及其改进》，《课程·教材·教法》2007 第 9 期。

6. 陈黎明、柴立和：《生命是什么：一个基于新物理学原理的回答》，《医学与哲学》2005 第 6 期。

7. 高清海：《"人"的双重生命观：种生命与类生命》，《江海学刊》2001 第 1 期。

8. 王列耀：《死亡恐惧与异己恐惧：论存在主义的死亡意识》，《暨南学报》1997 第 10 期。

9. 邱仁宗：《21 世纪生命伦理学》，《哲学研究》2000 第 1 期。

10. 邱仁宗：《论"人"的概念：生命伦理学的视角》，《哲学研究》1998 第 9 期。

11. 王北生、赵云红：《从焦虑视角探寻与解读生命教育》，《中国教育学刊》2004 第 2 期。

12. 冯建军：《生命教育实践的困境与选择》，《中国教育学刊》2010 第 1 期。

13. 陆树程、朱晨静：《敬畏生命与生命价值观》，《社会科学》

2008 第 2 期。

14. 李强：《大学生命教育论》（博士学位论文），华中科技大学 2007 年。

15. 胡成霞：《生命教育课程探究》（硕士学位论文），西南大学 2007 年。

16. 董林辉：《高中生生命教育初探》（硕士学位论文），华中师范大学 2006 年。

17. 张美云：《生命教育理论与实践探究》（硕士学位论文），华东师范大学 2006 年。

18. 王明洲：《新生命教育的哲学思考》（博士学位论文），苏州大学 2007 年。

19. 袁媛：《美国中小学生命教育初探》（硕士学位论文），河南大学 2007 年。

20. 李高峰：《生命与死亡的双重变奏：国际视野下的生命教育》（硕士学位论文），华东师范大学 2010 年。

三、外文类

1. Phyllis Rolfe Silverman. Never too Young to Know：Death in Children's Lives [M]．News York：Oxford University Press，2000.

2. Kopelmna，L. M. Bioethics and humanities：What makes us one field? The Joumal of Medseineand Philosophy，1995.

3. Paul Smeyers. 'Care' and Wider Ethical Issues. Journal of Philosophy of Education，Vol. 33，No. 2，1999.

4. Van Manen. Researching Lived Experience，The Althouse Press，1997.

5. Aldridge J.，Goldman R.，(2002). Current Issues and Trends in Education. Allyn&Bacon. A Pearon Education Company.

6. Lovlie L.，Standlish P.，(2002). Introduction：Bildung and the

Idea of a Liberal Education. Journal of Philosophy of Education, Vol. 36, Issue3.

7. Schneewind J. B., (2003). Moral Philosophy from Montaigne to Kant. Cambridge University Press.

8. Phyllis Rolfe Silverman. Never too Young to Know: Death in Children's Lives. News York: Oxford University Press, 2000.

9. S. E. Frost, Historical and Philosophical Foundations of Western Education, Charles E. Merrill Publishing Company, Columbus, 1996, 295.

10. The Dissertation by Thaddeus Theodore Claiborne: Home and Classroom Learning Environment Correlates of Academic Self-Efficacy in Middle School Mathematics. Louisiana State University. 2001. 9.

11. Jo. Boaler. Learning from Teaching: Exploring the Relationship Between Reform Curriculum and Equity. Journal for Research in Mathematics Education. 2002, vol. 33, No. 4, 239-258.

12. Tony Knight Longitudinal development of educational theory: democracy and the classroom Jeducation policy 2001, vol. 16, No. 3. 249-263.

后 记

我不敢说生命是什么,我只能说生命像什么。

生命像东流的一江春水,他从最高处发源,冰雪是他的前身。他聚集起许多细流,合成一股有力的洪涛,向下奔注,他曲折地穿过了悬崖峭壁,冲倒了层沙积土,挟卷着滚滚的沙石,快乐勇敢地流走,一路上他享受着他所遭遇的一切;有时候他遇到巉岩前阻,他愤激地奔腾了起来,怒吼着,回旋着,前波后浪地起伏催逼,直到他过了,冲倒了这危崖他才心平气和地一泻千里。

有时候他经过了细细的平沙,斜阳芳草里,看见了夹岸红艳的桃花,他快乐而又羞怯,静静地流着,低低地吟唱着,轻轻地度过这一段浪漫的行程。有时候他遇到暴风雨,这激电,这迅雷,使他心魂惊骇,疾风吹卷起他,大雨击打着他,他暂时浑浊了,扰乱了,而雨过天晴,只加给他许多新生的力量。有时候他遇到了晚霞和新月,向他照耀,向他投影,清冷中带些幽幽的温暖:这时他只想憩息,只想睡眠,而那股前进的力量,仍催逼着他向前走……

终于有一天,他远远地望见了大海,呵!他已到了行程的终结,这大海,使他屏息,使他低头,她多么辽阔,多么伟大!多么光明,又多么黑暗!大海庄严的伸出臂儿来接引他,他一声不响地流入她的怀里。

他消融了,归化了,说不上快乐,也没有悲哀!也许有一天,他再从海上蓬蓬的雨点中升起,飞向西来,再形成一道江流,再冲倒两旁的石壁,再来寻夹岸的桃花。然而我不敢说来生,也不敢相信来生!

要记住:不是每一道江流都能入海,不流动的便成了死湖;不是每

后　记

一粒种子都能成树，不生长的便成了空壳！生命中不是永远快乐，也不是永远痛苦，快乐和痛苦是相生相成的。等于水道要经过不同的两岸，树木要经过常变的四时。在快乐中我们要感谢生命，在痛苦中我们也要感谢生命。快乐固然兴奋，苦痛又何尝不美丽？我曾读到一个警句，是"愿你生命中有够多的云翳，来造成一个美丽的黄昏"。世界、国家和个人的生命中的云翳没有比今天再多的了。

……

——冰心

没有生命的世界，是残缺的世界。世界正因有生命而精彩。

然而，在当下中国整体性、深层次社会转型过程中，物质与精神的失衡、社会变迁的急促与生存压力的沉重等，使生命个体处在前所未有的生命"歧路花园"的抉择之中。近些年来，中小学生生命伤亡事故不断，精神迷失的悲剧不时上演，已成为一个日益严峻的社会问题。

生命教育作为应对这一问题的一个重要途径和突破口成为教育研究与实践的焦点，而中小学生命教育课程建设则是实施中小学生命教育的基础和关键。教育因生命而发生，生命是教育的原点，教育是生命的需要。教育有责任帮助和引导中小学生走出生命困境，成就美好人生。可以说，生命教育是漫漫人生路上的必修课，是人生中必修且无法重来的"生命学分"。

由是，在2010年完成全国教育科学"十一五"规划教育部青年专项"生命－体验教学的理论与实践研究"（EHA070259）及教育部人文社会科学研究青年基金项目"生命化教学：历史、理论与建构"（07JC880029）之后，基于辽宁省教育厅人文社会科学研究2009年一般项目"普通高中生命教育课程开发与实施研究"（200940GH）、辽宁省教育科学规划2008年重点项目"中小学生命教育课程开发与实施研究"（JG08CA001）的前期理论研究及指导大连市几所中小学生命教育校本课程开发的实践探索，"中小学生命教育课程开发与实施研究"成为我

2011年来学术理论与实践探索的重要领域和转向，2014年该选题获批为辽宁省教育科学规划重点研究基地第二批标志性成果选题，经过近一年的再思考与撰写，此书得以呈现在大家面前。

研究生于昊、刘慧欣、郭萌萌（现为山西晋煤集团高级技工学校教师）、郭超华、刘丽分别参与了第一至五章的资料搜集和撰写。

尽管本书沉浸了自己的思考，付出了主观的努力，但因水平及一年来工作的繁忙而精力有限，书中定有疏漏和偏颇之处，为此深感忐忑，恳请同仁、读者谅解和指正。

本书参阅了大量的中外文论著，引用了大量的研究成果和文献，而在注释中可能挂一漏万，在此特别加以说明并向它们的作者致以衷心的谢忱！

思索提升生命，生命向艰辛的美景敞开，不停地追寻是生命的底蕴。让我们聆听宇宙大音，仰望天空繁星，担当生命责任，勇敢前行。

闫守轩
2015年6月18日于大连